叢書・文化学の越境 ㉔

〈境界〉を越える沖縄

人・文化・民俗

小熊 誠……編

森話社

［カバー図版］

右上　毛国鼎の墓と清明祭での供物（二〇〇七年四月八日、小熊誠撮影）

左下　ブラジルでの沖縄移民一〇〇周年記念カーニバル（二〇〇八年）
（ブラジル沖縄県人会編『1 Século de História em Fotos〔写真で見るブラジル沖縄県人移民の歴史〕』二〇一四年）

〈境界〉を越える沖縄——人・文化・民俗　◎目次

はじめに

従来、沖縄ではさまざまな分野のフィールドワークが行われてきた。とくに、戦後は、日本の文化人類学や民俗学の研究者による多くの調査・研究が行われ、アメリカ人やその他の外国人研究者でも、沖縄に興味を持つ人が多いことは事実である。

それは、沖縄が、日本の中でも特異な様相をもつ地域であることと関連している。地理的には、日本の最南端に位置し、中国・台湾そして東南アジアと境いを接している。また、沖縄は亜熱帯地域であり、温帯である日本本土とは自然環境が異なり、それを背景にした文化も異なる。

とくに、沖縄は日本本土とは異なる歴史をもっている。一八七九年に日本に併合される以前は、琉球王国として独自の歴史を刻んできた。歴史体験が異なるという意味では、歴史の影響を受ける文化についても、日本本土と異なるのは当然のことである。沖縄では、地理的、歴史的差異から、日本本土とは文化的な「境界」が存在してきたとも言える。日本本土から沖縄に調査に出かける研究者は、すでに自文化の「境界」を越えて沖縄研究を行っていることになる。そのことも、沖縄研究に取り組む日本人研究者が多い一つの理由といえるだろう。

さて、「境界」といっても、さまざまな「境界」が存在する。まず、歴史の「境界」がある。琉球時代は、独立した王国ではあったが、中国と日本の間にあって、双方の影響を受け、あるいは双方の文化を選択的に受容することによって、沖縄独自の文化を形成した。近年の琉球・沖縄を対象とした歴史研究では、日本史の中の琉球・沖縄という研究視点を超越して、東アジア海域史という視点の中で、幕藩体制の中の異国ととらえる日琉関係と、中国型世界秩序としての冊封体制に組み込まれた中琉関係を総合的に見通し、さらに幕藩体制あるいは中国に従属した琉球という客体的な見方ではなく、琉球を主体とした歴史研究が提唱されている。

渡辺美季は、近世の琉球は中日と二重の関係を取り結びつつ二国の狭間で固有性を維持した点に注目し、琉球を主体とした実態の解明、すなわち琉球自身の模索・選択・判断による行為とその成果を詳細に跡付けることが不可欠だと指摘している（渡辺美季『近世琉球と日中関係』吉川弘文館、二〇一二年、一四頁）。つまり、薩摩の支配による幕藩体制の「境界」と、冊封体制による中国型国際秩序の「境界」の両方に組み込まれた琉球が、中日の狭間にあってその権威の下で支配されていたという上からの論理的見方ではなく、琉球がその状況下にあってどのように主体的に行動したかを読み解く歴史研究を提示した。まさに、従来の研究に存在した幕藩体制あるいは冊封体制という「境界」を超越して、中日の狭間からその双方を見通した歴史研究は、歴史研究以外の琉球・沖縄研究に大きな示唆を与えるものと考えられる。

民俗学においても、従来の沖縄研究に対して、渡辺美季の研究視点と同様の観点から「境界」を超越した研究視点を提示することができる。小熊誠は、門中研究において、その原点である近世士族門中の分析に、日本の家制度と中国の宗族制度の影響があることを指摘した。つまり、中国と日本の間にあって、双方の影響を受け、あるいは双方の文化を選択的に受容することによって、沖縄独自の文化を形成したことを、近世士族門中を対象にすることによって分析した。従来の門中研究は、民俗学にしても文化人類学にしても、現代におけるフィールドワーク資料を重視した。しかし、門中制度の原点を研究するには、どうしても現代という時間の「境界」を越えて、歴史世界の事実を明らかにする必要がある。その視点で、本書では小熊が門中の特徴を歴史から読み解く（第1章）。

沖縄における門中の研究は、一つの大きな研究分野を形成した。一九六〇年代以降、沖縄本島の村落や離島において、門中組織の実地調査が相次いで行われた。その中で注目されたのが、厳格な父系イデオロギーによって門中組織を再編成する実態であった。本家は長男が継承し、次三男は分家するという門中形成の原則は、現実として遵守できない場合がある。長男が生まれなかった場合、娘に婿を取ったり、他系養子を取ったりした。長男が子孫をつくる前に死亡した場合、次三男が家を継ぐこともあった。この実態は、日本本土とほぼ同じといえる。しかし、沖縄では大正頃から門中形成の原則である長男相続に基く父系イデオロギーを強く意識するようになり、過去に行われた他系養子や非長男相続を解消して、門中の再編成を行うシジタダシ（父系を正す）の現象が注目された。「門中化」という概念で、社会人類学の立場から親族論や知識人類学の理論を背景として研究が進められたのである。

しかし、社会人類学において出自を対象とした親族研究の行き詰まりもあり、一九九〇年代以降は門中化の研究もほとんど進展を見なかった。そのなかで、従来父系血縁集団として研究されてきた門中を、その「境界」を越えて、父系血縁だけではないさまざまな「つながり」によって結びつく門中としてとらえ直そうという動きが近年見られる。小熊が、「「つながり」としての門中」(『沖縄市史』民俗編、二〇一五年)を書いているが、武井基晃も父系血縁集団としての門中という視点の「境界」を越えて、法人としての門中団体を取り上げている。

沖縄の門中は、基本的に共通する始祖がいて、その祖先から父系でつながる子孫の集団ということができる。しかし、その系譜を子細にみてみると、婿養子があったり、他系養子があったり、実態は父系で貫徹しているとは限らない。いずれにしろ、ある始祖から父系を基本としてつながる人びとである。現在の門中の人びとは、このような系譜でつながる歴史の「境界」を越えて、同じ門中の成員とお互いに認めあう関係にある。

門中の成員は、清明の墓前祭やウマチーの位牌祭祀を共同で行う。門中のすべての人にとっての祖先とは、その門中の始祖になる。だから、門中の墓前祭は、その本家が継承している墓に集まり、位牌祭祀も本家が継承している位牌を拝む。となると、門中行事は本家が中心で執り行われることになる。ところが、門中の規模が大きくなると、門中会という団体を組織する場合がある。本家とは別に、会長以下役員が決められ、門中の財産を管理したり、家譜の整備や資料を作成することも行う。本家が本土などに転出している場合、会長が中心となって門中の墓前祭が行われる。さらに、本家を中心とした任意団体であった門中が、共有財産を確保し、それを運用することによって組織を法人化してしまうという、親族理論を超えた新たな門中の実態が現代の沖縄で展開している。武井の論文は、このような親族組織としての門中の「境界」を越える、法人化した門中の実態を取り上げる（第2章）。

沖縄の境界性は、多岐にわたる。地理的には日本の最南端に位置する沖縄は、台湾と「境界」を接している。この境界を越えることは、さまざまな場面で見ることができる。台湾が日本の植民地となっていた戦前において、沖縄と台湾の「境界」はかなり低くなっていた。沖縄から台湾へ移住する人も数多くいたし、台湾中部から石垣に農業移民として移住する人もいた。太平洋戦争そして終戦によって、沖縄と台湾の「境界」は再び国の「境界」となった。しかし、台湾から石垣への移住は継続し、台湾移民によって石垣のパイン栽培が始まり、その後も熱帯果樹栽培をしたり、市街地に移動して中華料理店を営んだりしていた。

石垣市は、台湾系住民の歴史も踏まえて、一九九〇年代に台湾との辺境の国際交流を進めた。東京や台北といった国の中央を介すことなく、辺境と辺境が結びつき、台湾東海岸の蘇澳《スーアオ》鎮と一九九五年に姉妹都市協定を結んだ。そして、その二年後には台湾と石垣の間にクルーズ船が就航し、台湾からの観光客を八重山地域で受け入れることになった。近年は、アジアから日本への観光客が増大しており、それに伴って台湾から石垣への観光客も増大している。そのなかで、台湾人の日本に対するイメージと、石垣住民の台湾に対するイメージが、実態の「境界」を越えてコンフリクトを引き起こしている。その現場を、上水流久彦が、トランスナショナリズムの視点から解き明かす（第3章）。

戦後、沖縄は台湾とも日本本土とも切り離され、アメリカの軍政下におかれた。その時期、米軍関係の商売をする台湾人がコザあたりに住み着いたし、一九六六年以降は製糖業とパイン産業に対する技術導入事業として台湾からの労働力が移入された。一九七二年の五月に沖縄が日本復帰し、同年の九月に日中国交正常化することによって、台湾と日本の国交が断絶した。沖縄に住み着いた台湾系の人びとは、台湾の国籍が認められなくなり、多くの人が日本国籍を取得した。また、一九七一年から台湾系移民を中心とした琉球華僑総会が成立して、現在まで活動を継続している。

この沖縄と台湾という「境界」をめぐっては、戦後においても東アジアそしてアメリカとの国際関係において、さまざまに状況が変化してきた。戦後、米軍統治下にあった沖縄を、台湾当局は日本と切り離して扱うこととし、一九五五年に琉球華僑総会を設置する方針を決めた。さらに、台湾と沖縄の関係を強化するために、中琉文化経済協会を沖縄側と台湾側それぞれに設置して、両地域の交流を深めようとした。この組織は、政財界人の交流にとどまったが、それが一九六六年から始まった技術導入事業へと展開し、戦後沖縄の基幹産業となった製糖業とパイン産業への台湾からの支援に結びついた。この「上からの移動」においては、戦後の東アジアや東南アジアの動乱で、中国大陸や東南アジアから台湾に渡った人びとの沖縄への再移動という実態があり、単なる台湾と沖縄の「境界」を越えるだけでなく、さらに複雑な「境界」を超越した人びとの移動が背景にあることは、興味深い。

沖縄の日本復帰、そして日本と台湾、つまり沖縄と台湾の断交後、沖縄と台湾の関係は日本と台湾の関係とは異なる実相を呈している。とくに、台湾における海外渡航の自由化後、台湾からの観光客が急増しており、この沖縄観光のドラスティックな変化を支えたのが、観光業に進出した日本語、台湾語、北京語を話すことのできる台湾系の華僑であった。こうした台湾系の華僑は、現在沖縄に一万人以上もいるといわれている。その数に比べて、沖縄における台湾華僑の動きはあまり表に出ることもなく、その研究も多くはなかった。このテーマを、八尾祥平が、「地域と地域の境界に埋もれた歴史を思い起こす」というタイトルで解明する（第4章）。

人の移動は、さまざまな「境界」を生みだし、そして人はその「境界」を越えて行く。沖縄の村落には、それぞれ祭祀組織があり、村落にある聖域で神を祀る。その村落出身あるいはその集落在住の女性が神役を務め、村落祭祀は継続してきた。しかし、神役を継承する人がいなくなり、神役不在で村落祭祀を継続している地域もある。そのような状況の中で、宮古島ではその集落在住で、一定の年齢を超えた女性が神役を務め、村落祭祀を継承してきた。しかし、近年このような神役が島外に移住する例が出始めた。祭祀のたびに島に戻り、神を祀ることになるが、それにも限界がある。そして、とうとう県外に移住した神役が、県外で村落祭祀を実践するということが起こる。このように、海という「境界」を越えて村落祭祀が実践される実態を、平井芽阿里が論ずる（第5章）。

現在、離島も含めた沖縄の各地から、沖縄本島における那覇市周辺の都市部に移住する人びとが増えている。故郷には、屋敷や家屋、そして墓を残したまま移住地で仕事をし、退職後もそのまま移住地に居着く人も多い。故郷に残した老親が墓の面倒を見ているが、その老親が亡くなった後、あるいはそれを契機に墓を故郷から都市部およびその周辺にできている集団墓地に移動させる事例が近年増加している。その際、物理的に墓を移動させるだけにとどまらず、墓の移動にかかわる儀礼が行われる。「海を越える墓」というタイトルで越智郁乃が、海という「境界」を越えて墓の移動を行う人びとの思いを描き出す（第6章）。

沖縄からの南米移民は、戦前から戦後にかけて継続的に行われてきた。とくに、ブラジルの沖縄系移民は多く、沖縄県人会に所属する沖縄県人は、五千から六千世帯あると言われている。ブラジルにおける沖縄県人会にかかわる活動は積極的に行われており、そこに沖縄人社会が形成されている。サンパウロの東洋人街にある仏具屋には、日本本土式の一本立ちの位牌のほかに、沖縄式の位牌が売られている。沖縄式の仏壇も売られている。ブラジルにおいても、沖縄式の祖先供養が行われているのである。祖先供養だけでなく、沖縄的な宗教環境も形成され、沖縄系霊能者としてのユタもブラジルでうまれている。森幸一は、ブラジルで育った女性、そしてブラジルで生まれた女性を対象に、ブラジルでユタになった人の膨大なライフヒストリーやハンジ（判示）の事例を通して、ブラジル的領域と沖縄的領域の「境界」を越えながら、ユタとして生きる様をハイブリッドな視点で描き出す（第7章）。

沖縄は、今でこそ日本の南に位置する辺境と見られがちだが、その視点は近代以降沖縄が日本の一部に併合され、近代国家における国の「境界」の中で形成されたものだと言えよう。前近代の歴史的視点に立てば、沖縄は琉球として独立国家を形成し、中国だけでなく、日本そして東南アジアとも交易を通して文化的交流を行っていた。琉球・沖縄を視点の中心に据えた場合、そこは決して辺境ではなく、国、地域のみならず、さまざまな「境界」を越えて人、モノ、情報が行き交う場であった。

沖縄の文化を見るとき、沖縄固有の文化という琉球・沖縄の地域に固定された見方より、その地域を越えてつくられた文化というダイナミックな見方の方が、むしろ沖縄文化の実態に近いと思われる。かつて、民俗学や文化人類学の領域では、沖縄における実地調査を通して日本本土とは異なる沖縄の文化的特質を描き出す研究が大勢を占めてきた。現在においても、この研究視点の有効性は否定できないが、沖縄の人びとを取り巻く社会状況は、日本社会だけでなく世界的な変化の中で多様に変動している。そこに生きる沖縄の人びとを理解するには、沖縄という地域だけでなく、沖縄における村落祭祀や祖先祭祀といった従来の研究の枠組みの「境界」をも越えて調査研究することが必要な時代になっている。

本書に所収した論文は、まさに地域を越えた沖縄の人びと、あるいは従来の沖縄研究の領域を越えた沖縄の文化を取り上げている。沖縄という地域において、沖縄文化の固有性を見ようとした従来の沖縄研究を越えて、新たな視点で新たな沖縄の人びとの実態をとらえようとしている。

「〈境界〉を越える沖縄」という名をもつ本書は、現在変化する日本、そしてグローバル化する世界の中で、多様に「境界」を越えて生きる沖縄の人びとに焦点を当てている。そのような人びとが沖縄的な文化を継承し、さらに創造している実態を、従来の研究の「境界」を越えた新しい視点でとらえようという意図のもとで本書を編集した。この視点を広げることで、沖縄文化を研究する新たな潮流を生み出すことができれば幸いである。

小熊　誠

◎ 1

日本と中国の境界を越える門中

小熊 誠

1——はじめに

日本民俗学の中で、沖縄研究は重要な位置を占めてきた。現在でも、沖縄研究は比較的盛んに行われているが、柳田国男の時代と現代とではその目的や方法は異なっている。柳田の初期は、日琉同祖論のようにあくまでも日本文化の理解に軸足があり、ややもすれば比較の対象としての沖縄研究という位置づけであった。[◎1] しかし、戦後の一九六〇年代以降における東京都立大学を中心とする社会人類学研究の流れの中で、いったん日本文化とは切り離して、沖縄を沖縄として研究する視点で研究が進められた。現在における沖縄研究の視点も、多くはそれが踏襲されていると考えられる。

沖縄を沖縄として対象化する視点と方法は、日本と沖縄を対比してその異同を論じることによって日本全体を理解するという柳田の日本民俗学の方法からは脱却して、沖縄の文化そのものを対象化するという点で沖縄文化に主体性を置いた研究として、一九六〇年代以降における沖縄研究の新しい方向性を示していると考えられる。さらに、伝統的な沖縄文化を主な対象としていた前段階とは異なり、現代の沖縄文化に多くの関心が集まり、さらに現代における沖縄文化の変化がその主要なテーマとなっている。[◎2]

社会人類学者を中心とした戦後の沖縄研究は、沖縄におけるインテンシヴな調査と人類学理論の中で沖縄文化を分析する点にその特質があった。とくに、一九六〇年代後半からの門中研究は、非父系血縁者による家筋の継承が行なわれた過去に遡って、純粋な父系血縁で繋がる父系出自集団を正当な門中として門中組織の再構成が進められる沖縄の社会的状況を「門中化」、あるいは「シジタダシ」としてとらえ、親族理論との関連で社会人類学者を中心に研究が進められた。しかし、人類学における親族研究の行き詰まりという学問上の趨勢から、一九九〇年代以降、門中研究も下火になった。

ところが、他方、沖縄出身の社会人類学者であった比嘉政夫は、社会人類学の理論に依拠しつつ、理論の中で沖縄の親族を分析するというよりは、沖縄の門中そのものの実態を解明する方向で研究を進めた。日本本土の研究者との違いは、一つの集落あるいは地域でのインテンシヴな調査だけに門中研究の資料的根拠を置くのではなく、沖縄本土における各地の調査を手がけて、奄美から八重山に至る各地の実態を把握していた点にある。とくに、那覇市史の調査に関連してではあるが、首里と那覇における門中調査を行い、そこでの士族系門中や近世における士族の家譜の調査をしたことが、その門中研究に幅をもたせたのではないかと考えられる。

比嘉の研究で注目したいのは次の二点である。まず、門中研究に関して言えば、近世士族の家譜の分析から、[3]近世琉球における門中のあり方を研究しようとした点で、社会人類学者の間にはこのような歴史的な視点はほとんど見られなかった。もう一点は、沖縄からアジアを見る視点であった〔比嘉 一九九九〕。「中国的な社会制度の受容」として、姓や父系血縁重視の制度は中国の影響があるという視点で門中を考えた。それだけでなく、沖縄のハーリーと中国の爬龍船行事を比較したり、

「をなり神」信仰をアジアとの比較で考えようとした〔比嘉 一九九九〕。

このように歴史的な視点と中国や日本からの影響という幅広い視点で沖縄の民俗を考えようとした民俗学者として、平敷令治をあげることができる。平敷は、一九六二年に、その前年に出版された柳田国男の『海上の道』を読んで、沖縄の民俗研究を志した〔平敷 一九九〇：i〕。つまり、沖縄の文化が、その境界の中に閉じたものではなく、南は海を越えた南中国から北は日本列島までの影響を受けていたことに平敷は感銘を受けたものと思われる。その後、平敷は、窪徳忠の研究グループに加わり、外来宗教の研究に従事し、沖縄文化の伝播・受容・変容について研究を進めた。沖縄の祖先祭祀について言うと、平敷は、位牌祭祀は一五世紀以降、日本本土から仏教が沖縄に伝来し、まず王家が位牌を導入し、その後士族の間に広まり、旧家にも普及していったことを解明している◎[4]。また、亀甲墓《かめこうばか》については、近世に福建の墓型が琉球に伝播して、普及していったことを家譜などの文献資料も踏まえて研究している〔平敷 一九九五：三七一―四二六〕。

つまり、沖縄は、琉球の時代から絶海の孤島として孤立していたわけではなく、日本と中国をはじめ、その他の地域と交易や交流をしていたという史的事実がある。そして、その交易や交流が琉球・沖縄の文化に影響を与えたことは確かであり、それは過去の文化として消えたわけではなく、現在における沖縄文化にも複雑で多様な影響を与えている。したがって、沖縄文化を身につけた沖縄出身である民俗研究者が、沖縄を沖縄として見る視点に立った時、当然外来文化の影響が沖縄文化にあることを実感としてもち、それを解明しようという研究視点と方法に向かうことは、必然であると見ることができる。

近年、このような近世の琉球を、日本および中国との歴史的関連性の中から検討する新たな研究視点が出ている◎5。士族門中の検討においては、歴史的方法だけでなく、沖縄文化に深く影響を与えた中国あるいは日本との関連を踏まえた民俗学的研究の必要性を、新たな研究視点として指摘することができる。沖縄におけるさまざまな文化の中で、門中研究もまた中国と日本との関連性を見て行くことによって、その本質が見えてくる。この視点を別稿で「〝間《はざま》〟の民俗学」と呼んだが〔小熊 二〇一四〕、まさに現代における「日本の中の沖縄」という境界を越えて、また、「日本の中の琉球」でもあり「中国の中の琉球」でもあるという歴史の境界を越えて、日本と中国の〝間〟にある沖縄という視点で門中を再検討すると、日本と中国の影響を受けながら沖縄が自身の文化を模索・選択・創造してきた過程を知ることができる。

本稿は、この視点で近世における士族門中を再検討する。

2――家譜作成における姓と名乗頭の意味

近世における士族の門中に言及したのは、小川徹であった。小川は、「士族門中」とは、近世において封建制度による士族身分の再編成の中で士族による家譜作成が制度化されたもので、「現行民俗」の門中＝「百姓門中」とは明確に区別すべきだと主張した〔小川 一九八七〕。さらに小川は、近世に成立した「士族門中」の中で、その制度物および観念として、家譜・門中墓・位牌・祖先祭祀（とくに清明祭）・父系嫡男相続・養子同門の原則・他系混入と兄弟重合の禁忌・「門中」の称号をあげている〔小川 一九八七：一一三―一一九〕。これらの制度物および観念は、それ以前の琉球社会には存在せず、あくまでも士族身分社会に成立したもので、近世を通して百姓身分には普及せず、したがって百姓身分には門中も成立しなかったということを示している。

士族門中の形成に関して、小川は、「初期の士族の意識と庶民のそれとの間にそれほど大きな距りがあったとは考えられない」とした上て、「一旦、法律が定まり、身分制が確立すると、士族にはその社会独自の発想に基く慣行がおのずから生まれて、無系の平民社会と異なる意識や慣行が体系化されてゆく」〔小川 一九八七：一一八―一一九〕という点を推測として指摘した。つまり、士族門中の間で、家譜が成立し、父系血縁にもとづく門中が形成されたことを示唆していた。この指摘は、評価できる。しかし、近世琉球における家譜作成の国家的意味、そして家譜によって形成される士族門中の構造的分析についてては論の展開が行われたとは言いがたい。

琉球王府は、士族に家譜の作成と提出を義務づけ、家譜を持つ「系持ち」としての士族身分と家譜を持たない無系の百姓身分を明確に区別することになり、その結果として士族による百姓の支配という琉球における身分制と支配体制を確立したことになる。この士族と百姓という身分制と士族による支配体制の確立は、明らかに江戸幕府の支配体制を導入したものである。しかしながら、家譜の作成方法は、日本における武家の家制度とは異なる方式をとっており、むしろ中国的な姓を導入している。この家譜作成を基にして門中制度が成立したと考えられるが、それは、日本的な家制度とも異なるし、中国的な宗族制度とも異なる。逆に、論を先取りして言えば、中国的な姓を導入し、さらに日本的な一子相続による家系の継承をも導入している。このような近世士族の家譜について、まず家譜成立時の経緯とその構造について分析的に考察し、その後に家譜と門中の構造的性格について考察する。

まず、家譜の作成がどのように行なわれ、その意図は何であったか検討する。『球陽』◎6の尚貞王二一（一六八九）年の条に、「御系図官を設置す」とあり、家譜の作成は、この系図座設置によって正式に開始されたことになる。以下、「而して始めて群臣をして各家譜を修せしめ、已に二部を謄写して以て上覧に備ふ。其の一部は御系図座に蔵し、一部は御朱印を押して以て頒賜を為し、各伝家の至宝と為す。」とある。群臣、つまり臣下は士族として家譜を二部編集し、一部を系図座に収め、もう一部は朱印を押して各家系で保管し、「至宝」◎7とすることとしている。それ以降、それぞれの家系あるいは門中の本家で家譜は保管されてきた。明治以降も、門中ごとに家譜を保管し、あるいは明治以降の系譜も自分たちで編集して家譜を繋いでいる門中もある。

系図座を設置してからすぐに家譜編纂事業が完了したわけではなく、その後も系図に関する通達が『球陽』に記録されている。系図座設置の翌年、尚貞王二二（一六九〇）年の条に、「始めて姓を群臣に賜ふ。」とあり、「洪武年間、察度王中華に通ずるの後、始めて姓並びに諱有り。然れども未だ尽くは備ふるを為さず。是の年に至り、群臣をして各家譜を修せしむるの時、姓氏を群臣に賜ふ。既にして群臣悉く皆姓と諱とを有す。」と記されている。何故士族の家譜編纂に姓が必要であったのか。そして、諱とは何か。

家譜を作成する際、まず必要なのは「姓」であった。前述の『球陽』の記録にあるように、琉球王家は、一四〇六年の第一尚氏王統の察度以来、「尚」という姓を名乗った、しかし、中国渡来人を始祖とする久米村士族は別として、首里士族や那覇士族の中でまだ姓を持っていない一族が多かったので、王府から姓氏を群臣、つまり家臣団に与えている。さらに、諱も与えているが、この諱は「名乗頭《なのりがしら》」を意味すると思われる。名乗頭については後述するが、この姓と名乗頭を基本にして、士族の家譜が編纂されたことになる。

このように、家譜の作成には姓を定める必要があったが、まず、琉球におけるその姓の性格について検討する。琉球における姓とは、尚や向、毛などの中国姓を意味している。日本の姓＝名字とは、名称の種類だけでなくその性格が異なる。日本の姓＝名字は、家の所属を示している。したがって、嫁は実家から婚家に家の所属が変わるので、名字を婚家のものに変えるし、同様に養子も養家の名字に変える。それに対して、中国の姓は父系血縁を示すので、結婚しても嫁は姓を変えることはない。つまり、中国の姓は、父系血縁によって父から息子に、さらにその息子にと連綿として継承される。そのため、同姓の者は同一の父系血縁を共有することを意味する。近世琉球士族の名前は、幕藩体制の武家がもっていた家名が明確に定められていなかった。この点は後述するが、知行地の名称を使用したので、知行地が変わればその名も変わるし、子孫にその知行地が継承されるとは限らない。さらに分家は知行地が変わるので、一族の間でも家名の部分は可変的であった。そうであれば、一族を示す名称が必要となり、父系血縁により不変である中国姓が必要であった。そのため、一族ごとに姓氏としての中国姓が定められ、家譜には中国姓を用いた唐名《からな》がつけられた。その際、日本的な家系を示す家の名としての名字は導入されなかった。

向姓小禄家の家譜を見ると、琉球士族に家譜作成が義務付けられた際に姓および唐名が定められた様子を確認することができる◎8［図①］。初代は、琉球王国第二尚氏第三代国王である尚真王の長男浦添王子朝満である。唐名は、尚維衡であり、弘治七（一四九四）年に生まれ、嘉靖一九（一五四〇）年に没している。長男として世子になったが、廃嫡されて王位を継承することなく、浦添城に隠棲した。二世浦添王子朝喬は、朝満の長男で、浦添総地頭を継承し、唐名は尚弘業である。朝喬の長男である三世與名城王子朝賢は、長男が尚寧王となったので、あとから康熙三八（一六九九）年に王号として尚懿を追贈された。四世大具志頭王子朝盛は、尚懿の次男であり、尚寧王の弟で、唐名は尚宏であった。五世具志頭王子朝誠は、朝盛の長男で、唐名は尚林。六世具志頭按司朝智は、朝誠の長男で、唐名向擇善であり、この代から姓を尚から向に変更されている。

初代朝満は、尚真王の長男として王子の位をもっていた。二世もその位を継承して王子の位を有していた。三世朝賢（尚懿）も王子の位であり、その後長男が尚寧王となったので王位を追贈されている。四世朝盛は、具志頭間切総地頭職を授かり、兄の尚寧を補佐して国相として出仕し、具志頭王子の位を得ている。五世朝誠は、万暦四六（一六一八）年に島津家久の慶賀使として薩摩に赴

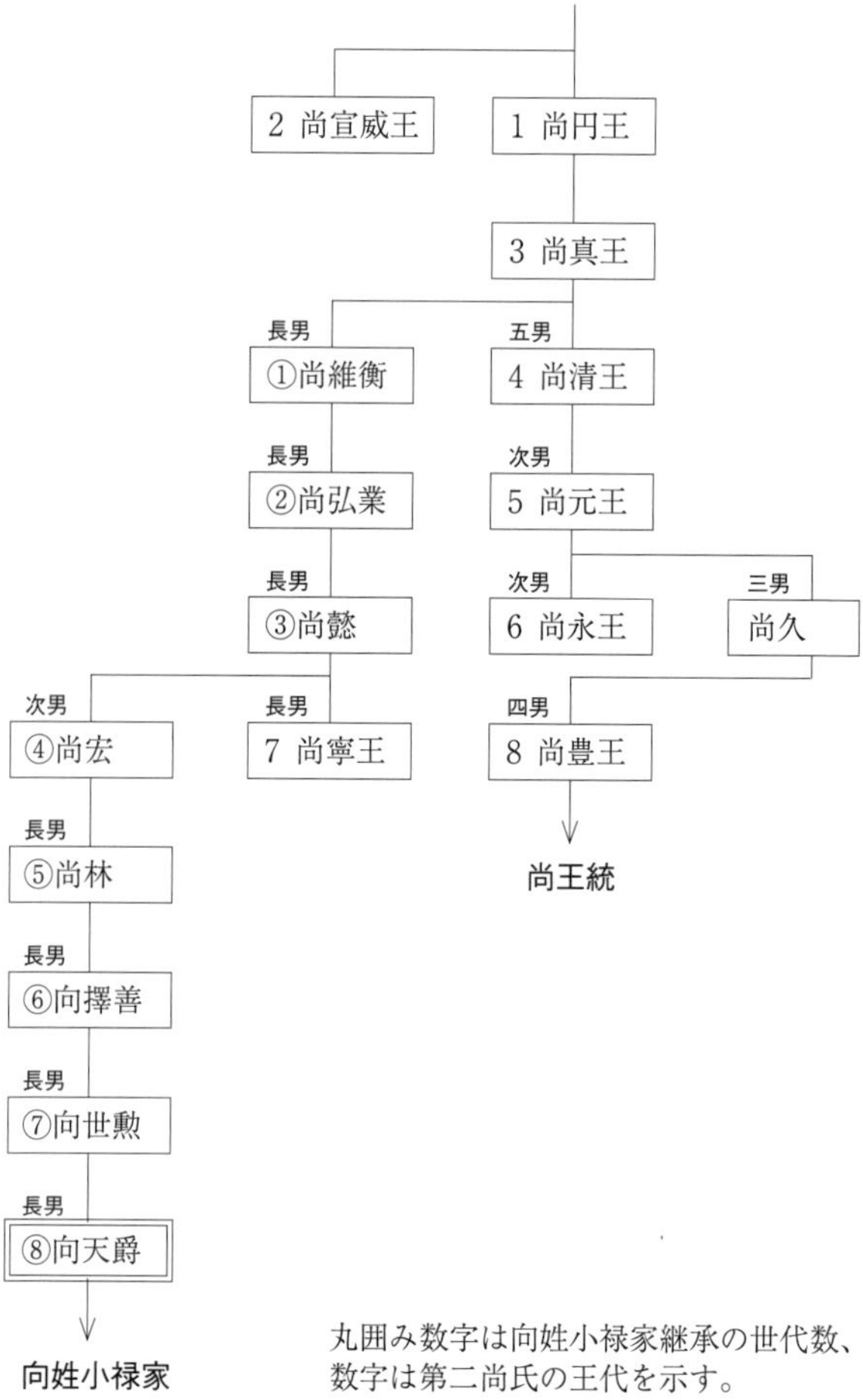
2 尚宣威王
1 尚円王
3 尚真王
長男
①尚維衡
五男
4 尚清王
長男
②尚弘業
次男
5 尚元王
長男
③尚懿
次男
6 尚永王
三男
尚久
次男
④尚宏
長男
7 尚寧王
四男
8 尚豊王
尚王統
長男
⑤尚林
長男
⑥向擇善
長男
⑦向世勲
長男
⑧向天爵
向姓小禄家
丸囲み数字は向姓小禄家継承の世代数、
数字は第二尚氏の王代を示す。

図①　向姓小禄家の系譜

き、具志頭王子を名乗っている。ここまでが、第二尚氏の王族として王子の位を得ていたので、姓も尚を名乗っている。しかし、六世朝智からは、王子ではなく按司の位となり、王統の分家という扱いになり、姓も向に変更している。

七世朝彌は、六世朝智の長男で具志頭按司を継承し、唐名は向世勲である。そして、八世朝騎も、七世朝彌の長男で具志頭按司を継承し、唐名は向天爵である。朝騎に関する記述の康熙三〇（一六九一）年の条に、「恭〇賜向姓賜幷實名首字朝」（向姓を賜り實名首字を朝とする）と記されており、先に述べた王家の分家について姓を向に、名乗頭を朝に統一したことがここに記されている。さらに、「元姓呉實名首字重也」とあり、本来の姓は呉であり、名乗頭は重であったことが記されている。

つまり、向姓小禄家の家譜は、初代から記録されていたわけではなく、系図座設置直後の一六九一年に八世の具志頭按司朝騎によって作成されたことが家譜の序に明記されている。当時、初代浦添王子朝満から七世朝彌までの系図は、位牌や辞令書、歴代法案などの王府の記録を利用して作成したと思われる。したがって、近世士族の家譜を検討する場合、家譜が作成された時点の前と後を分けて考える必要がある。家譜作成以前の祖先については、その当時の資料から過去の祖先について遡って系譜が組み立てられ、祖先の姓や名乗頭はその時点で新たに付けられた可能性がある。それに対して、家譜作成以後に書かれている記録は、事実に基づいた内容が記載されている。

王家の分家筋の家系で、家譜作成以前の姓と名乗頭が、家譜作成時に改編して統一されたことが、

表①　向姓の統一（『那覇市史資料篇第1巻7』家譜資料三）

家譜の名称	初代	改姓時当主	元姓	元名乗頭
向姓湧川家	二世尚宣威王長男越来王子朝理	九世越来親方朝盛	魏	道
向姓小禄家	三世尚真王長男浦添王子朝満	八世具志頭按司朝騎	呉	重
向姓嘉味田家	三世尚真王第四王子越来王子朝福	五世喜屋武按司朝里	袁	頼
向姓伊江家	四世尚清王七男伊江王子朝義	五世伊江王子朝嘉	宗	義
向姓喜屋武家	四世尚清王十男羽地王子朝武	五世冨名腰親方朝興	敬	眞

それぞれの家譜に記されている。前述の向姓小禄家は、正式な家譜を作成する以前は、呉姓を名乗り、名乗頭は重を使っていた。他の向姓について確認すると、表①のようになっている。向姓湧川家は、初代が二世尚宣威王長男越来王子朝理であり、九世朝盛の康熙三〇年の条に向姓と名乗頭朝を賜ったと記されている。それ以前の姓は魏で、名乗頭は道であった。同様に、向姓嘉味田家の元姓は袁で、名乗頭は頼であった。向姓伊江家は、元姓宗で名乗頭は義、向姓喜屋武家は、元姓敬で、名乗頭が眞であった。このように、王家の傍系であるそれぞれの一族は、はじめはそれぞれ別の姓を名乗り、別の名乗頭を使用していたことがわかる。

王家の傍系の子孫は、琉球王府の中で士族として官職を得ており、上流士族として進貢船に乗って中国に赴いた者もいた。例えば、湧川家の八世朝誠は、康熙二五（一六八六）年に進貢正史として北京まで行っている。その際に唐名をもつ必要があり、このような上流士族の間では一六世紀後半には姓を使用していたと考えられる〔田名 一九九二：一三八〕。その際に、王家の分家では、それぞれに異なる姓を名乗っていたことになる。

しかし、そのことは、中国式の姓の導入を考えた場合、不都合であった。つまり、王家の分家は、基本的には第二尚氏初代の尚円の父系血縁を有することになり、中国式の姓であれば同じ父系血縁をもつ子孫はすべて同じ姓を有することになるからである。そこで、『球陽』によると、尚貞王二一三（一六九二）年の条に、「始めて向・朝の両字を王賜ひて姓・名乗頭の字と為し、本、同一の気なるを明らかにす。」と記されている。つまり、王家の分家筋は、姓を向、名乗頭を朝に統一することが王府から定められた。その目的は、「同一の気を明らかにする」ためであった。この場合の「気」とは、父系血縁の流れを指していると考えられる。さらに、「往古の時、君主の同宗未だ姓・名乗を定むること有らず。是に由りて、王、諭して、同宗の一族は貴賤を論ぜず皆向字を賜ひて姓と為し、朝字を名乗頭と為して、以て同宗の一族なるを明らかにす。」と記されている。

前述したように、王家の分家筋は、それぞれが別の姓と名乗頭をもっていた。それは、分節した始祖以下の子孫が同じ姓をもつことになり、一族であることは分かるが、それらすべてが尚円以下の父系血縁を共有する一族であることは分からない。そこで、それらがすべて「同宗の一族」であることを示すために向姓に統一する必要があった。ただし、王家が尚姓を使うので、「尚」は禁字のように扱い、分家筋は向姓として同じ「しょう」と読ませた。

まとめると、王府が士族の系図の作成に中国姓を与えた目的は、同一の姓をもつ士族は「同宗の一族」であることを明確にすることであった。しかし、中国と違って琉球では姓の一致だけで同宗の一族とみなすことはできなかった。同宗の一族であるためには、姓のほかに名乗頭の一致が必要であった。

琉球士族は、唐名とは別に和名《わめい》をもっていた。例えば、毛氏上里家の家譜をみると、初代は「澤岻親方盛里」と称し、家名と位階称号、名乗の三つの要素が組み合わされた、複雑な構成の名前をもっていた。「澤岻」という第一要素の家名は、任地の地名を使用するため、世代によって任地が変わるたびに変化することになり、一代で変化することもある。毛氏上里家の二代は大里親方盛實、三代は国頭親方盛理という具合に任地の変化とともに家名は変化した。この家名の部分は、幕藩体制下の武家のように家系に固定された家名とはその性格が違っていた。「親方」という第二要素の位階称号も、出世とともに変化した。「盛里」という第三要素の名乗は、その個人に与えられた名前であるが、そのうちの一文字は名乗頭と言って門中の父系子孫が継承することになっていた。前述したように、王家の分家筋は「朝」が名乗頭で、毛氏上里家は「盛」が名乗頭になる。

このように、琉球士族の家名はその家系の中でも変化し、分家しても変化するので、同じ一族の中でも多くの家名に分かれていた。そうするとその家系および一族の範囲が分からなくなるので、父系で継承されて変わることがない中国風の姓氏が一族を示す表象として使われたと田名真之は解釈している〔田名 二〇〇〇：一〇五〕。しかし、そうであれば、同じ父系血縁で継承されて父系血縁を象徴する機能をもつ名乗頭の必要性を説明しなければならない。

実は、名乗頭を必要とする琉球士族社会の特徴がある。つまり、姓氏は家譜編纂の時期に、それぞれの門中が勝手に決めたという事実である。したがって、始祖が互いにまったく血縁関係をもたない別人であるにもかかわらず、同じ姓氏を使用したという事例がいくつもある。例えば、毛氏の場合は血縁の異なる七つの門中が存在した。しかし、名乗頭はそれぞれ異なる。例えば、護佐丸を始祖とする毛氏の場合は、「盛」を名乗頭にしているし、安里大親清信を始祖とする毛氏は「清」を、毛龍唫を始祖とする毛氏は「安」を名乗頭にしている〔小熊 二〇〇九：一一二〕。

このように、同じ毛氏でも、名乗頭によって同じ門中かどうか区別することができる。逆に、同じ名乗頭でも、姓氏が異なる場合がある。たとえば、翁氏の門中は護佐丸系統の毛氏と同じ「盛」を名乗頭にしている。つまり、中国姓の名称と名乗頭が一致してはじめて父系血縁を同じくする一族の成員であることが確認できる。

因みに、琉球士族の男子は、前述した唐名と和名の他に、生れた時に名づけられた童名《わらびなー》をもっている。これらの名前は、それぞれ意味をもっており、唐名は中国外交など中国に対する場合に使われ、日常の王府内や対薩摩の時には和名が使われた。童名は公的に使われることはなく、あくまでも身内で使われる私的呼称であった。そして、唐名は一族を示し、和名は家系を示す。さらに、童名は家族に対応しており、この三つの名前をもつことは、複雑な琉球士族の家族・親族組織の中で、その個人がどの位置にあるのかを示すことになる〔小熊 二〇〇九：一〇八〕。

琉球士族の家譜を作成する際の基本的な規定として、琉球王府は中国姓と名乗頭の制定を定めた。

前述したように、王家の分家筋は姓を向とし、名乗頭を朝と定めている。その眼目は、中国姓と名乗頭によって尚円王から父系血縁を継承する「同宗の一族」であることを明確にすることであった。それは、王家の分家筋である向家一族だけでなく、家譜を作成する士族すべてに規定されたことでもあった。この基本的な規定によって、家譜に掲載される者は基本的に同一父系血縁を有する一族という親族的構造をもつことになる。この家譜作成の規定によって構成されたのが門中ということになる。とすれば、前述した小川徹の「士族にはその社会独自の発想に基く慣行がおのずから生まれて」との言及は正確ではなく、「慣行がおのずから生まれ」たのではなく、王府が意図的に制定した家譜作成の規定の基づいて門中が形成されていったと考えるべきである。

3——日中の〝間〟で形成された琉球士族の門中組織

近世における士族門中の形成は、家譜の作成と密接な関係がある。近世に形成された琉球の家譜では、基本的に父系血縁の原理で子孫が記録される。その点は、中国の族譜と琉球の家譜はほぼ同じだが、内部の分節のあり方が異なる。中国では、兄弟均分相続を基本として、兄弟間の祖先に対する権利と義務は平等である。したがって、系譜上における兄弟の優劣は基本的にはない。そのため、子孫は同姓集団としてピラミッド状に末広がりに拡大し、ピラミッド状の宗族という親族組織を形成する［図②］。

それに対して、琉球の場合は、日本と同様に嫡子一子継承による相続制度であった。したがって、次三男は分家することになる。本家は宗家として直系相続によって大宗家譜を形成し、分家は中宗家を中心として本家の傍系である支流として小宗家譜を作成する〔図③〕。ただし、小宗家譜を組み立てるには一定の資格と条件が必要であり、すべての分家が独立した家譜を作成するとは限らない。

具体的に本分家関係における大宗家譜と小宗家譜の事例を見てみよう。中城按司護佐丸盛春を始祖とする首里士族の毛氏は、名門の士族門中である。中城按司であった護佐丸は、第一尚氏時代末期の英雄で、尚泰久王代五（一四五八）年に勝連按司の阿摩和利の讒言によって尚泰久の連合軍に滅ぼされた。その遺児盛親は、第二尚氏尚円に登用され、豊見城按司になっている。それ以降、そ

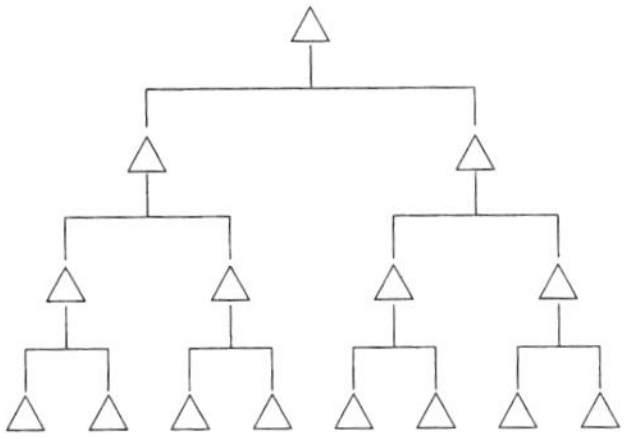

図②　中国の宗族

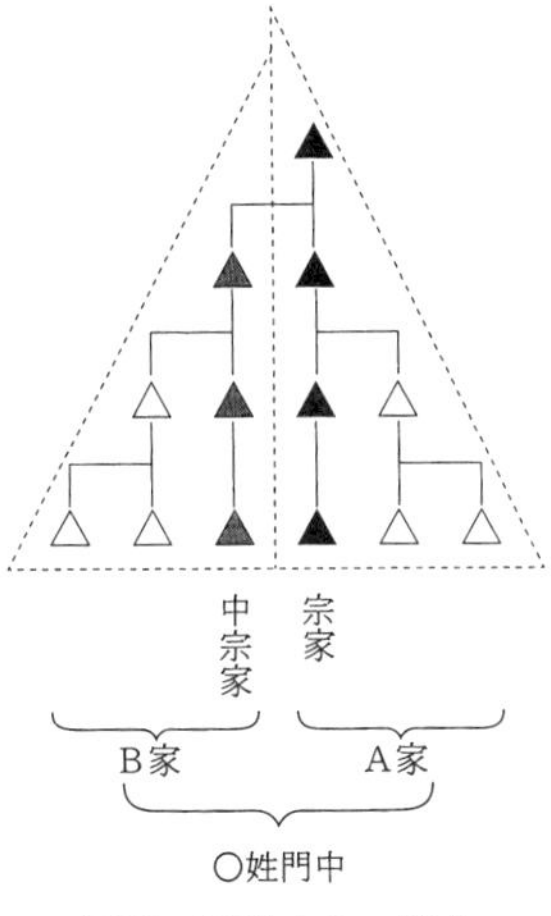

図③　琉球士族の門中

の嫡子は代々豊見城親方の職階を得ており、おそらく明治以降にその家系がそのまま日本の名字となって豊見城家という家名を名乗っている。

盛春から数えて三代目の盛里は、三男であったが、出世して澤岻親方を名乗り、本家とは別の家系を形成し、上里家を形成した。家譜も本家とは別にして、三世澤岻親方盛里を元祖とする『毛氏家譜支流』を新たに組み立てて、系図座に提出した。この毛氏では、同じように、六世の盛泰が分家して座喜味家を興し、七世の二男盛紀が伊野波家を興し、九世盛陳が末吉家を興している〔小熊 二〇〇九：一〇六―一〇七〕〔図④〕。

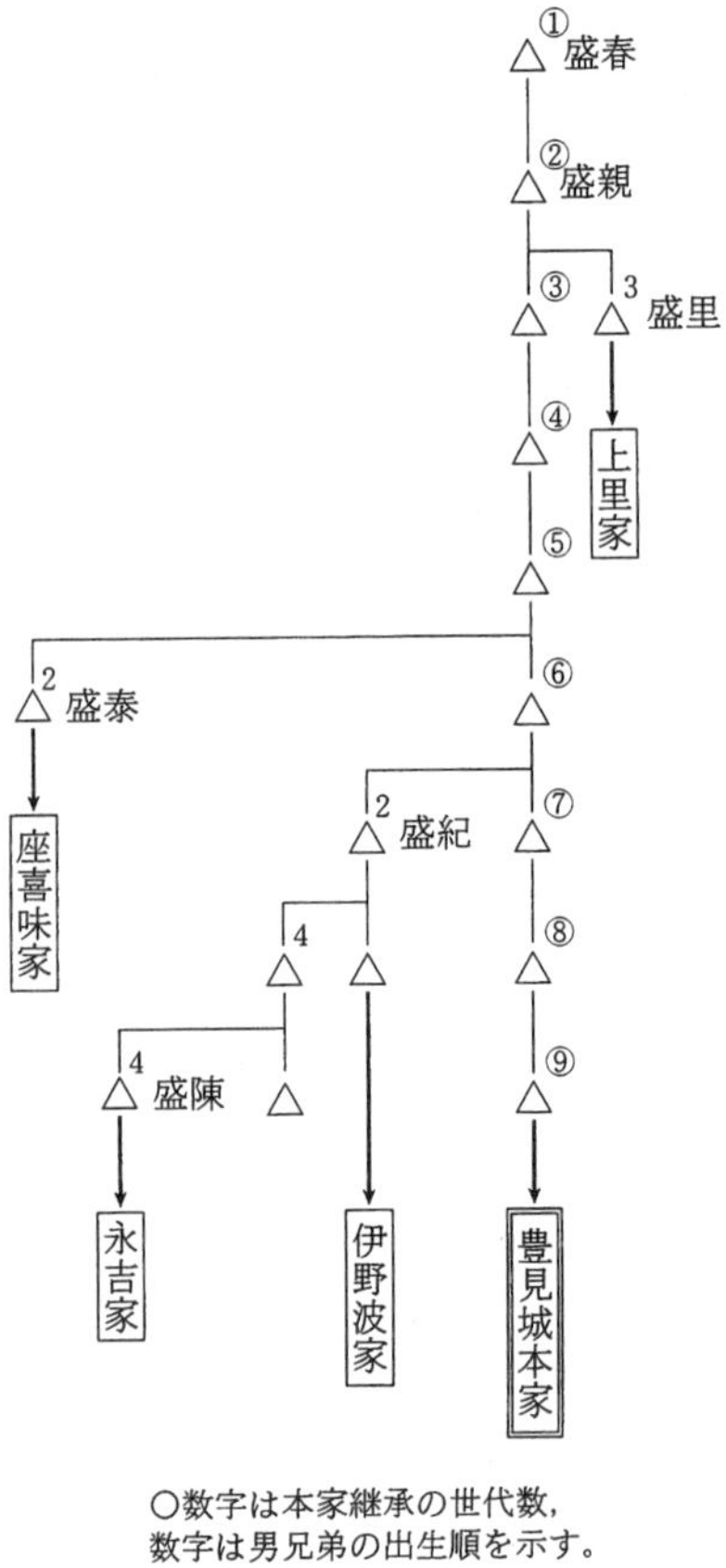

図④　毛氏の家系

中国の場合、始祖を頂点として、子孫はすべて個人として父系で繋がる。父系の血縁を共有する兄弟は、相続の権利において基本的に平等であり、また祖先祭祀においても平等に義務を有する。したがって、本家と分家の区別なく、父系血縁を共有するすべての子孫をピラミッド型に包括する同姓集団としての宗族を形成する。しかしながら、近世琉球では、中国姓を取り入れながら、家譜によって形成された門中組織は、中国の宗族とは異なるものだった。近世琉球士族における門中内部の構造は、嫡子優先一子相続によって、始祖からの直系で継承される家系を本家とし、傍系子孫を分家として、本分家関係による家の集合を形成した。つまり、前述したように琉球王府は、士族を管理するため、日本的な家制度を導入し、嫡子一子相続によって家統あるいは家系を形成することが家譜形成の眼目としてあった。具体的には、前述の毛氏の例だと、宗家筋は毛氏豊見城家であるが、支流として毛氏上里家や毛氏座喜味家、毛氏伊野波家、毛氏末吉家などが分節して存在する。家譜はあくまでも家系を記録するものであるから、支流は分家の家系として家譜を別に仕立てることになる。

このように見てくると、近世士族社会に形成された士族門中は、家譜の構造に規定され、その大枠として中国的な姓氏を取り入れながら、実質的な内部の親族組織は日本的な嫡子一子相続制度によって家統あるいは家系を構成していた。つまり、中国の宗族システムに倣った姓氏を共有する父系親族組織としての門中があって、その内部は日本的な家系を共有する家組織が、宗家を中心として中宗家、分家という階層を形成して分節している。

近世琉球は、島津支配のもとで幕藩体制にそった国家制度改革と社会改革を進める必要があった。身分制の確立のために家譜編纂を行ったが、その内容は日本の武家による家制度をそのまま導入したわけではない。実質的には嫡子一子相続による家系の形成を行って、家格を定めて士族の管理を行う制度を整えながら、他方では、一族全体を示す方法として中国の姓氏を門中の大枠として取り入れている。

それは、中国との冊封朝貢関係を継続維持することによって中国文化を取り入れ、士族は唐名をもつことによって中国との交流関係の存在を中国だけでなく日本にも表現する意図があったと考えられる。日中の〝間〟にあって、近世の琉球は、中国の姓と日本の家制度を意識的に導入し、両者を巧みに組み合わせて琉球士族独特の門中組織を作り上げたと考えられる。

4――士族門中における養子制度の再検討

1 父系嫡男相続制の再検討

近世琉球の士族門中は、首里王府の制度改革に則って決められた家譜作成と密接な関係があったことを前節で述べた。家譜作成が定められた一六八九年前後を境として、それ以前の系譜はその時点で遡って作成されたので、不正確であったり事実と反する系譜が書かれている場合がある。しかし、それ以降の部分は王府に提出する公的な記録として、事実に則って作成されている。その記録に基づいて、一族としての門中が形成されていったと考えられる。その過程で、さまざまな制度物と観念が形成されたことが、小川徹によって指摘されたことは前述した。士族門中の親族的構造について、その大枠は述べたが、実際はそれがどのように運用されたのかを検討すると、さらに琉球における士族門中独特の内容が見えてくる。家系の継承と門中の形成において、基本となる父系嫡男相続制と養子同門制の実態を見ることによって、士族門中の特徴について検討する。

琉球士族において、相続は何を意味するのかについてまず確認する必要がある。菊山正明によると、以下のように整理されている〔菊山 一九七九：六〕。近世日本における幕藩体制では、幕府から大名に領地の統治を委託され、大名は家臣に知行地を給付するという封建制度を確立した。この制度の中で、身分と知行地は家あるいは家統に付随しており、家臣はその家統の相続について主君に相続願を提出し、主君がその願の裁量権を有していた。近世琉球では、この幕藩体制の影響を受けて、家譜作成によって士族の身分を確立し、家統と家格を定めて、その家に統治すべき地頭所と知行高を下付した。したがって、琉球士族も家臣として国王に対して相続願を提出し、その許可権は国王にあった。つまり、近世琉球の士族において、家統を相続することはそこに付随する公的な地頭所と知行高を相続することであり、相続それ自体が公的なものであった。

琉球家譜には、一人一人についてその子どもが記録され、誰がその跡目を相続したかが記録されている。琉球士族では、基本的に父系嫡男を優先するのが原則であったことは前述した。しかしな

表② 毛姓上里家の家統継承

名前	家統を継いだ年	家柄	非嫡男相続の理由
三世盛里		盛親三男	分家して支流家譜を作成
四世盛實		盛里婿養子	盛里早世のため男子なし
五世盛埋		盛實長男	
六世盛深		盛埋長男	
七世盛有	一六一二	盛深次男	次男であるが正室の子であるため家統を継ぐ
八世盛備	一六五八	盛有長男	
九世盛時	一六八七	盛備長男	
一〇世盛章	一七一六	盛時次男	次男であるが正室の子であるため家統を継ぐ
一一世盛珍	一七二〇	盛章長男	
一二世盛興	一七七九	盛珍三男	長男、次男早世のため
一三世盛倫	一七九七	盛興長男	
一四世盛詳	一八四三	盛倫長男	
一五世盛恕	一八五八	盛詳長男	

がら、その実態はどうであったのか。家譜の記録から検証する。

まず、嫡男は、長子であるかどうかについて、毛氏上里家の家譜から検討する〔小熊 二〇〇九：一一九〕〔表②〕。その例を分類すると、次の三点に分けられる。

①長男夭折のため、次男以下が家統を継ぐ。

②長男が庶出子であるため、次男以下の嫡出子が家統を継ぐ。
③その他、君命や父の命、一門の相談の上で次三男が家統を継ぐ。

長男がいるにもかかわらず、次三男が跡目を継いだ例は家譜資料に多く見られる。表②においても、以下の例がある。一二世盛興は、父一一世盛珍の三男である。しかし、長男と次男が早世していることから、家譜の記録上は三男であるが実質的な嫡男と考えられる。これは①の事例であり、幕藩体制における武家でも同様であった。

②の事例が二例含まれている。七世盛有は、父六世盛深の二男である。その長男盛辰は正室をめとる前の庶子であり、盛辰は分家して家譜を別に作成している。また、一〇世盛章も同様に次男でありながら、その兄である長男盛受が妾の子であるために家統を継いでいる。

ここでの問題は、誰を家督を継ぐ嫡男とするかである。琉球家譜では、正室の子も妾の子も記録され、母親が誰であろうと出生順に長男、次男と記録されている。幕藩体制の武家では、正室の長男を嫡男とし、妾の子は庶子として別家とするのが通例であった。つまり、正室と妾とは身分上全く別格として扱われたことを示している。②の事例でも、正室の長男を嫡男として相続者としている点から、幕藩体制下の武家と同様の制度が定着していたことがわかる。しかし、嫡出子と庶出子の区別なく出生順に家譜に記録しているのは、中国の族譜の影響が考えられる。つまり、父親の父系血縁を中心に考えると、母親が誰であろうが、男子は父親の血縁を平等に持つ子孫として同列に扱われた。あるいは、近世琉球社会で、士族と百姓の身分制がどれほど厳格であったのかという点も考慮する必要がある。士族の男性が、百姓身分の女性を妻として迎えることもなくはなかった。後述するが、百姓身分の子を、養子にすることすらあった。このような厳格ではない身分制社会を背景として、中国的な父系血縁を基本とする子孫の記録方法が家譜にあったのではないかと考えられるが、この点についてはさらに詳しい検討が必要である。

さて、③の事例は、菊山正明が琉球王府の評定所で扱った僉議の資料を用いて言及している。第一例は、「武姓家譜」の五世宗清の条に、長男の項で「長子たりと雖も、父の命に依り家跡を継がず、別家譜あり」と記され、次男宗保の項に「次男たりと雖も、父命によりて家跡を続く」と記されている。長男がいるにもかかわらず、長男を分家させ、父の命で次男宗保が父の跡目を継いで北谷間切野国地頭職を相続した。一六三五年の事例である。第二例は、「向姓家譜」であり、二世朝資の条に、「三男たりと雖も君命を承て父の統を継ぐ、（中略）康熙五〇年辛卯二月、君命を奉じ父の跡を襲い按司に擢して東風平間切惣地頭職に任じ、知行高百五十斛を賜う」（菊山 一九七九：二一—二二）とあり、三男であっても君命にて父の跡を継承した事例である。康熙五〇年は、一七一一年である。第三例は、「麻姓家譜」の十世真房の条で、「康熙四十八年己丑十一月、父真周致仕に依り、小禄間切我那覇地頭職に任ず（三男なれども一門訴訟に因り父の家統を継ぐ）」（菊山 一九七九：二一—二二）とある。これらの事例から、長男がいるにもかかわらず、父命、君命、一門の相談の上で次三男が父の跡を相続する例があったことが示された。

ここで確認したいのは、琉球士族の相続は、個人的な父から息子への系譜の継承ではなく、幕藩体制に依拠した王府の士族支配という制度と深く関連した士族の家統相続という公的な事項であったことである。位階や知行地が家統に結びつくわけで、その相続は家統にかかわるすべてを継承することで、近世武家社会で確立する家督相続に類似した機能をもつことになる。菊山によると、琉球において「家督」の語が僉議に現れるのが一七〇七年のことであり、一七三五年には「家督相続」の語が使われたと言う〔菊山 一九七九：二四〕。

そして、幕藩体制下では、初期には兄弟に分知する例があったが、元禄・享保期つまり一六〇〇年代後半から一七〇〇年代前半にかけて、単独相続制が確立したのに対し、近世琉球においては初期からすでに単独相続制が確立していたと菊山は述べている〔菊山 一九七九：二二〕。しかし、それは必ずしも長子単独相続制を意味していたわけではない。一六八九年の評定所僉議には、長子による相続を優先すべきだという内容が見られるが、実際には前述したように長子以外の相続があった。

父系嫡男相続制について、小川徹は、「士族門中制においては、とりわけ跡目相続に関して嫡出の長子相続が原則」〔小川 一九八七：一二八〕としながら、「嫡出の長子が相続するという原則は当初からはみられない」〔小川 一九八七：一二二〕としており、士族門中の成立前後は、庶民と同じような相続の慣習をもちつつ、門中制度が確立するにしたがって士族門中としての特有の相続制度が確立していったという見方を示しており、近世における琉球社会と社会制度の変革を考慮に入れると、士族門中の相続制度にも変化があったという見方は正しいと考えられる。つまり、士族門中が成立していく過程で父系嫡男相続制が規定化されたが、実際には従来の相続慣行とせめぎ合いがあったと考えられる。

2 養子同門制の再検討

近世琉球士族における相続は、嫡出長子相続を基本としながら、その他の相続もあり得たことを前項では述べた。いずれにしても、子どもに男子がいる場合はそのうちの誰かが相続することになる。しかし、子どもに男子がいなかった場合どうなるかというのが養子制度の問題である。

田名真之は、「系図座規模帳」の中の「覚」から、養子相続の王府による規定についてまとめている。まず、父系血筋の近い親族から養子を選ぶことを示している。これは、まさに養子同門制の範疇にあるものを指している。次に無服の一門（服関係のないほど遠いが、同一門中の子弟）をあげ、さらに外戚の者も養子にできるとしている。つまり、母方や妻方の親類でも養子にできると述べている。さらに、近い血筋の中に継ぐべき者がいないで、絶家の可能性がある場合は、最終的には異姓や無系（百姓身分）からも養子を認めるとしている〔田名 一九九二：一四二―一四三〕。

つまり、士族門中において、王府に養子相続の承諾権があり、その方法として次の四つのパターンがあった。

①一門から養子をとる。養子同門制であり、父系血縁養子である。

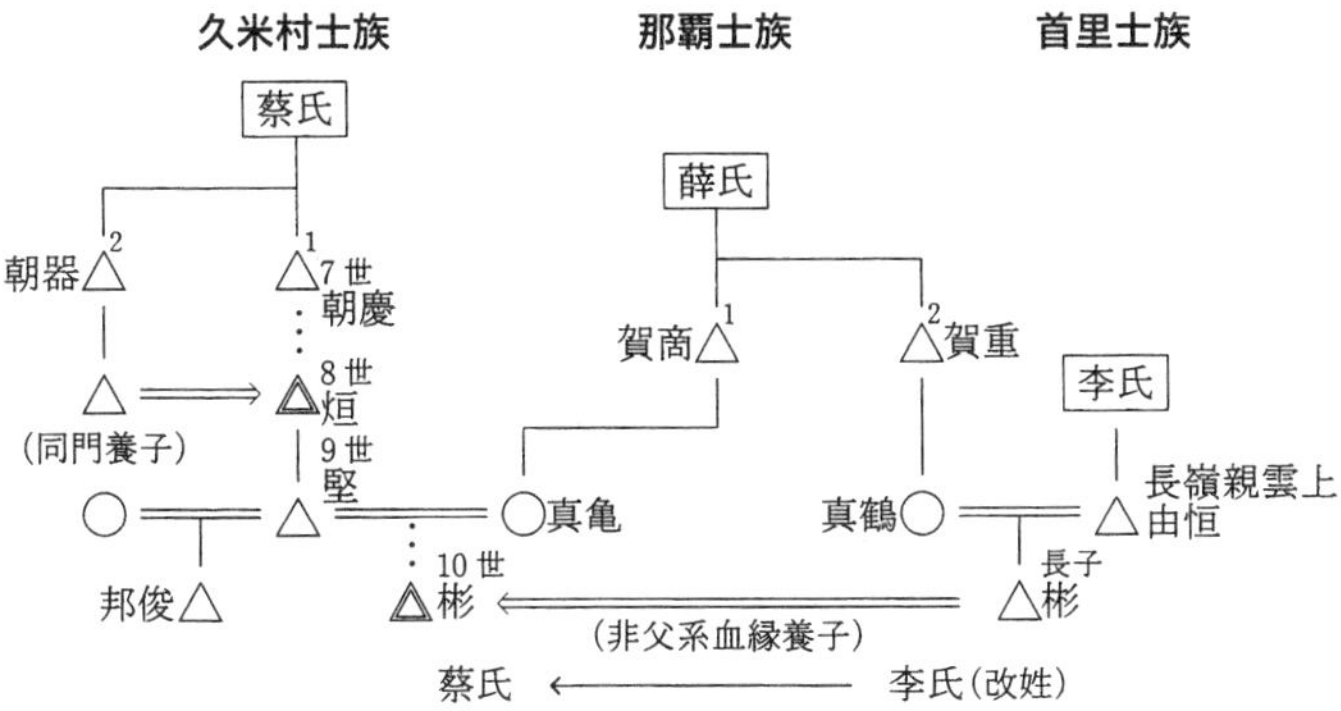

図⑤　蔡氏の養子

②親類から養子をとる。非父系血縁養子。
③新参家あるいは無系から養子をとる。非血縁養子であり、異姓養子。
④弟を養子とする。順養子。（養子同門制の範疇に入る）

実際の養子の事例は、どうであったのか。小川徹は、中国渡来人を始祖にもち、琉球王府の中で中国との交流に携わっていた久米村系士族の例をあげている。小川は、「蔡氏正統家譜」の中から例をあげているが、それを再解釈すると以下のようになる〔那覇市企画部市史編集室 一九八〇：二五五―二六二〕。蔡氏の七世朝慶は長男であったが、「無嗣」つまり嗣子としての子がいなかった。そこで七世の次男朝器の長男烜が八世を継承した。烜は万暦一五（一五八七）年に北京で病没したので、その息子である堅が九世を継いだ。堅には、側室が生んだ男子の邦俊がいた。俊邦は家譜に記載され、秀才から若里之子通事まで職階を得ていたが、順治二（一六四五）年に一六歳で亡くなっている。そこで、彬を養子に迎え、順治五（一六四八）年に養父堅の職階を相続して采地として浦添間切嘉友名を得て、その地頭職を受けている。彬は、元来首里士族の李氏長嶺親雲上由恒の長子であった。その実母は、那覇士族の薛氏古波倉親雲上賀重の末娘である真鶴となっている。那覇士族の「薛氏家譜」を調べると（那覇市企画部市史編集室 一九八三：三一二―三一三）、三世賀重の三女として真鶴が出てくる。そして、堅の室として薛氏真亀があり、彬の養母となっているが、その真亀は、真鶴の従姉妹であることが「薛氏家譜」の記載から分かる。つまり、真鶴の父親賀重は次男であり、真亀の父親である賀商はその長兄にあたる。このことから、堅は、妻の従姉妹の長子を養子に迎えている。なぜ李氏長嶺親雲上由恒が長子を養子に出したかは、李氏の家譜がないので確認できない。

この事例から、まず非長男相続があったことがわかる。七世長男の朝慶に嗣子がいなかったので、弟朝器の長男、つまり甥の烜に家統を継承した。この事例は、①の父系血縁養子になる。そして、このような養子は、中国の宗族においては、「同宗昭穆」[◎9]といって、同じ父系血縁をもち、自分の子供と同じ世代であるという世代規制にも合致する理想的な相続とされている。

しかし、九世の堅は一人息子を一六歳で失い、養子を迎える必要があった。堅も一人息子であり、兄弟がいなかった。そこで同じ門中から養子を迎えることができず、妻の従姉妹の長子を首里士族から養子に迎えた。これは、②の非父系養子になる。①の方法が取れなかった場合に②の方法がとられることがこれでわかる。

④の順養子の例も多く見られる。例えば、向姓湧川家の家譜に三例の順養子の例がある。一世朝

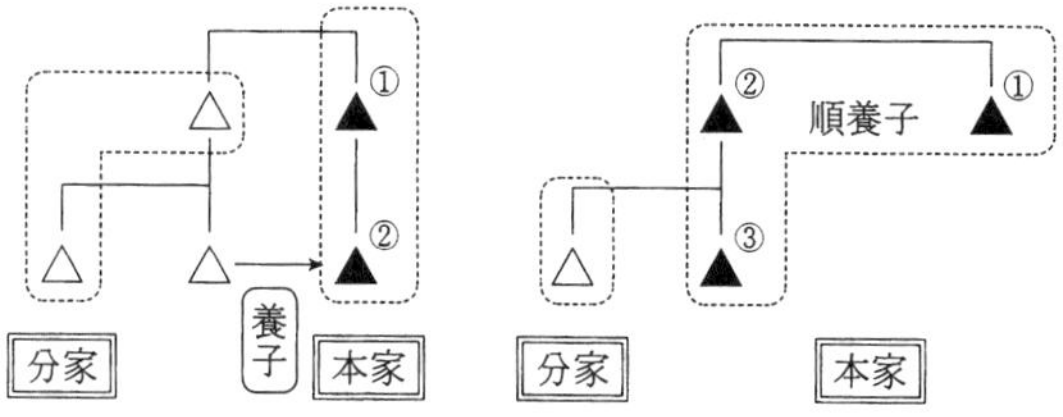

同門養子　　順養子

図⑥　同門養子と順養子

理の長男が朝孟であったが、朝孟が幼かったので、朝理の弟である朝易が二世の家督を継いでいる。四世朝副にも嗣子がいなかったので、その弟である朝首が兄の家督を継いで五世となっている。朝首の長男が六世の朝但であるが、嗣子がいなかったので弟の朝上が兄の家督を継いで七世となっている。

この順養子は、同じ父系血縁をもつ兄弟を養子とするので、父系血縁養子の規制には抵触しない。その意味で、順養子は養子同門制の一種であるといえる。また、次の家督は弟養子の子が相続することになるので、結果として伯父から甥に家督が継承されたことになり、①の養子と同じことになる［図⑥］。ただし、伯父と甥の間に、伯父の弟であり甥の父が順養子として入るので、世代が一代増えてしまうので、中国の「同宗昭穆」の養子制度に対して、世代規制に違反することになる。

5――まとめ

本稿では、士族門中の制度にあったとされる父系嫡男相続制と養子同門制について再検討した。

この点から、近世における琉球士族社会が、日本と中国の間にあって、双方の影響を受けながらどのように門中という組織を形成していったのか考えることができる。

中国姓によって組織化された門中組織の内部をみると、中国の兄弟均分相続を導入することはなく、父系嫡男相続制を基本とした嫡子一子相続が規定化されていた。中国の場合、父の父系血縁を共有する兄弟は、父の姓を継承することによって、父の財産を平等に相続する権利と、父そして祖先を祀る義務も平等に有する。したがって、中国の一族である宗族は、前述したようにピラミッド式に構築される。それに対して、琉球士族の場合は、嫡子が一子で家統＝家系を継承することによって本家の家系が固定化され、非嫡子は分家して新たな家系を形成するという日本の家制度に類似した本家分家制度を形成した。それは、幕藩体制と同様に、琉球王府が士族の家系によって家臣団を統括するという統治形態を形成する中で、家系ごとに本家筋の大宗家譜あるいは分家筋の小宗家譜という家譜の作成を通して門中を確立していったという、士族門中特有の組織化と考えることができる。

相続に関して、本稿では、嫡子一子相続という表現を用いてきた。従来は、「父系嫡男相続制」という用語が使用されてきた。この違いを確認すると、本稿では家系を継承し、家督を相続する者を嫡子と定義した。具体的に、家譜の中から誰が家督を相続したかについて検討すると、それは長男とは限らず、次三男が相続したこともあったし、弟が相続した場合もあった。また、嗣子がいない場合には養子をとって家系を相続させることになるが、その養子は父系血縁をもつ同じ門中から探すのが理想であり、それを研究者は従来「養子同門制」と表現してきた。しかし、事実は、父系血縁をもたない母方や妻方の親類を養子にする非父系血縁養子もあるし、最終的にはまったく血縁関係をもたない異姓養子も王府は容認していた。つまり、家督を相続した嫡子は、「父系嫡男」とは限らず、さまざまな関係の者が嫡子となっていた。

中国の養子制度は、養父の父系関係を継ぐことになるので、「異姓不養」の原則によって必ず養父と父系関係がある同姓の男子であり、かつ一世代下の同姓昭穆の関係にある男子を養子とすることが厳しく決まっていた。しかし、琉球士族では、中国姓を導入し、しかも養子は父系血縁を同じくする同じ門中内から取るべきであるという「養子同門制」の規定がありながらも、養子の実態は中国のような同姓養子の厳しい決まりは厳守されなかった。前節の養子の例から見ると、久米村系蔡氏の九世堅が、妻の従姉妹の男子で、首里系士族李氏から異姓の養子をとり、しかもその養子は姓を李から蔡に変更している。このように、異姓養子を迎えたあと、その姓を養父の姓に改姓し、しかも名乗頭も変えて唐名の改姓名が行われた例は他にも多くあった。このことから、近世琉球では中国姓の制度を取り入れたが、それは厳密に父系を貫徹させた姓氏の制度ではなく、異姓養子は姓と名乗頭の変更をして、養家の門中の成員権を得ることができたわけで、近世琉球士族は形式的に中国の姓を導入して唐名をもってはいたが、その実態は厳密に姓と父系血縁の一致を貫徹したのではなかったと言える。

つまり、琉球士族における養子は、父系という血縁を継承することが主眼であったわけではなく、むしろ家系を継承することに眼目があった。同じ門中に相応しい人物がいなければ、異姓養子でもそれは構わなかった。この点は、幕藩体制化の武家と同じであり、家系の中で祖先と子孫の関係が構築されるのであって、その関係は父系血縁で貫徹されなくても構築が可能であった。

近世の琉球では、「同宗の一族」を家譜に載せることを目的として、中国の姓を導入した。しかし、家譜をもとに形成された士族門中では、王府の初期の目的とはずれて、「養子同門制」は厳格に遵守されずに、実態は異姓養子も行われていた。さらに、その異姓養子の姓と名乗頭を変えて、実質は父系血縁の継承は行われていないにもかかわらず、表面的には姓と名乗頭の継承が行われたという記録が家譜には残されることになる。

このことから言えることは、近世の琉球王府は、日本の幕藩体制を受け入れるなかで、主体的に日本と中国の制度を取り入れていたということである。少し論がそれるが、一六〇九年の薩摩侵攻以降、琉球王府は、薩摩の支配のもとで近世的社会制度の確立に向けて社会改革を行なう必要があったなかで、検地による石高制と村請制による年貢の収納制度を定めた。一六〇九年から一一年に薩摩藩によって検地が行われ、琉球の石高が決められた。こうして、琉球王府から薩摩藩へ貢租を納付することとなった。形式的には幕藩体制の制度である石高によって、薩摩藩から琉球王府に、そして王府から地方に租税が賦課されたことになる。つまり、日本側からの大きな政治的圧力によって検地による石高制が琉球に導入されたと言えよう。しかし、石高制の下で実際に実施されていた琉球の土地制度や租税制度は、日本本土のそれとは大きく異なっていた。幕藩体制では、小農制度を確立し、家が土地を所有して農業経営を行ない、村請制によって村が年貢を収納していた。それに対して、琉球では、慶長検地に基づいて検地帳や名寄帳が作成されたにもかかわらず、それに基づいた賦課を制度化したわけではなかったことを山本弘文は指摘している。琉球では、耕地の固定的な持ち分を認めずに、従前からある村の総有として地割制度を継続させた。また、名寄帳にかかわりなく、地割配当に基づいて貢租を配賦しており〔山本 二〇〇五〕、琉球では石高制度とは異なる土地制度と貢租制度が実施されていたという〔来間 二〇一五〕。

このように、琉球は、近世においては薩摩の強い影響を受け、表面的には検地を行っていながら石高制度をそのまま受け入れるのではなく、まさに日本からの影響を模索し、選択し、それを琉球の社会に適合する形で創造していったことが、貢租収受の制度と土地制度の関係で見ることができる。

それと同じことが、身分制度の確立に対しても言うことができる。琉球王府は、士族身分を確定するために家譜の作成を義務づけた。琉球王府は、「同宗による一族」を明確化するために中国姓を取り入れて門中の外枠を確定させると同時に、家臣団としての士族を統括する必要性から嫡子一子相続制を確立させて家統＝家系の固定化を図った。この時点で中国姓を各門中で定めたので、始祖が異なり、父系が異なっているにもかかわらず同姓の門中が成立するので、父系の継承を明確化するために日本的な名前の一文字を継承する名乗頭を合わせて制度化した。ここに、中国姓の導入と名乗頭の導入が主体的に選択されたことを見て取ることができる。

また、中国姓を導入したことにより、養子は父系血縁を同じくする同じ門中から選ぶ「養子同門制」が規定化されていたにもかかわらず、実態は他系養子も多く行われていた。これは、たてまえとして姓の継承は父系で行われるという中国姓の制度を受け入れながら、実際には従来から琉球社会で行われていたと考えられる父系養子に限らず他系養子も容認する日本社会と同じような養子制度が行われていたということである。琉球士族社会は、中国姓を導入したが、その本質である姓の父系継承の部分は厳密に運用することなく、むしろ従来の養子制度を運用するという変容を加えていたことがわかる。

このように、近世期に日中の〝間〟にあった琉球は、日中両属という関係を巧みに維持していたことが、家譜の分析を通して理解できた。さらに、日中両国の影響を受けていたというような受動的な社会・文化の変化ではなく、むしろ当時の琉球の置かれた国際関係の中で、日中の社会・文化の導入について主体的に模索し、選択し、判断してきたことが具体的に理解できた。民俗研究に則して言えば、琉球・沖縄文化の伝播・受容・変容の過程を見出すことができ、まさにこの視点を〝間〟の民俗ということができよう。

1――柳田国男は、一九二〇〔大正九〕年から二一〔大正一〇〕年の沖縄への旅をまとめて、『海南小記』を著した。柳田は、その旅のノートに琉球と中国の関係を記しているが、『海南小記』の中では、敢えて中国との関係を等閑視し、近代国家としての日本の中における沖縄文化を強調した。そこには、琉球処分以降日本に組み入れられた「沖縄」を、国民国家としての日本の中に位置づけようという、単なる学問的な興味に止まらない政治的な意図もあったのではないかと考えられる。しかし、戦後に至って、柳田は、沖縄の文化には、日本文化とは異なる部分があることを認め、それを解明するためには台湾など日本以外の近隣の地域における文化との比較が必要であることを述べ、沖縄研究の視点に変化が認められる〔小熊 二〇一四：二二八―二三〇〕。

2――社会人類学を中心とした沖縄研究の動向については、〔小熊 二〇一四：二三三―二三四〕を参照のこと。

3――〔比嘉 一九八三〕に、「士族門中における「姓」と婚姻――家譜研究Ⅰ」と「久米村における婚姻と養取――家譜研究Ⅱ」がある。

4――〔平敷 一九九五：一八六―二四二〕に、「位牌祭祀の受容と普及」が掲載されている。

5――渡辺美季は『近世琉球と中国関係』のなかで、「琉球を主体とした実態の解明」を研究視点として、「琉球が中日と二重の関係を取り結びつつ二国の狭間で固有性を維持していた」〔渡辺 二〇一二：一四〕ことを歴史的に究明する方法を提示し、それは新しい歴史的研究視点として評価される。

6――『球陽』の記録は、球陽研究会編『球陽 読み下し編』を利用する。以下同様。

7――士族系門中では、明治以降も家譜を「至宝」として扱い、沖縄戦の時に家譜を宝として背中に背負って逃避行をしたという話を平敷令治氏からも伺ったし、他にもよく聞く話である。

8――向氏小禄家の家譜は、『那覇市史資料篇第1巻7』〔家譜資料三〕の首里系家譜、一九九―二一九頁を参照した。

9――昭穆とは、中国における宗廟の霊位の配置を指す。始祖を中央に置き、二代は左側に、三代は右側に配置し、その後は偶数代は左側に、奇数代は右側に配置される。左側を昭、右側を穆と称する。父と息子は昭穆別の側に配置されることになるので、同宗養子をとる場合は、養父の下の世代の者を養子とするという制度があった。その場合、日本で行われていた弟養子は、この世代規制に抵触するので、中国では不可能であった。

◎参考文献

小川徹　一九八七『近世沖縄の民俗史』弘文堂
小熊誠　二〇〇九「門中と祖先祭祀」古家信平・小熊誠・萩原左人『日本の民俗12　南島の暮らし』吉川弘文館
小熊誠　二〇一四「〝間〟の民俗――養子制度から沖縄の門中を再検討する」『歴史と民俗』神奈川大学日本常民文化研究所論集三〇、平凡社
菊山正明　一九七九「近世期沖縄における相続制についての一考察」『沖縄文化』一五（二）
球陽研究会編　一九七四『球陽　読み下し編』角川書店
来間泰男　二〇一五「琉球近世の経済構造――山本弘文先生の研究に触れつつ」『沖縄文化研究』四一
田名真之　一九九二『沖縄近世史の諸相』ひるぎ社
田名真之　二〇〇〇「琉球家譜の成立と門中」『歴史学研究』七四三
那覇市企画部市史編集室　一九八〇『那覇市史資料篇第1巻6』家譜資料二（上）
那覇市企画部市史編集室　一九八二『那覇市史資料篇第1巻7』家譜資料三
那覇市企画部市史編集室　一九八三『那覇市史資料篇第1巻8』家譜資料四
比嘉政夫　一九八三『沖縄の門中と村落祭祀』三一書房
比嘉政夫　一九九九『沖縄からアジアが見える』岩波ジュニア新書
比嘉政夫　二〇一〇『沖縄の親族・信仰・祭祀』榕樹書林
平敷令治　一九九〇『沖縄の祭祀と信仰』第一書房

平敷令治　一九九五『沖縄の祖先祭祀』第一書房
山本弘文　二〇〇五「慶長検地後の琉球王国の貢租制度」『経済史林』七三（一二）
渡辺美季　二〇一二『近世琉球と中日関係』吉川弘文館
渡邊欣雄　一九八五『沖縄の社会組織と世界観』新泉社
渡邊欣雄　一九九〇『民俗知識論の課題——沖縄の知識人類学』凱風社

◎2

歴史を越える門中

―門中団体の事業と法人化

武井基晃

1――はじめに

沖縄には、門中という父系血縁関係に傾斜した親族組織があり、共通の祖先に対する祭祀や共有財産の管理を行っている。それは言い換えれば、祖先たちと今日の子孫たちとの歴史を越えた関係である。そこには、伝わってきたことを今日においていかに受け止め、どのように次の世代につなぐのかという、歴史をめぐる現代人の行為と思考に関わる問いがある。門中において具体的には、祖先像の形成と共有、および期待される子孫像の実践と言えよう。

門中およびそこから成立した門中団体は、子孫の義務として今日の祖先祭祀（たとえば毎年四月の清明の墓参り）の円滑な実施に努める。門中団体とは、門中の名の下に祭祀行事の運営や共有財産の管理などの役割を果たすため、事実上の門中の実態としてたち現れ、門中らしくふるまう（ことを期待された）団体である。父系血縁の系譜関係や宗家との関係に基づくものとはまた別の一面を持ち、たとえば、祖先以来の系譜関係として門中を考える際に核となるはずの宗家という存在をも不可欠なものとはしない。むしろ、転出したり代が絶えたりして沖縄からいなくなった宗家の代わりに門中として主体的にはたらく団体もある。

門中団体は基本的に門中ごとに派生し、その特定の門中の家に生まれた成員たちのために門中の活動を代表して運営し共有財産を管理しており、門中会を称する有志の団体もあれば、いくつかは法人となっている。旧法人制度・中間法人法下の門中会の法人化について、宮下克也は「門中という伝統的なシステムと法人という近代的システムの接合」であり、新たな門中の創造であると論じた。そして外延性を有する門中と会員資格を定め入会によって成員を確定しなければならない社団法人との齟齬がもたらす問題や、門中のシステムや慣行が法人制度の文法に翻訳された実態を指摘している〔宮下 二〇〇三〕。

このような門中の団体が時間を越えて今日の状況に応じて結集するに当たって、血縁や系譜関係があるという事実だけで十分なのか。それ以外に何が必要とされ、そしてそれはどのように共有されているのか。この問いについて、琉球王国時代以来の系図の整理・刊行や、祖先や門中の事跡の研究など自分たちの歴史に積極的に向きあい、門中の成員や門中団体の構成員――両者は必ずしも同一ではない――に提供することもまた、門中団体に期待される事業であることを先に指摘しておく。門中団体の結集は、歴史の共有とそこから見出される史縁関係を以てなされ、その補強のための事業がくり返されることで結集が担保されているのである。

以下、2～4では琉球時代以来の門中の原点かつ原典としての情報源である家譜（民俗語彙としては系図）資料について、琉球王国時代における士族の身分制と家譜の概要と、そこに記されたことがいかに今日まで読まれ続け関係者に共有されてきたか、門中団体の事業としていかに家譜資料が活用されてきたかを論述する。[◎1] つまり子孫自身による祖先像の整理と共有である。続く5では、歴史の共有を以て結集した沖縄の門中団体の活動のうち、主に祖先に対する子孫としての行動、期待される子孫像とその実践について毎年恒例の清明節の墓参りと、元祖を顕彰した記念事業を中心に論じる。

さらに、こうした門中団体が現代社会に適合して存在するための方策の一つである法人化について、特に近年の法人制度改正にともなって、法人としての門中団体が改めて今日の社会に存在し法に則って財産や人員を管理するための対応を迫られたことを6で検証する。法律・制度の施行や改正によって人々の生活や営為は大きな変化を余儀なくされ、一方で全く新しいことが可能となることもある。[◎2]人々は遵法を基本としつつもできる限り従来通り続けようと考え、可能ならば法をうまく活用しようと試みる。本稿ではこうしたことについても考察を試みたい。

2──琉球士族の家譜

1 琉球の身分制と家譜の概要

本稿で対象とするのは、沖縄の祖先祭祀における重要な単位である門中の中でも、琉球士族の直系の子孫であり、琉球王国の解体後も宗家を中心とした関係を続け、沖縄戦を経た今日まで存続している門中（士族系門中）である。士族系の門中は、琉球王府の専門部署（系図座）による家譜・系図の直接管理をともなう、琉球における士族の身分制の確立にまでさかのぼる。本稿では士族系門中のうち、久米系（久米士族、久米村人）の系統を対象として、事例の記述と分析を進める。
琉球王府において士族の家譜は、士（サムレー）身分の確立とともに成立した。その前史には、一六〇九年の薩摩藩の琉球侵攻以降に士農分離が進められたこと、一六五〇年代の二回にわたって士以外の百姓層の町方（首里・那覇）居住が禁止されたことなどがある。そして一六七一年に、譜代の士（その当時の時点まで数代にわたって王府に仕官していた士）に対して、それぞれ代々の系図の提出が求められたことが制度化の端緒である。◎3
その後一六八九年、王府内に士の系図（家譜）を管理する系図座という専門部署が設置され、士の筋目が確定した。譜代の士が里之子・筑登之の二つの格に分かれたほか、後年新規に取り立てられた士は新参とされた。また町方（首里・那覇・泊・久米）の居住地によって、首里士族、那覇士族、泊士族、そして久米士族に分かれた。◎4 たとえば、琉球の士の大部分を占める「首里士族」は王府周辺に居住して王府に勤めることを目指した。また、港に近く、元々は明から渡来し琉球王府に仕えた人々の居住区を端緒に発展した久米村に屋敷を持った「久米士族」は、通訳・漢籍・外交の専門家を育てて輩出することを代々求められるなど、住所によって職務が異なっていた。
家譜の提出と士身分の認定に際して、王府から士に、一族に一つずつ唐名（とうめい、からなー）という中国風の一字の「姓（氏）」が下賜された。この姓の数は王府時代全体を通して七二二ある〔田名 一九八三、那覇市 二〇〇八〕。姓に表象される父系血縁をシステムとして導入しつつ、王府の職の継承は士の家格に準じるなど「中国的な父系血縁制度と日本的な家制度という異なる原理をもった二つの制度をうまく整合させて、独特な琉球士族の門中が形成」〔小熊 二〇〇九：一〇六〕された。こうして家譜によって士身分を管理する琉球王府の身分制下において、家譜の所有は士の身分の権利であり、家譜（系図）を持つ士の層は「系持」、持たない層（百姓）は「無系」と称された。

系図座では、家譜を二部作製し、一部は保管、もう一部は認証の印を押した上で士の宗家に下げ渡された。[5] 士は一族の生・没、婚姻や王府での業績などを記録しておき、定期的（五年ごと）に系図座による認証を受け加筆した。これを仕次ぎという。[6] ただし系図座保管分の家譜は、第二次世界大戦で焼失してしまった。[7] 戦災を免れ今も残っている家譜は系図座による認証の印が押された宗家所有分である。

2　家譜に記録された内容

家譜には、男性一人一人について名前、生年、結婚、出産、叙位、任官、没年などが記録されている。宗家については継承も記録される。以上の事項は、今日の祖先祭祀において、子孫が拝む対象と密接に関連する。祖先祭祀では、特に門中の元祖（初代）が主たる対象となり、元祖から現代の世代までどうつながっているのかに関心が寄せられるからである。

首里系の家譜には、巻頭に「世系圖」、「家譜序」があり以下、個人の紀録——世代、名、家名と官職、童名、唐名、生年（明・清の年号）月日、父、母、室、子ども（生まれ順）——が続く。そして琉球の王代ごとに編年体（明・清の年号）で職位、昇進、知行（地頭職）、勲功、没年が記録される。一方、久米村の士族の家譜はやや異なり、巻頭には「家譜序」、「世系總圖」の他に「歴代帝王紀年考」（明朝・清朝の皇帝と琉球の王の記録）、「元祖始遷備考」がある。以下、個人の紀録——世代、名（諱）、家名と官職、童名、號（字）、生年（明・清の年号）月日時、没年月日、享年、父、母、室、子ども（生まれた順）——が続く。そして官爵（出世の記録）・勛庸（大陸など赴任地）・采地（知行の記録）・俸禄・寵榮（王族などからの下賜）・婚家（子女の姻戚の記録）、埋葬地が項目ごとに編年体（明・清の年号）で記されている。

これら家譜に記されたことが、子孫たちによってどのように今日まで読まれ続け、共有されてきたかを以下に論じる。

3——今日の子孫にとっての家譜

1　家譜にたどり着く方法

調査において今日、どのように家譜資料にたどり着けるか、筆者の経験から簡単に述べてみよう。家譜の内容を読みたいだけなら、那覇市史に家譜資料一〜四（資料編の第一巻五〜八）として活字化され掲載されている。内訳は、家譜資料一（「蒐集した諸氏族の家譜百数十冊の中から適当と考えられる七八七名の譜記を選出」および別冊『氏集』）、家譜資料二（久米村系の家譜五一冊）、家譜資料三

（首里系の家譜五八冊）、家譜資料四（那覇・泊系の家譜六六冊。新参含む）である（那覇市一九七六、一九八〇、一九八二、一九八三）。

このうち、別冊として出された『氏集』とは、系図座に保管されていた家譜の総目録と目される史料であり、琉球士族の姓と元祖名が記載されている。原本はすでになく、一九七三年に台湾大学の図書館にて、戦前の沖縄県立図書館のものを台北帝国大学の研究者が筆写したものと目されるものが発見された。一九七六年に那覇市史別冊とした第一版以降、現在まで五版の増補改訂が出され、版を重ねるごとに、唐名の姓の「氏名索引」、首里系などの士の男子の名前に用いられる一門共通の「名乗頭字索引」、現在の沖縄人の苗字につながる「家名索引」が加筆されている。家譜に興味を持った人がまず手にする参考文献である。

市史の資料編に掲載されたものをはじめとする家譜の複製は那覇市歴史博物館に保管されていて閲覧が可能である。しかし、このやり方でたどり着けるのは家譜そのものだけであり、そこからそれを活用している子孫の人々、門中成員にたどり着くことはできない。

筆者の関心は、家譜資料が子孫たちによっていかに読まれているかという、今日の活動の実態にある。しかし、ごく一部の門中団体は事務所を持ち看板を掲げているものの、ほとんどの宗家は個人宅であり探し出すのは困難である。そこで宗家にたどり着くために、先に門中の成員を見つけ出し、そこから宗家へとさかのぼる方法が有効である。特に首里を離れて沖縄の各地に散らばっている士族の子孫は、本来の村落とは離れて屋取（ヤードゥイ）と呼ばれる集落を形成しているので、実は農村部のほうが士族系の門中の成員を見つけやすい。その人たちから、旧暦二・五・六月のウマチー（御祭）の時などに訪問する宗家を教えてもらえばその門中の宗家にたどり着ける。またその過程で、家譜の複写を持っている人に出会えることもある。後述の通り、一部の門中団体は家譜をもとにした刊行物を編んでいるので、それを入手できることもある。

2 子孫と家譜・系譜関係

琉球士族の家譜資料を今日の子孫たちがどのように読んでおり、家譜から得られる情報はいかに受け止められているのか。門中が今日まで続けてきた祖先祭祀などの行動と合わせて、家譜に記された祖先の事跡を重視するのは、祖先祭祀の正しさを確認し自分たちの現状と今後の展望を考えるためである。

家譜には各姓に生まれた男性個々人の履歴や女性の婚姻などが記録されている。今日、特に注目されるのは宗家の代々の記録である。祖先祭祀の場などでも元祖以来の宗家の名前が系図や位牌に記されて、門中に属する系譜関係のすべてを正統の系譜の一筋が象徴している。このほか、継承に事情がある場合（例えば長男以外の継承など）は、今日の祖先祭祀の実践に影響を及ぼす可能性もあり、やはり重視される。また顕著な出世（三司官や総地頭就任、海外渡航など）も語り継がれている。

しかし、だからといって、今日の門中成員の人々が家譜に書かれていることを知り伝承しているとは、一概には言えない。◎8 なぜなら祖先の記録が家譜資料に載っているということは知っていても

――あるいは信じていても――、そこに関心を寄せ実際に家譜の内容を把握しようと努めるのは、門中成員の中でもごく一部、それも年配の男性がほとんどだからである。そうした人は宗家の人とも限らず、個人的に自分の門中の歴史に関心を寄せる人や、門中内の役職として系図の調査の仕事を押し付けられた人も含む。

このような人たちが門中内で家譜や知識の管理者の役割を務め、その他の成員――若者や女性――は門中の行事には参加していたとしても、祖先の記録についてはまったく知らないということがままある。だからこそ、家譜や系図を補足したり更新したりする取り組みは、どの門中でも公式で重要な事業として位置付けられる。なぜなら、祖先祭祀に関心を持つ門中の成員の多くは、家譜資料や系譜関係を確認するための活動に熱心でないものの決して無関心ではなく、自分自身が祖先とどうつながるかは門中内の誰かが把握しているだろうと期待し、どこかにきっと書いてあるだろうと信じているからである。

しかし実際のところ、家譜に記された系図につながらない門中成員は多い。というのも系図座という王府の専門部署による家譜の正式な更新が終わって以降の記録はないし、分家を重ねた場合は宗家との正確な系譜関係がわからなくなっている。このことに気付いた時、失望や焦りを感じる人はいまだに多い。今日の祖先祭祀を正確に為すためには、その祖先（元祖）や宗家とどうつながるかについて、自身で把握し、他の門中成員に対しても系譜関係を示す必要があるためである。

そこで、今日の門中の系図の調べ・系譜関係の確認の重点は、①分家初代から当代までの系図作成、②宗家の家譜とのつながりの確認の二点に置かれる。①は今日の自分たちに至るまでの〔父系の〕系譜を記録した系図の作成で、②は①の系図が家譜に記された元祖以来の系図から今日に至る門中宗家の系図とどの代でつながるか――自分の祖先は宗家の誰から分かれたのか――の確定と連結の作業である〔武井 二〇一二〕。

4――家譜資料の刊行事業

1 今日における家譜資料の編纂

今日に資料を整理して編纂する目的は、家譜の記録をより読みやすい形で共有し、さらには次代に伝達するためである。何よりもまず漢文で書かれた琉球王国時代の家譜の内容をより理解するために、その翻訳・解説を含む新しい資料集が門中の事業として刊行されている。また、祖先と自分たち子孫の系譜関係を示すため、王府時代以来の系図と当代に至る最新の系図をつなげたものも作られる。それらは門中の祖先像の整理と共有であり、祖先と子孫かつ子孫同士の史縁関係を目に見える形で提示し確認する作業である。

特に一九八〇年代以降、複写・製本技術の進歩と普及にともない、門中という民間の集まりでも資料集を編纂し刊行しやすくなった。沖縄県下には系図の作成を代行する業者もいる〔李 一九九五〕。

こうして、書き残されてきたものを改めて書き残すという、今日において過去の歴史と今後を見据えた行為が可能になった。このとき、家譜・系図はただ複製されるだけでなく、いかにして内容をわかりやすく表現できるかという工夫が凝らされる。

ただし、門中成員の全員が完成した資料の内容を把握しているとはとても言えない。門中成員は、祖先と現代の子孫の関係をつなぐ資料が完成すると、そのことに満足して所有はするものの、祖先から自身の家族への系譜をなぞってみることがあるくらいで、それさえしない人もいる。門中成員の各戸に所有されたこれらの資料について、個々人が何をどのように見ており、手にとって読まれるのはどのような機会にどんな必要に駆られてかという問いについては引き続き課題としたい。ここでは、門中団体が事業として刊行した家譜資料についてその内容を検証しよう。

2 久米国鼎会の刊行物①……『久米毛氏家譜 原文・読み下し』

久米国鼎会は、久米村の士族・毛氏の門中会から発展して成立した社団法人（現在は公益社団法人）であり、法人の名義で、家譜の編纂を行っている。久米国鼎会によると、法人化前の門中会の頃、一九五六年に始祖来琉三五〇年記念事業として本家家譜の一部を抜粋し『毛氏家譜』を刊行した。その後、一九六〇年に戦後の法律で社団法人になってからも系図編纂委員が組織され、家譜だけでなく位牌や墓の骨壺を調査して一九七二年に『久米毛氏総家譜』が刊行された。しかしそれに対して「文章が漢文のため読めないという声が高まり、法人化三十周年の節目事業として」一九九二年に『久米毛氏家譜　原文・読み下し』（以下『家譜　原文・読み下し』）が、一九九七年にさらなる調査と「宗家、中祖ごとに年代別系図の一覧表」なども加えた『久米毛氏系図家譜』が刊行された（久米毛氏四百年記念誌編纂事業分科会編　二〇〇八）。子孫たちの要望に応えて、家譜・系図の共有を図ったのが門中団体による刊行事業なのである。

『家譜　原文・読み下し』は門中の宗家などに保管されてきた琉球王国時代の家譜を収録し、成員間で共有するために刊行されたもので、同法人の事業として刊行され、久米毛氏の子孫に頒布された。冒頭に「計十九冊を有した元祖正議大夫擎台諱国鼎を大宗とする久米村毛氏」の家譜のうち「現存するもの七冊（県内外共）の原文とその読み下し文を一冊にまとめたものである」とあり、巻頭の口絵には掲載されている七冊の家譜の表紙が色刷りで載っている。奥付には、社団法人久米国鼎会系図編集委員会として、委員会六名と事務局五名の名前が載っている。

『家譜　原文・読み下し』の前半（一～一五八頁）には原文、つまり家譜の原物が複写され収録されている。そこには首里王府や系図座の認め印の印影も載っている（琉球王国時代に家譜の仕次ぎの際に捺されたもので家譜巻頭の「首里之印」は色刷りで掲載）。また後半（一五九～三四五頁）はその読み下し文であり、家譜に掲載されている中国の年号に西暦が付され、難読漢字にふりがなが付されるなど、今日の子孫たちがより読みやすいよう工夫されている。

例えば、元祖毛国鼎が琉球に来た際の記述は、原文の「萬暦三十五年丁未九月二十九日奉　勅始至中山賜宅第於唐榮即給俸禄原是本國洪武年間勅賜閩人三十六姓専為貢典之司奈歴代已久其裔殆盡

僅餘六姓有缺貢使員役」[◎9]が、読み下し文では「万暦三十五年（一六〇七）丁未九月二十九日、勅を奉じて始めて中山に至り、宅第を唐栄に賜い、即《ただ》ちに俸禄を給す。原《もと》と是れ本国洪武年間閩人三十六姓を勅賜し、専ら貢典の司と為せしに、奈《いか》んせん歴代久しく其の裔殆ど尽《つ》き、僅かに六姓を余《のこ》すのみにして貢使の員役を欠《か》くこと有り。」と、漢文（原文は繁体字）に比べ意味が取りやすく、かつ原文と対照ができる読み下しの文となっている。

3　久米国鼎会の刊行物②……『久米毛氏四百年記念誌　鼎』

次に、久米毛氏の元祖国鼎が琉球に来てから四〇〇年が経ったことを記念して同法人が刊行した『久米毛氏四百年記念誌　鼎』（二〇〇八年。以下『記念誌　鼎』）の内容を見てみよう。こうした記念誌に掲載されたことは、編纂時点において編纂者が必要と判断し目指した団体としての自己表現の成果として興味深いものである。

『記念誌　鼎』の目次構成は、久米村と毛氏（毛姓）門中の歴史をひもといた前半（一九〜二〇八頁）と、戦後以降の門中の活動記録・記念事業を記した後半（二一〇〜三四七頁）とに分かれる。同書の奥付には、編纂・久米毛氏四百年記念誌編纂事業分科会、歴史編監修・高良倉吉、発行・社団法人久米国鼎会と記されている。

前半は「序章　琉球史の中の久米村と毛姓」（高良倉吉）のあと、「第一章　久米村の歴史と毛姓門中」が続き、第一章は「元祖・毛国鼎の琉球渡来とその時代」（上里隆史）、「久米村の位階」（田名真之）、「琉球処分と久米村」（赤嶺守）、「毛姓人物辞典」（渡辺美季・上里隆史）という著名な琉球史・中琉関係史の歴史学者たちによる寄稿からなる。そこには単に元祖の毛国鼎一人を顕彰するだけでなく、毛国鼎が来琉した時代背景からその後の久米村のあり方まで、久米村士族全体の歴史の中に毛氏門中を位置付ける構成が意図されている。

後半は第二章「戦後の歴史と毛氏門中」（戦後の毛氏門中と社会状況、基礎財産の構築と財政基盤の確立、事務局体制の確立と社団法人化に至る活動の三節）、第三章「国鼎会事業活動の記録」（会の行事、育英事業、始祖来琉三百五十年記念事業、会館建築事業、家譜編纂事業など九節）、第四章「毛国鼎公来琉四百年記念事業」と資料編という構成である。

ここで特に注目したいのは前半部の歴史編のおよそ半分を占め、祖先の個々人の具体像を示した「毛姓人物辞典」である。その冒頭所収の渡辺美季による「毛姓の人々とその歴史――人物辞典の解説」によると、ここには「琉球王国時代に生きた久米村毛姓の人々の内、残存する資料類によって存在が確認された人物二四九名」について王府の行政文書や外国史料まで「自家文書以外の史料を極力発掘・収録し」紹介されている。祖先に強い関心を寄せる門中といえどもほとんどの場合は元祖や顕著な出世を果たした個人の事跡ばかりが注目されがちであるが、この資料からは琉球時代の士族が、宗家の嫡子だけでなく一門[◎10]の男子総出で王府の職務に当たったことが読み取れ、一門の全体像が示されている。

4　阮氏我華会の刊行物

もう一つ、同じく久米村士族の別の門中団体の刊行物を紹介しよう。阮氏門中の団体・阮氏我華会が刊行した『久米阮氏記念誌』（阮氏記念誌編集委員会　一九九八）は、「始祖阮國公来琉四百年記念阮氏我華会創立十周年記念」に合わせて刊行された。阮国の初の来琉が一五九四年（正式な久米村入籍は、毛国鼎と同時の一六〇七年）、門中会から社団法人（みなし法人）になったのが一九八七年である。記念誌編集委員は、田名真之（那覇市歴史資料室長。肩書きは当時、以下同じ）、池宮正治（琉球大学教授）、糸数兼治（元沖縄県立博物館長）と、阮氏我華会の副理事長一名と理事一名からなる。

目次構成は、「一章　阮氏と沖縄――阮氏の歴史」という論考（田名真之。一～三二頁）、「二章　阮氏人物列伝」として一五名分の記録（三三～四七頁）、「三章　阮氏のあゆみ」（戦前・戦後の門中会、阮氏我華会設立の経緯や、中国の阮氏との交流についてなど。四九～八六頁）、「四章　阮國公来琉四百年・我華会創立十周年記念事業」（式辞・祝辞・祝文と経過報告。八七～一〇八頁）までが本書全体の三分の一を占める。

残りは「資料編」（一〇九～三八二頁）と会員名簿（三八三～三九六頁）、広告（三九七～四一三頁）という構成である。資料編は、「阮氏家譜」（大宗神村家、小宗小渡家）の原文の複写の掲載とその読み下し、「阮氏関係文芸資料」として阮宣詔神村親方の官生（中国の国子監への留学生）時代の漢詩をまとめた『琉球詩課』の複写などの掲載、「阮氏・久米村関係年表」、「海外阮氏資料」（台湾、香港、中国)、「阮氏世系図」からなる。

『久米阮氏記念誌』と、久米毛氏の『家譜　原文・読み下し』『記念誌　鼎』を比べてみると、家譜原文の複写掲載とその内容理解を助ける読み下し、そして琉球時代から戦後までの門中と会の歴史と主な人物の記録で構成されている点が共通している。こうしたことこそが、資料集を手に取ることを想定された門中成員・法人会員に対して編纂者が提示すべきと考えた情報なのである。

このような資料を門中団体が事業として企画・編纂するのは、門中団体が今日において歴史の共有に基づく史縁関係によって結集しており、門中団体の人々は門中の成員としても法人の構成員としても、今日までに至る結集の歴史的背景についての知識欲を満たす確かな資料・証拠を求めているからである。

5——今日の子孫にとっての祖先……久米国鼎会の清明祭と記念事業

1　清明祭

歴史の共有を以て結集した沖縄の門中団体の活動、特に祖先に対する子孫としての行動、期待される子孫像の実践について、社団法人(当時)久米国鼎会が行ってきた、門中にとって重要な祖先祭祀の場である清明祭と元祖の来琉を記念した事業を事例に見てみよう。

沖縄県下（特に本島の中南部）では、清明（四月初頭）の入り後の日曜日に御清明（ウシーミー）・清明祭（セーメーサイ）などと称する墓前祭が行われる。久米国鼎会でも一四時から元祖毛国鼎の墓前（那覇市安里）にて清明祭を行う。墓所に隣接して久米国鼎会会館というビルも建設されている（一九八二年落成）[11]。久米毛氏としては元祖・毛国鼎の墓のほかに代々の遺骨を納骨した宗家の墓が別にある。他の久米系の門中と同様、墓地は元々久米村から近い那覇市若狭の波の上周辺にあったが、戦後に立ち退きを求められて移転した。清明祭当日は、代表たちが他所の墓の拝みを済ませてから、午後に会員とその家族が元祖の墓前に集合する。墓には会員が集まるのに十分なスペースや、墓への祭祀を行うための壇が設けられている。

二〇一二年四月（当時は公益社団法人の申請中）に筆者が調査した清明祭は、壇上[12]に法人の理事・顧問らが並び、事務局長が司会を務めた。式次第は、①土地公へ線香を供える（宗家の息子二人が線香に火をつけ壇上の理事らに配り、全員で拝んだ後に線香を回収して土地公に供える）、②土地公にウチチカビ・酒・茶を供える（宗家親子三人で）、③元祖墓に線香を供える（①と同じ）、④元祖墓にウチカビ・酒・茶を供える（②と同じ）、⑤参加者全員で拝礼をする。その後、⑥会長挨拶（このとき宗家親子も壇上に立つ）を経て、⑦参加者全員が墓前で食事し、各自が線香を墓所に供える時間となる。

この場に集まった人々は、毛氏という共通の元祖から父系系譜をたどった子孫に生まれた人およびその配偶者であり、その世帯主の多くが久米国鼎会の法人会員である。清明祭のうち祭祀に関わる部分は、宗家の父が祭主の役を務め息子二人[13]とともに代表して拝んだ。ただし宗家の位置付けは、法人制度の改正（後述）によって変化した。法人制度改正前の社団法人久米国鼎会の旧定款までは名誉会長とされ役割もあったが、法人制度の改正に対応して公益社団法人となってからの新定款には明文化されておらず、宗家も一会員である。しかしその後もこれまでの慣習を受けて清明祭にて祭主の役を務めている。

会長挨拶では、戦後の一九四七年に男性八〇名で門中の事業を再開した経緯が語られた。また、調査当時に審査中だった公益法人の申請について、沖縄の門中では当団体のみが申請したこと、今後県内の高校への支援増額を企画中であることなどが報告された。このように久米国鼎会の正会員とその家族が年に一度集結してお互いに顔を合わせる清明祭という場は、正会員に対して重要な事業報告を直接伝える機会として機能しており、公益社団法人の定款上は正会員のための共益事業と位置づけられている。

2　記念事業……元祖の来琉の記念

清明祭は毎年四月の年中行事だが、久米国鼎会では節目において記念事業（いずれも万暦三五〔一六〇七〕年の久米毛氏の元祖・毛国鼎の来琉を記念したもの）を行ってきた。こうした顕彰事業と史縁の親和性は高い。四〇〇年目の『記念誌　鼎』〔久米毛氏四百年記念誌編纂事業分科会編　二〇〇八〕から過去に行われた記念事業の趣旨をみると、それは祖先像の再形成の機会であり、子孫同士の再結集と関係の再確認の機会でもある。具体的には墓地の修復・整備というかたちで子孫の義務が実践されている。

　まず「始祖来琉三百五十年記念事業」が行われ、一九五六年一一月一一日に「来琉三百五十年祭」が挙行された。これは沖縄戦で破壊され米軍による接収を経て返還された墓所の修復完成の竣工式を兼ね、記念碑（来琉の経緯や業績）も建立された。また墓地修復の際には洗骨も行われた。記念祭には「広大な墓所御庭に各地から集まった五百人余の人であふれ」、祭主である宗家の祭文奏上、祭典委員長（毛氏門中会会長）の式辞、当時人気の（かつ毛氏門中の会員の）座長率いる郷土演劇の一座の出し物などがあった。

　それから五〇年後の二〇〇七年の「毛国鼎公来琉四百年記念事業」に向けて、このときもまず墓地の修復整備が計画された。二〇〇三年には墓地分科会が設置され、数期にわたって墓地および周辺の整備工事が施工された。そして、二〇〇七年九月二九日に「始祖毛国鼎公墓地修復整備工事竣工式」と「始祖毛国鼎公来琉四百年記念碑竣工式及び除幕式」が挙行された。このときはすでに門中会から社団法人となっていたので法人の会長が主催したが、宗家当主も法人の名誉会長として祭主を務めた。

6――門中の法人化

1　法人の制度改正と久米系の門中団体

ここまで門中団体の過去の事業（刊行事業や記念事業など）を論述するに当たって、しばしば門中会から法人（社団法人、みなし法人）への移行に言及した。そもそも法人（その性格により社団と財団とに区分）とは、法によって人と見なされ権利義務の主体と認められた存在であり、日本においては一八九六（明治二九）年の民法制定時にさかのぼる。この制度では、法人格の取得において、公益性の認定が不可欠とされたため、ある団体が法人となるのは非常に困難だった。しかも非営利の社団に関する一般的な法律はなく、中間法人法が一部これを認めるのみだった（城塚ほか 二〇〇八）。

しかし最近になって制度が改正され、法人格の取得条件が緩和された。[14]すなわち、非営利目的の団体の法人格取得に際して、公益性の認定が不可欠とはされなくなり、従来と比べていくらか容易に法人格が認可される「一般（社団・財団）法人」が設定されたのである。[15]その上で、制度改正後も「公益（社団・財団）法人」として公益認定を受ける意義には「社会的評価」「税法上の優遇措置」「公的施設の使用料の減免」などがあり（城塚ほか 二〇〇八）、「公益認定は税法上のメリットと結びついているため、公益認定を受けるための基準は厳しい」（熊谷 二〇〇九）。こうした制度の改正を受けて、旧制度で公益法人（社団、財団）だった団体は、二〇〇八（平成二〇）年一二月一日をもって特例民法法人[16]に一旦移行し、二〇一三（平成二五）年までに改めて新制度での公益法人への移行認定を受けるか、さもなければ一般法人への移行認可を受けねばならず、期限までにいずれも不受理の場合は解散したとみなされることとなった。つまり、旧制度の公益法人にとっては、五年の期間以内に、その団体の公益性が再審査されることになったのである。[17]

門中団体について述べると、旧制度から社団法人になっていた門中は、これまで見てきた久米国鼎会だけだった。同会は毛氏門中会から一九六〇年に社団法人となった。[18] それ以外の門中は、例えば久米系の梁氏門中の梁氏呉江会（一九八〇年）や同じく久米系の阮氏の阮氏我華会（一九八七年）が、「権利能力のない社団法人（みなし法人）」になっている。

沖縄の門中の中でも、なぜ久米系だけが法人化を顕著に進めているのかについては今後の検討課題としたいが、「毛氏の場合は、土地を繁華街にもっています。もとは郊外だったのですが、戦後、そこが街のなかになってしまいました」[19]と回想されるように、首里城から遠く離れた港に近い久米村に居住した久米村士族が拝領したり門中の模合で共同購入したりした那覇一帯の土地が、戦後の開発で市街地に変わって地代収入等を得られるようになったため、共有の財産を門中団体として管理する必要が生じたことが一つの要因として指摘できる。[20]

2　一般社団法人の例……沖縄阮氏我華会

久米村の阮氏の門中団体は、戦前から活動していたが、一九五三年に阮氏門中会として会則を制定した。その後、共有の土地・財産の運用などの便宜のために一九八七年に権利能力のない社団法人（みなし法人）として阮氏我華会が成立した。[21]

門中会の会則とみなし法人の定款を比較してみよう（阮氏記念誌編集委員会 一九九八）。会員は、門中会会則では「阮氏門中に属する者」であり、法人の我華会の定款では「阮氏門中の者」とされた上で会員資格の規定で「阮氏門中である満二十歳以上の男子で、阮氏我華会の会員になろうとする者」と定められている。会員規定は言わば、当該門中団体が事業を行う上で想定している対象者を定めたものだが、実は会員を門中の関係者に限ろうとするこのような規定のあり方こそが、法人制度の改正時に公益社団法人を目指すに当たって多くの門中団体を悩ませる案件となった。

目的と事業について、会則ではまず「阮氏先祖の霊を慰め、門中相互の親睦をはかり、門中及びその子孫の繁栄に貢献すること」を目的とし、「従来会員が行ってきた祭祀」「所有する財産の管理及運営」「奨学育英制度の調査、研究及び系図の作成」「郷土文化振興」「出版物の刊行」等を事業として挙げていた。それが定款では目的が「共有財産を維持管理及び運営し、門中相互の福祉増進、人材育成並びに地域社会に貢献し、阮氏門中が永遠に繁栄を期すること」に変わり、事業は「祖先の祭祀を尊重し、その行事を永久に子孫に継承する事業」「学問の奨励及び人材育成」「相互扶助及び福利厚生並びに公益活動の増進に寄与」「家譜及び史観の研究資料収集等、会員の資質向上」等が掲げられている。

こうした文言の変化から、有志の私的な集まりだった会が法的な存在となるために定款を作るに際し、法令上従わなければならなかった決まりごとへの対応が読み取れる。例えば、門中会の会則では目的としてまず挙げられていた「先祖」について、法人の定款では事業の一項目に移り、さらに「霊」という表現も削られた。代わりに、定款の目的では「共有財産」についてより明確に位置付けられ、また事業も具体的に項目化された。

阮氏我華会は法人制度の改正を機に、二〇〇九年に一般社団法人に移行し、名称を沖縄阮氏我華会とした。二〇一二年四月末に行われた「定時総会」資料から、門中団体であるこの会が一般社団法人として目指している課題をいくつか見てみよう。まず「祖先の祭祀を尊重し、その行事を永久に子孫に承継する事業」として「阮国公墓敷地」の取得が長年の懸案として挙げられている。門中会由来のこの法人にとって起源である元祖の墓の整備が今日も重要視されていることは、歴史の共有を基礎とする門中団体の特徴として指摘できる。

また、史観の研究・資料収集や海外（中国・台湾・香港）との交流に関して、海外の阮氏の資料の取得や交流の推進（訪問やホームステイなど）が報告されている。阮氏我華会は海外交流の熱心さを自負しており、一般社団法人の名称に久米ではなく沖縄を冠したことにも、歴史をふまえた上で今日の会の性格をどう設定するかの主張が現れていると言えよう。

3　公益社団法人の例……久米国鼎会

久米国鼎会は、久米毛氏の資産と人材を元に毛氏の門中成員を主な会員としつつも、門中という親族組織としてではなく、早くから公益の社団法人となって事業を拡大してきた。一九六〇年に当時の制度で社団法人久米国鼎会として法人格を得たとき、毛氏門中会は発展的に解消された。たしかに系譜関係だけを考えるならば、毛氏の家系に産まれれば（本人にそのつもりがなく祭祀行事などに参加しなくても）門中の成員なのかもしれない。ところが、法人化し定款に目的や会員が定められた門中では、より実質的にそれに関わろうとする人が法人会員になる必要がある。久米国鼎会の場合、会員になるのは世帯主で、男児は結婚などで独立し、世帯をもった際に会員となる。

久米国鼎会の定款には、公益目的事業として人材育成・施設貸与・郷土文化振興・助成事業が掲げられ、これとは別にその他の事業として不動産・駐車場・共益事業が挙げられている。例えば、四月に墓前に集合する清明祭（既述）は「沖縄の門中伝統文化の発展、継承」のため重要なものとして、学事奨励会や敬老会と同様に共益事業と位置づけられている。しかしその一方で、位牌の管理とその位牌を拝むウマチーなどの行事は毛氏門中の祖先祭祀として宗家を中心に行われているものの、久米国鼎会事務局としては有志の行為であり参加者も把握していない。

今回の法人制度改正に伴う公益法人申請に際して、改めて外部（行政）の評価を受けることになった。申請後の審査中も、会の存在に深く関わる沖縄独自の事情が認められるのか、関係者の間で懸念されていた。一方で、六〇年間にわたって会員の子弟に対する学事奨励（就学子弟全員）と奨学金貸与事業（高卒以上）を続けてきた成果は強く自負しており、公益法人移行後の事業には対象の県内高校生への拡大を盛り込んだ。結果、琉球で儒学を広めた祖・毛国鼎の偉業を継承し、社会の向上発展に寄与するために教育の向上、郷土文化振興などの公益目的を達成するために必要な事業を沖縄県内において行う公益法人として認可を受けることができたのである。

その際、法人の会員は定款にて「正会員　沖縄県内に居住する久米毛氏の世帯主または、この会の目的に賛同し入会した者」とされ、門中の出身者以外にも門戸が開かれた。実はこの会員資格の拡大こそが、旧制度下の社団法人から制度改正後に公益社団法人久米国鼎会への移行認定を受けるため申請時に課された条件だった。久米国鼎会以外の門中団体は法人化を検討する際にこの会員身分の拡大にまで踏み切っていない。つまり門中の出身者のみを会員として規定できれば十分と考え、一般社団法人を選択している。しかし久米国鼎会は定款上、門中という会員制限を取り払い、従来のような祖先以来の系譜や子孫同士の史縁関係の認識に基づく門中団体としてではなく、公益社団法人として今日の社会に存在することを決断したのである。

7――おわりに

琉球王国時代以来の門中の団体が歴史・時間を越えて、今日の状況に応じて結集する実態を論述した。門中団体では血縁・系譜関係の事実を会員規定に置き換えつつ、祖先たちの履歴などの共通の歴史の共有によって結集している。そこから見出されるのは、祖先と子孫かつ子孫同士の史縁関係である。そしてより具体的な「祖先像」を明らかにするための事業として、家譜資料の翻訳や刊行事業、記念事業などを積み重ねている。

それだけでなく、期待される「子孫像」を体現するのもまた門中団体の責務の一つである。門中団体は会員のために資産管理をはじめ多くの事業を執り行っている。その中で清明の墓参りや墓所の修復・整備など、沖縄においてこれまで門中が果たしてきた祖先に対する子孫の義務も門中団体によって行われている。

また、現状を維持しつつも法制度に従いかつできればそれを活用しようとすることについても事例の考察を試みた。門中団体のいくつかは法人という制度を自らに適用してきた。最近の制度改正によって、門中団体の性格をある程度残したままで一般社団法人として法人格を得やすくなったが、公益社団法人となるには会員資格や宗家の位置づけなどで大きな変更を余儀なくされた。それらはいずれも団体の維持と発展のためである。

以上の事例群は、伝わってきたことをいかに整理し、いかに次世代につなぐかという意味で、今日の伝承行為を考察する上で最適な対象であり、ここから歴史をめぐる現代人の行為と思考を明らかにできる。今後も歴史を越えて存続する門中団体の行為と時勢に応じた判断に目を向けていきたい。

1——現地の当事者の思考や行動を考える民俗学の立場から文字文化にアプローチするため、①モノとしての文字記録はどのような特徴を持つか、②文字記録に書かれている内容・得られる知識や情報はいかなるものか、③人々は文字記録をどのように参照しどう行動するかという三つの視点を掲げたい。書き残されたことをそれが書かれた当時を知る資料として用いるだけでなく、それが今いかに受容され活用されているかを重視しなければならない。人々はなぜ書き残すのか、そしてそれをどう読み返すのかという問いである〔武井 二〇一三〕。

2――民俗学では、文化財の保護・指定をめぐる法律の施行・改正について資源化や担い手を論じた研究〔岩本編 二〇〇七など〕が思い出される。入会地・共有地など権利に関する問題も法改正・法整備・司法の判断の影響を受けており、特に沖縄では軍用地についても切実な課題である〔陳 二〇〇七〕。

3――現存する家譜の内容を見ると一六〇〇年代より前の「元祖」から記録されている。家譜組立時における祖先の代の辻褄合わせの「設定」について田名真之は「生卒年ともに月日が記される様になるのは、王家も各氏族も万暦年間（一五七三～一六一九年――筆者注）」で「元祖を除く、それ以後の「――年間」とのみ記載される人物は、家譜組立の際に元祖と実在の人物との間を繋ぐ人物として設定された可能性が強い」〔田名 一九九二：一一九〕と指摘する。

4――宗家の代数の傾向は、首里の譜代は少ない方で一〇世、つまり万暦末年（一六〇〇年代初頭）から廃藩の頃の同治・光諸年間（一八七〇年代）まで、多い方では一四～一五世である。また久米系の士で代数の多いのは洪武年間（一三六八～一三九八年）から廃藩までの一九世である〔渡口 一九七一：四六二〕。

5――家譜は「縦二八・七センチ、横一九・五センチ内外の和綴本で、次々に仕次をなす関係で仮綴」「表装は、家譜所有者（家）の家格によって差があり、綸子や緞子、浮織等」「表紙には、中央のやや上に、「……番」、左肩に「――系図（又は家譜）」、その下に、家譜所有者を示す「――親雲上（又は親方、筑登之等）」との縦一二センチ、横二～三センチ程の題僉が貼られている」〔田名 一九九二：一〇五〕。

6――王府時代の人事法制では、士は門中を単位に管理され、系図は門中籍というべき戸籍の原型であり、首里を離れた門中の成員も宗家に出生を届け、系図をつなげることで士の身分を更新していた〔奥野 一九七七：一八五―一九九〕。門中制度は「士としての特権ある身分、血統を証明するために、或はそれを保証するために、むしろ分家の側の必要から発生した」〔渡口 一九七一：四七〇〕。

7――国吉有慶（梁氏）の証言「廃藩置県以前は、琉球王府の書庫のなかにちゃんとあったのです。それが廃藩置県の時に全部尚家にもってきました。尚家の書庫のなかに入っていました。私は昭和一二～一三年頃に尚家の書庫に行きましてね。そうしたらちゃんと家譜が並んでいました」〔東京大学教養学部国際関係論研究室編 一九八一：八五〕。

8――笠原政治は「かりに個々人が記憶や認識の上で祖先との結びつきを正確な系譜関係として示せないにしても、門中の枠組があれば、自分の占める位置や果たすべき祭祀上の義務を確認することは実質的に可能であるし、また多くの門中は祖先の系統を示した家譜（系図）などの文書を所持している」〔笠原 一九八九：七三〕と、祖先祭祀における枠組としての門中と家譜の存在を論じる。

9――この文は、久米毛氏の元祖である国鼎が琉球（中山）にやってきて久米村（唐榮）に屋敷と禄を賜ったことと、もともと過去（洪武年間）に琉球に派遣された閩人三十六姓と呼ばれる人びとがいたが当時はもう六姓しか残っておらず人員が欠けていた状況を記した部分である。

10――「門中」なる称呼は、近世末に至って、通俗的通用語として普及した」もので「「一門」、「親類」、「与中」が公用語の基本」だった〔小川 一九八七：一三〇―一五五〕。

11――那覇市安里の毛氏の元祖の墓・宗家の自宅・久米国鼎会館の土地は、琉球王国時代に賜った土地である。宗家は戦前には久米村などに住んでいたが戦後からここに移り住んだ。久米国鼎会館は五階に久米国鼎会の事務所、四階に図書室があり、一・三・四階にテナント、また二階に貸しホールがある。

12――壇上に並ぶ供物は現在、豚・鶏・魚を用いたウサンミ（御三味）、サトウキビ、モチ、果物、酒、茶である。戦前、料理は手作りで宗家には今も何百ものお椀が残っているが、今では仕出しのウサンミを注文している。かつては豚を一頭丸ごと供えていたが今はブロック肉だけである。

13 宗家の息子二人（当時未成年）は祭祀だけでなく、食事の間しばらくお酌をして回っていた。息子たちの出番について父である宗家の男性は、お盆の手渡し方など行儀を身につけるためで自分も父が亡くなった後に長老たちに教えられた経験があり、今のうちに覚えてほしいと語った。

14 本章にて法人制度の解説は『図解　新公益法人の設立・運営・移行のしかた』〔城塚ほか 二〇〇八〕、『公益法人の基礎知識』〔熊谷 二〇〇九〕、「公益法人 information（国・都道府県公式公益法人行政総合情報サイト）」https://www.koeki-info.go.jp/pictis_portal/koeki/pictis_portal/common/portal.html などを参考にした。

15 新制度下では「所定の要件を満たす限り、一般社団法人を自由に設立できる」こととなった。二名以上の社員になろうとする者が共同して定款を作成し、署名または記名・押印し、公証人の認証を受け、設立時理事等による調査を経れば設立登記でき、旧社団法人の設立時に必要だった監督官庁の許可は不要となった〔城塚ほか 二〇〇八〕。

16 沖縄県総務部が二〇一〇年にまとめた「沖縄県教育委員会所管特例民法法人一覧」によると、沖縄県において旧制度で公益法人となっていた団体には、神社（波之上宮）、地域団体（泊・垣花・辻・嘉手納・伊江村など）、高校等同窓会・PTA、スポーツ（弓道・古武道・剣道・サッカー）などがあった。

17 不認定となった場合、認定基準に合致するよう改善した上で再度認定申請するか、公益認定をあきらめて一般法人への移行申請を行うこととなる〔城塚ほか 二〇〇八〕。

18 このほかに、久米崇聖会という一九一四年に久米系士族の有志で設立され主に久米孔子廟を管理していた団体も、一九六二年に社団法人になった。

19 国吉有慶（梁氏）の証言〔東京大学教養学部国際関係論研究室編 一九八一：八〇〕。

20 法人格がないと団体の共有資産の名義人は団体の代表など個人（一名あるいは複数名）にしなければばな

らない。そのため、名義人の交替や死去などによって共有資産の管理に困難を生じることがあった。しかし団体が法人格を有していれば、法人名義で資産の所有・管理ができる。

21――阮氏我華会の事務局は那覇市内の会所有のビルの六階にあり、竹林堂と称する祭壇も設けられている。門中会時代から引き続き現在も、年始祭（旧暦一月一日）・清明祭（清明入日から第一日曜日）・秋彼岸祭（彼岸の入日当日）・唐大主と称する大祖の命日（旧暦一二月二五日）を行う。清明祭は我華会が取りしきり宗家の関与はない。一方、元祖の位牌を拝むウマチーには我華会は関与せず、参加者も女性有志だけで、その位牌も宗家の生まれの女性が嫁ぎ先（阮氏同士の婚姻）に持っていって管理している。

◎参考文献

岩本通弥編　二〇〇七『ふるさと資源化と民俗学』吉川弘文館

小川徹　一九八七『近世沖縄の民俗史』弘文堂

奥野彦六郎　一九七七『沖縄の人事法制史』至言社

小熊誠　二〇〇九「門中と祖先祭祀」古家信平・小熊誠・萩原左人『南島の暮らし』吉川弘文館

笠原政治　一九八九「沖縄の祖先祭祀――祀る者と祀られる者」渡辺欣雄編『祖先祭祀』凱風社

熊谷則一　二〇〇九『公益法人の基礎知識』日本経済新聞出版社

久米国鼎会系図編集委員会編　一九九二『久米毛氏家譜　原文・読み下し』社団法人久米国鼎会

久米毛氏四百年記念誌編纂事業分科会編　二〇〇八『久米毛氏四百年記念誌　鼎』社団法人久米国鼎会

阮氏記念誌編集委員会　一九九八『久米阮氏記念誌』阮氏我華会

城塚健之・堂本道信・山西克幸　二〇〇八『図解　新公益法人の設立・運営・移行のしかた』日本実業出版社

武井基晃　二〇一二「系図をつなぐ――屋取集落の士族系門中による系図作成の実例」『沖縄文化研究』三八

武井基晃　二〇一三「系図と子孫――琉球王府士族の家譜の今日における意義」『日本民俗学』二七五（小特集＝民俗研究は文字文化をどう扱うか）
田名真之　一九八三「姓」『沖縄大百科事典』沖縄タイムス
田名真之　一九九二『沖縄近世史の諸相』ひるぎ社
陳泌秀　二〇〇七「金武区軍用地料裁判から読み取る村落文化の伝統と変化」『沖縄民俗研究』二五
東京大学教養学部国際関係論研究室編　一九八一『特定研究「文化摩擦」　在沖縄・中国系住民の生活意識――文化接触の視点から』（インタヴュー記録E―5）東京大学教養学部国際関係論研究室
渡口真清　一九七一「門中の成立」馬渕東一編『沖縄文化論叢3　民俗編Ⅱ』平凡社
那覇市　一九七六『那覇市史　資料篇一―五　家譜資料一』
那覇市　一九八〇『那覇市史　資料篇一―六　家譜資料二　久米村系』
那覇市　一九八二『那覇市史　資料篇一―七　家譜資料三　首里系』
那覇市　一九八三『那覇市史　資料篇一―八　家譜資料四　那覇・泊系』
那覇市　二〇〇八『氏集　首里那覇　増補改訂版』
宮下克也　二〇〇三「法人化する門中――ポストモダン社会における親族組織の戦略」『アジア遊学』五三
李鎮榮　一九九五「沖縄における伝統の創造の一局面――『門中』と系図の生成を中心に」『沖縄民俗研究』一五

◎3
八重山にみる日本と台湾の二重性
――台湾人観光の現場から

上水流久彦

1——はじめに

八重山を含む沖縄にとって、現在、日本は自らが何をものかを考えるうえで「忘れ得ぬ他者」〔三谷 一九九七：二四―二五〕となっている。否定にするにしろ、肯定するにしろ、日本は常に参照される存在である。それは、沖縄の書店におかれる沖縄と日本との関係を問う書籍の多さからも一目瞭然である。

周知のように沖縄は琉球王国という国家であったが、薩摩に侵略され、江戸幕府、明治政府によって巧みに日本に統合されていった歴史を持つ。◎1 近年は沖縄の米軍基地をめぐって沖縄と日本本土との関係が、沖縄の内外で厳しく問われている。これらの歴史や現状は、沖縄のアイデンティティ形成が琉球王国の歴史や日本本土との関係の間で揺れる状況を生み出してきた。

八重山の人々のアイデンティティも同様で、国民国家日本だけではなく、さらに沖縄島との関係も視野に入ってくる。◎2 その中で、八重山で日本本土に対して複雑な感情があると指摘することは、現在、目新しいことではない。むしろ、複雑な関係を詳細に明らかにすることが、望まれている。そこに日本との関係によって揺さぶられ、問われる八重山の境域性が見出されるからである。

そこで本稿では、その状況を台湾人の八重山観光という場から微視的に把握することを試み、隣接する台湾との関係のなかで見える境域性を明らかにする。その境域性は日本の他の地域の観光では問題にならない、八重山独自の課題である。

境域とは、「台湾をめぐる境域」を特集した植野によれば、「単に地理的に境を接する場というだけでなく、異なる集団の人々が関係を持ち続ける相互交渉の場を意味している」〔植野 二〇一一：二〕。この指摘は、当該地域を「周辺」ではなく「境域」という概念で捉える意義を的確に表している。「周辺」とはある単一の地理的、政治的、経済的、文化的領域の端でしかなく、その領域の「中心」との関係のみで位置づけられる。それに対して、境域は相互に隣接する存在があり、それとの接触によって、自ら属する領域の「中心」に対する「周辺」とは異なる有り様が生まれることを意味している。

境域は、そうして国家の存在を改めて認識させる。接した境界を頻繁に越えることが理念的に可能な境域では、トランスナショナリズムがその理論的課題となってきた。[3] その代表的な見方として「国境を越えて、異なる文化と社会システムの間を自由に往来している」〔Brettell 2008〕というものがある。すなわち、国家からの制約の超越である。

だが、近年のトランスナショナリズムの議論では、実際は、国家という問題を再浮上させるという指摘が多くなされている。例えば、アメリカへの移民や移民政策を研究する大井は、越境的な空間はナショナリズムから自由ではないにも拘らず、ポストモダン的な解放の空間として考察されてきたと指摘する〔大井 二〇〇六：一四八―一五〇〕。ロジャーらはトランスナショナリズムに対する政府の規制とそのせめぎ合いを問題としている〔Roger & Fitzgerald 2004〕。ハナーツは、トランスナショナリズム的現象は、それが否定するナショナルなものがいまだに重要であることに気づかせるという〔Hannerz 1996: 6〕。岩淵はアジアにおけるサブカルチャーの越境性を論じるなかで、「トランスナショナルな文化交通の錯綜性がナショナルな制度的・言説的な枠組みのなかで再配置されて、それを一層強化するように作用してしまう」と述べ、ナショナル化されるトランスナショナルという課題を設定する〔岩淵 二〇〇四〕。

このことはトラスナショナリズムの問題において、再度、国民国家という制度が人々をどのように規制し、どのようにこれらの問題に入り込んで来るかということが重要な課題となっていることを示している。トランスナショナルな現象が個々の社会にどのような影響を与えるか、越境する人々がどのようなアイデンティティを持つかなどの問題と同時に、国家を越えようとする人々や地域と国家との相克が重要な課題となる。

越境に早くから注目した床呂はこのような問題意識を、「マクロな国民国家の空間や可視化された装置としての国境は、にもかかわらず、むしろそれゆえにこそ、それを向かいあうボーダーゾーンの民の微視的な実践によって、絶えず再解釈され、揺さぶられ、変形され、そして「越境」されていく」〔床呂 二〇〇六：八四〕と述べる。床呂の主張に基づくならば、日本の周辺とされる境域に生きる人々も、国家と駆け引きをしながら生き、そこには揺さぶられる国家の力が強く影響を及ぼす。

八重山と台湾の間は、日本の植民地時代、大日本帝国の一部として準内地と外地という境界があったにも拘らず、自由な往来があった〔朱 二〇〇七、二〇一〇〕。戦後数年も密貿易と言われる、国境を越えた取引が行われた〔石原 一九八二、奥野 二〇〇五、大浦 二〇〇二〕。今世紀に入り、その記憶をもとに、八重山と台湾東部（もしくは台湾）の往来を、観光やビジネスに活用しようとする動きが生まれ、八重山には近年は国外からの観光客も多い〔上水流 二〇〇九、二〇一一a、二〇一一b〕。その数は二〇一三年度、石垣市には国内から八二万人が訪れるのに対して、国外からは一八万六千人であった。国外の観光客の大半は台湾からで、隣接する強みを生かして多くの台湾人観光客が石垣を訪れるようになった。◎4

しかし、ゲストの台湾人観光客とホストの八重山の人々の八重山認識は微妙にズレている。過去の自由な往来という記憶に基づく現在の有り様は、改めて国家という存在、境域における自己アイデンティティの問題を浮かび上がらせるものとなっている。そこで本稿では台湾の観光客と現地の交渉を事例に、日本と台湾の二つの国家のまなざしのなかにある八重山の境域性を論じる。◎5

2――悩む現場と悩まない現場……日本との距離

台湾人の八重山観光の特殊性を考えるために、まず日本本土の事例をひとつ提示したい。尾道観光である。広島県の尾道は中国地方のみならず、日本でも著名な観光地のひとつである。近年は、瀬戸内海を自転車で渡ることができるしまなみ海道のひとつの基点として、台湾においても知られるようになった。台湾人観光客も徐々に増えてきている。

図①　尾張のある割烹旅館の部屋

図②　当該旅館の料理の一例

図①は尾道で著名なある割烹旅館のホームページに掲載されている写真である。木造の旅館で畳があり、昭和を思い起こさせる情緒あふれる部屋となっている。料理は季節によって異なるが、図②はオコゼを使った和食である[◎6]。この宿ではトイレや風呂は共用となっており、ビジネスホテルや一般のホテルと比べると、施設的に不満を覚える客もいるかもしれない。

しかし、ここの女将は二〇一四年一一月に宿を訪ねた筆者に、「私どもの宿に泊まった台湾のある偉い人が、尾道市長にとても良い宿に宿泊したと言ってくれました」と語り、続けて「台湾の人は日本的なものが好きですから」と述べた。その台湾人観光客は、トイレや風呂の不便さを除いても、この日本の情緒あふれる旅館を大いに気に入ったということである。そして、女将も「日本的」であるという点に何ら疑問を持たず、誇らしげに筆者に語ってくれた。

外国人観光客が日本本土の老舗旅館を訪れて満足した場合、このようなやり取りや旅館側の受け取りは、日本の各地でみられる当たり前のことであろう。地元の文化を売り、外国人観光客である買い手がそこに日本情緒を見出し満足する。

だが、これが通じない場所がある。そのひとつが本稿のフィールドである沖縄県の八重山である。[◎7]その象徴的出来事に、筆者が「八重山そば拒否事件」と名付けているものがある。石垣には台湾の基隆《キールン》から出航するスタークルーズ船が、一九九七年三月一五日から就航している。そのスタークルーズ船が就航した初期の頃、八重山の人々が、台湾の観光客を迎えるにあたって、歓迎の意味も含めて五〇名の台湾人に地元の名物料理である八重山そばを用意した。[◎8]だが、彼らはその料理に手を着けず、スーパーにてパックのマグロの刺身や寿司を買って食べた。地元の人々は、地元の好意や伝統文化を軽視されたと受け取り、台湾人観光客は彼らの不評を買った。[◎9]このようなすれ違いは、後述するように、実は八重山と台湾の間で情報が十分に行きかっていないことによって生み出されている。

だが、一層重要な点は、八重山の地元の食べ物、習俗を提示しても台湾人観光客も地元の人間も日本的[◎10]とは思わないことである。ここに尾道とは異なる状況がある。二〇〇九年に台湾人観光客を受け入れた与那国でも、台湾人観光客から、島名産の食べ物だけでなく、典型的な日本料理（台湾人観光客に言わせると天ぷらやうどん、寿司、刺身など）を食べたかったという希望が寄せられた。

土産にもそれはみられる。与那国観光を行った台湾人観光客の多くは、与那国町が行ったアンケートに対して食事と同様に、日本的な土産を求めていた。たとえば、薬や自転車である。与那国観光では、那覇における台湾人観光客の行動を熟知した旅行代理店を経営する台湾人華僑が、薬や自転車を販売することを与那国の人々に強く勧めたが、与那国の人からは「地元のものを売りたい」と拒否された。

筆者は二〇〇八年一月に宮古島で開催された一〇〇キロマラソンに参加した台湾人の一団と行動をともにした。そこで彼らが買った土産のレシートを見せてもらったが、彼らが買ったのは、図③に見るように土産店にある宮古島らしい土産ではなく、アセスなどの日本の薬や、ポッキーなどの菓子類、昆布などであった[◎11]。ここでも島の名産品を買う日本人観光客とは異なる観光行動が見られた。

図④はクルーズ船石垣到着後に行われている乗客への写真サービスである。浴衣らしきものを着た女性と一緒に記念写真をとる。日本の人間からすると違和感を覚える「浴衣」（着物かもしれない

美と健康を通して、人々に笑顔を
営業時間は、AM 10:00～AM00:00
2009年01月12日(月)　11:32
店No. 0000905　02
ﾊﾞﾝﾃﾘﾝ1.0%ｴｷ(A)　一値引き
(¥1,680-　700=　¥980)
@980×2個　¥1,960
ｱｾｽ200g　一値引き
(¥2,205-　525=　¥1,680)
@1,680×2個　¥3,360
小　計　4点　¥5,320
(内税　5.00%　¥253)
合計　¥5,320
お預り　¥10,000
お釣り　¥4,680

領　収　書
STｼｮｸﾋﾝｶﾝ
店ｺｰﾄﾞ:0660
N00101-9498　2009年01月12日(月)
＊ 11:21
983 ﾚｼﾞﾌﾞｸﾛ　3
354 ﾏｲﾆﾁﾉﾘ30ﾀﾊﾞ　298
361 ｲﾁｺﾞﾎﾟｯｷｰ　84
361 ﾌﾗﾝﾊﾞﾃｨｽﾘｰ　178
354 ｶﾆｼﾞﾙｼｵｶｽﾞﾉﾘ　102
#354 ﾏｲﾆﾁﾉﾘ30ﾏｲ　105
354 ｼﾗｺｱｼﾞﾉﾘNO10　178
354 ﾏｲﾆﾁﾉﾘ 6P　198
354 ｼﾗｺﾑﾃﾝｶｱｼﾞﾉﾘ　148
354 ｼﾗｺｱｼﾞﾉﾘNO10　178
361 ﾖﾓｷﾞﾄｳ　231
361 ｵｾﾝﾍﾞﾐｯｸｽ　298
361 ｼｮｳｶﾞﾄｳ320G　231
361 ﾌﾗﾝﾊﾞﾃｨｽﾘｰ　178
361 ｷｯﾄｶｯﾄﾎﾜｲﾄ　128
361 ﾐｶﾝﾎﾟｯｷｰ　148
361 ｲﾁｺﾞﾎﾟｯｷｰ　148
361 ﾌﾟﾘｯﾂ ﾛｰｽﾄ　118
361 ｷｯﾄｶｯﾄﾎﾜｲﾄ　128
361 ﾅﾋﾞｽｺ ｵﾚｵ　208
361 ﾌﾗﾝｵﾘｼﾞﾅﾙ　158
361 ﾎﾟｯｷｰﾁｮｺﾚｰﾄ　138
361 ﾌﾗﾝｵﾘｼﾞﾅﾙ　158
361 ﾎﾟｯｷｰｺﾞｸﾎﾞｿ　138
361 ﾃﾞｻﾞｰﾄﾎﾟｯｷｰ　204
361 ｻﾄｳｾｲｶ ｸﾘｼｸﾞ　197
お買上点数　26点
合計　¥4,281
(内消費税等　¥203)

図③　台湾人観光客の土産購入のレシート

が）である。かつ石垣の地元の衣装とも異なるが、これが台湾では日本的なモノとして消費されている。

　これらの事例に共通するのは八重山（土産のレシートの事例は宮古島だが）を日本の一部とまなざす台湾側の視点と、自らを日本文化の販売者ではなく八重山の文化の販売者とする地元の人々の意識とのズレである。ここには台湾における八重山の他画像と、八重山における八重山の自画像との違いが存在する。

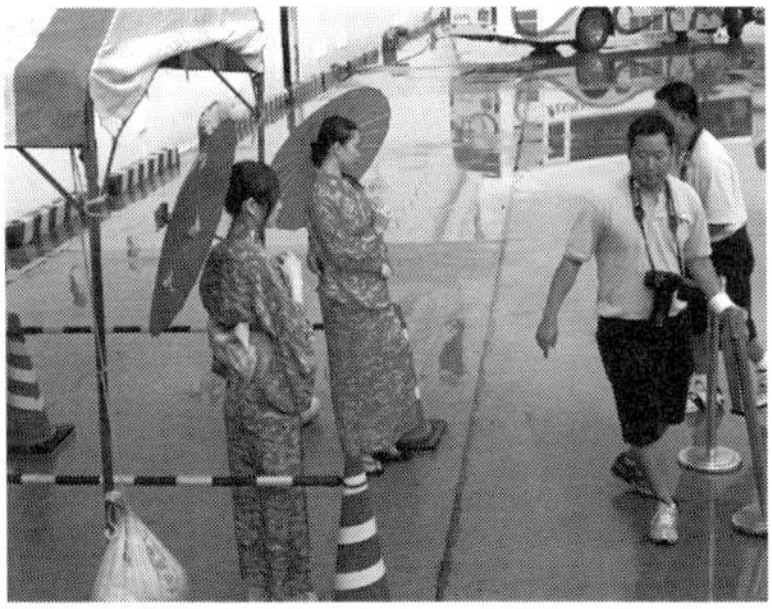

図④　台湾からのクルーズ船が行なう記念撮影の様子

　この違いが生じる理由として、国内旅行における成功を通じた八重山の自画像の強化がある。台湾は八重山の観光業において重要な市場であるが、現実的には八重山の「北」[◎12]に位置する日本国内が市場としてははるかに大きく、「北」に目を向けていることも事実である。二〇一三年度の数字を見ても国内観光客が国外からの観光客の四倍以上である。したがって、「北」からの客に如何に対応するかが重要であり、「南」は「北」の客の妨げにならないことが求められてきた。

　例えば、二〇〇二年から二〇〇三年にかけて流行したＳＡＲＳ（重症急性呼吸器症候群）において、台湾では患者が発生した。そのため、台湾人観光客が来ることによる風評被害を防ぐために、石垣市では台湾人観光客の石垣上陸が拒否される、または上陸できても商店街のシャッターが下ろされるなどした。

筆者はそれを「希望の「南」と現実の「北」」と称した〔上水流 二〇〇九〕。台湾はこれらの地域にとって、いつか経済的起爆剤となる希望の土地だが、その希望の現実化を妨げているのが、北から大量に訪れる観光客であって、彼らが八重山の観光業においては最も優先される。そのなかで観光文化の売買を通じて、八重山の国内向けの自画像が日々強化されていく。

八重山では、日本本土とは異なる文化を持つという自己認識がある。そして、その違いを売りに、日本本土の人間に対しては、観光文化を販売してきた。日本本土の和食屋で提供されるさしみではなく、八重山そばや独特のてんぷら、チャンプル、パイナップルなどの島のフルーツ、島ラー油を使った食べ物、石垣牛のステーキなどを売り、八重山諸島を船で巡り、のんびり過ごす時間を提供してきた。さらには沖縄島よりも美しいとされる海で過ごす時間を観光の目玉としてきた。日本本土からの観光客はそれらを求めて、八重山に来るのであり、それが八重山らしさであった。

八重山の人々は日々仕事に従事しているわけで、毎日、海で泳ぎ、島でのんびり過ごしているわけではない。だが、彼らは後者を八重山らしさとして販売し、それが日本本土の観光客のニーズに対応したものであった。そこには、日本国内で創出される観光文化における八重山の人々の自画像を見ることができる。

「ネーション」の成立を論じる内堀は、ある集団が名乗り、その名付けを他の主体が認証することで「ネーション」が成立すると述べる（内堀 一九八九）。そのような関係は単純に何と名乗るかという、「名前」だけの問題ではない。観光における販売という日々の日常行為そのものによる名乗りと、その行為を意味あるものとして（観光であれば、観光客が楽しむ、買う、評価するという形で）認める名付けも、「名乗りと名付け」の関係に含まれよう。

日本国内を市場とする観光産業として、八重山観光が成功していることは、その国内での名乗りと名付けがうまく循環し、成功していることを意味している。名乗り（八重山の人々が八重山文化を売る行為）と名付け（日本本土の観光客が八重山文化を買う行為）の日々繰り返される反復活動が、八重山の人々において国内市場における八重山文化のイメージの内面化に深く作用することは想像に難くない。日々の反復活動によって、国内における八重山像に基づく八重山の人々のアイデンティティ、自画像は強化される。

しかし、その自画像は台湾における八重山像という他画像とは異なる。台湾においては八重山について明確なイメージは存在せず、それはテレビや雑誌で取り上げられる日本イメージの一部でしかない。したがって、日本という国民国家内部の観光で形成された八重山の自画像は、台湾では共有されない。

国内の観光市場における自画像を強く持つ八重山の人々は、このような台湾での実情を知らず、八重山＝日本の一部という台湾人観光客の八重山像が理解できない。ここに両者の間のズレが生じる。

それだけではない。日本的なモノを売ることは、八重山という自らの位置付けを否定することへと連なる。日本的なモノを売ることとは、歴史的にも文化的にも国民国家という枠組みのもと、日本や沖縄島に対して自己を形成してきた八重山の人々にとって、ビジネスとして割り切れるものではない。

観光文化とは売買の対象となる文化であり、それは人々が生活する生きる文化ではない。だが、売買する文化は、生活から切り離された捏造された文化でもない。生きる文化の何かしらに関連しながら、ある特定の部分が切り出され、編成され、提示された文化である。したがって、売買の対象になるにしても、その観光文化の生成においては自分たちの文化に対する理解と認識が根底に存在する。

ここに尾道には見られない八重山独自の外国人観光客に対するジレンマを見ることができる。尾道は日本的とされても悩まない現場であり、八重山は日本的とされると悩む現場である。

3——悩みが生み出される現場

八重山の悩みは日本のどこにでもある問題ではない。台湾人に最も人気のある観光地のひとつが北海道だが、北海道は台湾での北海道イメージと、日本の北海道イメージが一致している。本稿では紙幅の関係から詳細に論じることができないが、台湾の人にとって北海道はスキーなどのウィンータースポーツを楽しみ、雪や氷の世界を満喫し、蟹やウニ、イクラ、さらに寿司を楽しむ場所である。これは日本人観光客が求めることと大差がない。

では、なぜ八重山では北海道のような状況にならないのだろうか。その点に関して、まず八重山に関して台湾に「越えた情報」と「越えない情報」について検討をしてみたい。「越えた情報」の典型を知る手掛かりとなるものが、少し古いが、左記のスタークルーズのオプショナルツアーの中身である。これは那覇のものであるが、台湾の沖縄認識を把握するうえで興味深い。

Ⓐ購物嚐鮮之旅〔ショッピングと海鮮の旅〕◎[13]

【新都心購物圏—北海道海鮮火鍋＋國台日歌曲卡拉ＯＫ歡唱（含晩餐）】〔新都市ショッピング圏—北海道海鮮鍋＋中国語・台湾語・日本語カラオケ（夕食込み）〕

Ⓑ溫泉泡湯之旅〔温泉の旅〕

【ＡＲＯＭＡ海底溫泉〈裸湯〉—北谷町ＪＵＳＣＯ（不含餐）】〔アロマ海底温泉〈日本式入浴〉—北谷町ジャスコ（食事無し）〕

Ⓒ美食賞味之旅〔グルメの旅〕

【ＮＡＨＡ港—牛排館—新都心（不含餐）】〔那覇港→ステーキハウス→新都市（食事無し）〕

（http://www.starcruises.com.tw/libra/info.htm、二〇〇八年一〇月三〇日確認）

Ⓐはショッピングと海鮮の旅であるが、新都心[◎14]でショッピングを楽しみ、北海道の海鮮鍋を食べカラオケを歌うコースとなっている。Ⓑは温泉の旅であるが、アロマ海底温泉に行き、ジャスコで買い物をする行程である。Ⓒはグルメの旅で那覇港見学後、ステーキを食べ、新都心へというコースである。米軍駐留と関連するステーキを除けば、典型的な日本本土の観光客がイメージする沖縄観光とは異なる。少なくとも、沖縄に来て、北海道海鮮鍋を食べようとは思わない。いわゆる日本国内のリゾート地・沖縄を感じさせるものはなく、むしろ日本の一部である沖縄が想像されている。沖縄が台湾の北にある日本の一部だからこそ、海鮮鍋も価値あるものとして存在する。

　ブログやSNSによって日本各地の情報も台湾に伝わるようになりつつあるが、やはりテレビや新聞、地域の雑誌で紹介されるのは、東京、大阪、北海道などの情報が大半である。八重山の文化が大々的に取り上げられることは、台湾ではそれほど多くない。例えば、現在、台湾に越えている日本の一般的な観光情報は、東京や大阪、京都、北海道などの日本的なモノである。桜や紅葉であり、ディズニーランドであり、刺身や天ぷら、寿司である。何度も日本に足を運んでいる台湾人を除けば、このような日本像を持つ台湾人は多い。日本人が台湾と聞いて、中華料理や足つぼマッサージ、お茶、ナイトマーケットをイメージするのと大差はない。

　一方、最近はやや異なるが、台湾の調査地では八重山の印象となると、ほとんど見聞できなかった。八重山に最も近い花蓮などにおいても、姉妹都市の関係で「石垣や与那国の地名は聞いたことがあるが……」という程度である。したがって八重山そばなどの八重山独自の文化を持つ八重山像

図⑤　台湾のある新聞に掲載された八重山観光の宣伝広告

図⑥　与那国から見える台湾東部（仲嵩貫一氏撮影）

はほとんで台湾では流布していない。筆者が確認した新聞に掲載された八重山観光の宣伝においては、与那国島が地図に掲載されていないこともあった〔図⑤、写真右下の地図の部分〕。つまり、「見えども見えず」である。ちなみに図⑥は、与那国から見える台湾である。

　このような情報の行き違いを考えれば、食や土産をめぐる台湾人観光客と地元住民のすれ違いも理解可能なものとなる。台湾人観光客が求めるものは、台湾で流布している日本的なモノであって、八重山的なモノではない。彼らは八重山に来ているのではなく、日本に来ているのである。したがって、彼らが食したいものは、八重山そばではなく、日本そばやうどんである◎15。

観光人類学を研究する橋本によれば、観光とは「異郷において、よく知られているものを、ほんの少し、一時的な楽しみとして、売買すること」〔橋本 一九九九〕である。この指摘は台湾人観光客を対象とした八重山観光の不成立に見るように、本稿の事例にも該当する。ここまで見てきたように台湾で「よく知られているもの」は典型的な日本的なモノで、八重山について「よく知られているもの」は台湾にはほとんどないからである◎16。

情報の流通とは別に、北海道にない問題が台湾人の沖縄観光には存在する。それは八重山も含む沖縄と台湾の政治的、文化的、地理的近接性である。そもそも台湾から見た場合、八重山を含む沖縄はどのように映っているのだろうか。

例えば、台湾の外交機関の点から述べれば、沖縄は、日本本土を取り扱ってきた台北駐日経済文化代表処◎17の管轄下にはなかった。台北駐日経済文化代表処の那覇分処ができる二〇〇七年二月までは、中琉文化経済協会駐琉球弁事処であった。中華民国は公式には沖縄は日本の領土とは認めてこなかった。この点は那覇分処ができた現在も同様である。清王朝とは冊封関係にあり、その関係を引き継いだ中華民国から見れば、自国の領土とまでは言わなくとも、少なくとも沖縄は日本国の領土とは認められない。沖縄は、かつて日本国とは別個の独立した琉球王国だったのであり、それが中琉文化経済協会駐琉球弁事処という名前にも反映されていた。

さらに沖縄の文化と中華文化の類似性が存在する。食べ物や墓など沖縄の民俗風習は「私たちの文化と似ている」、「もともと中国から沖縄に行った」と語る、台湾の漢人◎[18]は多い。例えば、亀甲墓《かめこうばか》である。このような様式は台湾でも沖縄でも見ることができる。食べ物も豚を好む点が類似している。ラフテーも台湾で食べられるトンポローとなる。無論、沖縄の文化に中華文明の影響があることは事実であるが、亜流ではなく、沖縄で独自の文化として、それが発達してきた。また沖縄の伝統的文化すべてが中華文明の影響だとは言えない。

彼らも琉球王国が中国の歴代王朝と冊封関係にあり、中華文明の影響を受けていたことは認識している。それだけに沖縄独自の文化は、彼らから見ると亜流に見え、魅力的には見えない。むしろ、八重山の日本本土由来の日本的なモノに目が向くのである。

このような状況に、台湾から見た沖縄、その一部である八重山にも該当する境域性がみてとれる。中華文明の影響を受けた習俗と、現在の日本の文化が混在した八重山である。台湾の人々は、現在、八重山は日本の領土と一般的に考えており、日本的なモノという要素に価値を見出している。そこでは、中華文明の影響の習俗、日本本土とは異なる八重山独自の文化は軽視される。

加えて八重山の場合、地理的にも類似し、台湾の人々にとって八重山の独自性を見る魅力を減少させている。例えば、二〇〇九年に与那国を訪れた台湾人観光客は、花蓮県の長濱郷に似ていると口々にいっていた。長濱郷は台湾東部にあり、離島ではないが、植生などが似ているとのことであった。石垣の食べ物の名物にヤシガニがあるが、それも台湾で見ることができる◎[19]。

緯度的にも気候的にも八重山と台湾東部、北部はほぼ同じである。日本本土では八重山、中でも石垣は南国のリゾート地であるが、台湾の人々から見れば、南国のリゾート地はプーケットやバリであり、石垣ではない。つまり日本本土では八重山の商品価値を生み出すものが、台湾に対しては意味がない状況がある。

台湾とは地理的、気候的に全く異なる北海道では、右記のような問題は発生しない。また、日本全体が中華文明の影響（たとえば、漢字）を受けたと述べる場合は別として、北海道が中華文明の影響という観点から論じられることは全くない。ましては冊封関係から、日本の一部ではないという政治的認識が形成されることもない。日本国にありながら、台湾と接する八重山は、台湾との間にこのような特異性が存在する。

4――八重山のなかの相対立する台湾の価値づけ

それでは石垣の人々にとって、台湾はどのような場所として存在しているのだろうか。その過去と現在を考察してみたい。筆者が八重山での調査を開始した二〇〇五年春の時点では、台湾との交流が八重山の経済を活性化するという話を、八重山在住の五〇歳前後以上の商工業者や自治体関係者からしばしば聞いた。彼らは植民地期末期前後の八重山と台湾の越境経験について、直接体験者から話を聞いていた人々であった。

例えば、石垣市の商工会のある男性（当時五〇歳代）は「どうすれば台湾とのビジネスが盛んになるかを考えている」と述べた。そして、「石垣と台湾は昔、直接行き来をしていたことがあり、他の地域（日本や、沖縄島の——筆者注）と違って、その点で有利で、台湾との商売を通じて石垣市の経済を発展させたい」と語った。同時期に話を聞いた石垣市で会社を経営するある人物（六〇歳代前半男性）は、「台湾と貿易することで石垣は発展する。過去に石垣の人々が多く台湾に行っており、働きに出た人も多かった。その台湾には今、数千万の人々がいて、クルーズ船で台湾の人々が石垣に来ている」と教えてくれた。

二〇〇五年三月に与那国で出会った五〇歳代後半の推進者は、台湾との交易こそが与那国を日本の周辺から離脱させる唯一の方法なのだと熱心に語った。そして彼もやはり、植民地期の台湾との行き来で与那国は富み、密貿易ではとても栄えたと述べた。植民地期、台湾と八重山を自由に行き来できた頃、与那国は周辺ではなく、とても便利であったという。花蓮市の連絡事務所に半年いた人物（当時四〇歳代後半）もそのように話を繰り返し聞かされた者の一人である。彼は「与那国と台湾は、同じ地域で一緒に暮らしていたわけですよ。今、国境があるからそれができないだけで、行き来をすれば与那国はとても良くなる」と何度も筆者に語ってくれた。そして、彼自身が台湾との交流が地域振興の突破口になると思ったのは、昔の体験話を聞いてからであると述べた。

彼らは日本の周辺である石垣や与那国であるからこそ、台湾との交流・交易ができると信じていた。周辺ゆえに日本本土にはない外国と隣接するという条件が生じると考えていた。そして、隣接するがゆえに、交流した過去があるがゆえに、相手のことをよく理解しているという思いもあった。

日本本土の人間よりも、台湾のことはよくわかると考えていた。

両者の距離を表す典型的なものに、植民地時代、台湾の人は日本本土の人は嫌いだったが、沖縄の人間には仲間意識を持っていたという八重山側の認識がある。当時、日本本土から台湾に来た内地人は一等国民、沖縄の人間は二等国民、台湾の人間は三等国民とする語りがあった。沖縄と台湾の人間は、ともに内地人から差別的なまなざしを受けており、それが両者の距離を近づけたというのである。[20]

その昔、即ち植民地期の台湾だが、当時を経験した八重山の人々の台湾イメージはどうだろうか。戦前、石垣に住んでいたある男性が落馬し重傷を負った際に向かった病院は、台北帝国大学病院であった。那覇の病院はそのケガに対応できるレベルではなく、台北帝大病院の次に近い帝大病院は九州帝国大学だからと、その男性は語ってくれた。内地文化も那覇経由ではなく、台湾経由で八重山に入ってきており、那覇よりも早く内地の商品を享受できたことは、八重山の人々にとって沖縄島よりも文化的に勝るものであった。八重山の女性は、当時、台湾に女中奉公に出かけるのがある種のステータスとなり、そこで内地文化を身に着け、島に戻った彼女たちは、八重山の人々から見ると「キラキラ輝く」存在であったという。[21]

当時台湾は台北という大日本帝国のなかでも大きな都市を抱えた場所であり、現在の日本での一般的印象である発展途上国台湾ではない。だからこそ、八重山の人々にとって、台湾帰りは憧れであり、おしゃれであり、沖縄の他の地域よりも八重山が進んでいるという意味を持たせた。

八重山では、このように台湾の繁栄が、台湾とつながるメリットとして実感されていたわけだが、現在でも一部ではあるが、同じように感じている人々が存在する。彼らにとって台湾は、当時と同じく沖縄本島や日本に対抗する資源として存在している。

一方で、現在の八重山では台湾について悪いイメージも存在する。その最たる典型が第三世界の台湾というイメージである。例えば、那覇、石垣と基隆を結ぶ客船に乗って台湾へ旅行した時の記憶から、「タクシーがぼろぼろで、車は汚く、すぐ遠回りをしてお金を騙そうとした」、「道路は舗装されておらず、ガタガタだった」などと語る者がいる。八重山で筆者が聞く限り、一九八〇年代から一九九〇年前後までがその記憶の中心である。そこでは発展途上国台湾のイメージが強い。現在、八重山の人々を安価な値段で台湾へと運んだ航路はなく、中年以上のこのような記憶の更新はほとんど行われていない。

発展途上国台湾というイメージにはサトウキビ刈り時代の記憶も関係する。日本政府に沖縄が返還されるまでは、台湾からもサトウキビ刈りの時期に、季節労働者として八重山に働きに来る台湾人も少なくなかった。台湾からの出稼ぎは、きつい労働への従事や質素な服装から貧しい台湾を想起させた。このような台湾像は、現在も中年以上の人々の記憶に残っている。これは次に述べる万引きをする台湾人観光客という噂が広く流布する背景になっている。貧しいが故に物を盗むという考えである。

台湾人観光客を見ると泥棒とみなすまなざしは、一部の人々の間ではあるが、数年前まで実際にあった。筆者のインフォーマントによれば、実際、店先の物を盗む事件が、石垣であったことは事実であるという。だが、たった一件の事例から、「台湾人は手が早い」との噂がたち、中には台湾人観光客が上陸する時にはシャッターを閉めるなどの対策を講じた店もあった。[22]

このような認識は石垣だけではない。与那国で二〇〇九年に台湾人観光客を受け入れる時にも、地元の台湾通という人物から「台湾人は手が早く、店番は二人いる」と語られた。[23] 宮古島のスタークルーズ船の受け入れにおいても「台湾人に物を盗まれた」という話を、二〇〇九年の調査時に地元住民から筆者は聞いた。

実際に姉妹校との交流で台湾に行った八重山の中学生たちは、台湾が発展していることを知って驚く。だが、そのような直接的経験をしない限り、台湾は日本と異なって発展途上国の遅れた場所として認識されることが八重山では多々ある。

このように八重山の人々にとって、台湾は二つの意味を持っていた。ひとつは経済発展などを生み出す場であり、戦前はあこがれの場であり、自分たちのアイデンティティを日本本土とは異なるものとする資源となる台湾である。一方で、ＳＡＲＳなどの対応に見るように、台湾は切り捨てられる場であり、「遅れた台湾」というように蔑視される台湾である。

5――おわりに……日本と台湾に関する八重山の二重性

本稿の最後に台湾人観光客の受け入れのなかで揺さぶられ、問われる八重山にとっての、日本と台湾についてまとめたい。まず八重山側からの視点である。

良く知られているが、八重山の人々の自己認識において時に、「ヤマトンチュー」に対抗するなかで八重山の独自性が強調されることがある。そこでは日本は、負の価値を持った存在として対象化され、自己とは異なる存在として異化される。そして、外国台湾と隣接するという周辺性は独自性を支える一要素となる。一方で台湾への蔑視では、日本と自己を同一視する自分が存在する。台湾を遅れているとみなすとき、先進国日本は彼らの内部に存在することになる。このような日本との関係は、八重山が「日本であり日本ではない」立場に位置することを示している。

他方、台湾から見た八重山だが、八重山は台湾の人々の間では日本の領土と通常認識されているが、中華文明の影響を大きく受けた冊封関係のあった場であり、台湾と地理的にも似ている。その一方で、台湾人の観光で消費されるモノに見るように、日本本土の文化がある日本の一部とも認識されていた。台湾からのまなざしにおいても日本に関わる八重山の二重性が存在した。台湾から見る八重山は、「日本であり日本ではない」場所であった。

したがって八重山は、その自己認識においても、台湾からの認識としても、日本という要素をめぐって二重性が存在する場所であった。八重山における日本の二重性は、観光の現場を通して、八重山の人々と、台湾の人々との共犯関係のもとに成り立っていた。

この二重性の要因を国民国家の観点から考えてみると、国民国家の枠組みの強固さが浮かび上がる。国民国家内部と外部で切断される情報と国家内部の空間の均質性である。具体的には、第一に隣接の陥穽である。身近に存在することは相手を「知っている」という誤解を実は生み出している。八重山の台湾理解も、台湾東部の八重山理解も、当然と言えば当然であるが、現地の状況を正しく反映してはいない。八重山の人々は、その距離の近さから東京などの「中心」よりも、お互いのことがわかるという認識を持っていた。それは近接性と交流の歴史に基づいていたが、そのような理解は単なる思いこみでしかなかった。観光情報に見るように、情報は国家内部で生産され、消費されるものに影響を受けていた。国民国家の情報の流通の在り方により不十分な相互理解が発生し、それが八重山の日本に関わる二重性を生んでいた。

二つ目は「周辺」の独自性の強みという陥穽である。「周辺」故に独自性があると考えるが、実際は、日本の「周辺」としての自己認識は、八重山の台湾蔑視に見るように、隣接する他者と違うという自己認識とあいまって、自らが国家体制の一部であることを自覚させる。それ故に一層、国民国家の価値観を内面化するものでもあった。「周辺」という独自性と、それ故に国家の論理を率先して内面化する葛藤がそこに存在した。

この心性は、隣接する地域を「中心」との異化、同化の両方に用いていることと地続きである。石垣にしろ与那国にしろ、そこには常に日本の「周辺」という意識が存在した。それ故に台湾との強固な関係や台湾との交流や交易の希求から、自己の独自性や「周辺」からの脱却が試みられた。だが、同時に過去の継承において内地としての台湾が外国としての台湾になるように、具体的には先進的な日本の我々と、遅れた台湾の彼らという分離のなかで、「中心」の意識も内面化していく。

すなわち、八重山では「中心」への反発や独自性の強調と、「中心」の内面化が併存し、対立する。独自性の発揮では、台湾との近接性や歴史の共有が語られ、台湾は自己認識の資源となる。一方で、台湾への差別的まなざしのなかでは、台湾を外部化し、客体化し、そうして彼らの自己認識のなかに外部となった台湾の取り込みが行われる。

外部は「中心」へ対抗する資源であると同時に「中心」と自らが同じであることを確認する資源でもある。[◎24] このような構造が、日本の「周辺」であるもの、八重山が「境域」と言われる所以である。例えば、高知や鹿児島などは「周辺」であっても、取り込みを行う外部が存在しない。「中心」と容易に同化できる地方とは異なる課題がそこには存在する。

八重山で見えた隣接する外部を通じた日本に対する異化と同化の二重性は、朝鮮半島を外部とする対馬や、ロシアを外部とする根室、稚内、アメリカを外部とする小笠原諸島などの他の境域でも注視すべき課題である。[◎25] 今後も八重山を含むこれらの境域における、日本と外部の二重性について分析を進めていきたい。

トランスナショナリズムの研究では、今、起こっている越境現象に注目が集まっている。だが、これらの地域は、盛んに越境していた歴史から数十年を経ている。それ故に長期的にトランスナショナリズムを考察することが可能となる。これらの地域での越境経験が如何に記憶され、忘却され、活用されているのか。このような研究視点は現在のトランスナショナリズム研究において理論的、民族誌的貢献をなし得る。

1――筆者は鹿児島出身だが、五〇歳代以上の沖縄出身者と調査中に出会うと、ほぼ確実に「薩摩か」と言われる。沖縄では薩摩の侵略は決して遠い過去の歴史ではないと実感する。

2――現在、沖縄本島と呼ばず、沖縄島と呼称する記述も増えている。この表記にも沖縄島を中心とする認識を問う、つまり沖縄島も他の島々と同じとみなす、沖縄島以外の人々の認識が表出している。

3――この点については上水流〔二〇一六予定〕で詳細に論じている。

4――拳銃や麻薬などの密輸ではなく、生活物資が中心であったことから、また密貿易という言葉のマイナスイメージを避けるために「復興貿易」と称する場合もある。

5――台湾のトランスナショナリズムを考察したものに王・郭〔二〇〇八〕がある。

6――図①②とも尾道の割烹旅館HPより（http://www.uonobu.jp、二〇一四年一二月七日確認）。

7――本稿の冒頭に記したように、これは八重山に限らず、沖縄全体に通じるものであろう。

8――八重山そばが選ばれた理由として現実的な側面も指摘されている。石垣には他にも名物料理があるが、大勢の人数に対応でき、経済的な料理としては八重山そばしかないというものである。

9――台湾人がスーパーで刺身を買うことなどは、現在においても見ることができる。

10――何が日本的かは難しく、かつ重要な問題だが、ここでは日本本土に典型的にみられる習俗習慣としておく。実際的には観光の現場では、本文で記したとおりである。

11――この他には、沖縄で生産されている塩や黒糖が買われていた。沖縄の黒糖は台湾では健康ブームのなかで注目されており、人気のある土産である。

12――台湾は日本の領土から考えると、西側に位置する。したがって、正しくは、「西」という表現が正しいが、八重山の北に住み、暖かい南の楽園を八重山に求めてくる日本本土の観光客の視点との関係から、本稿では「南」「北」という表現を使用する。

13――〔 〕内は筆者訳。以下、Ⓑ Ⓒ部分も同様。

14――米軍の住宅地が返還されて、整備された那覇市北部の地域で大型ショッピングセンターや映画館、さらには空港外大規模免税店がある。

15――同様のことは、対馬における韓国人観光客でも起きている。中村〔二〇一四〕に詳しい。

16――近年、石垣市は台湾でのPR活動を積極的に行っており、石垣牛の認知度は台湾で向上してきている。

17――日本と台湾には外交関係がないため、それぞれ民間団体をつくり、領事業務などを行っている。日本側は交流協会を設置し、台北事務所を置いている。その所長が大使に相当する。台湾側は亜東関係協会を設置し、台北駐日経済文化代表処を置き、その代表が大使に相当する。

18――台湾の人口の約九八パーセントが漢人で、残りはオーストロネシア語族の一六の先住民族である。

19――ただ、台湾では食べることは禁じられている。

20――実際の両者の関係が、このような語りにすべて集約されるものではないことは当然である。

21――台湾人の裕福な家庭に奉公した女性も存在した。そのため台湾人口の多くを占める閩南語を身につけた者も存在したという。ただし、その数は限られており、筆者自身は直接的に話を聞いたことはない。

22――現在は、このような対策は取られていない。

23――実際台湾人観光客を受け入れた与那国の人々は、「台湾の人々も普通の人だった」と、自分たちの先入観が如何に間違っていたかは痛感していた。

24――このような視点は、二〇一二年七月一〇日に島根県立大学にて開かれた「第三〇回日韓・日朝交流史研究会」で得ることができた。福原裕二氏をはじめ、参加してくださった島根県立大学の皆様に感謝申し上げます。

25――これらの地域は、北海道大学の岩下明裕教授らのプロジェクトでは主に境界領域の観光の観点から、東海大学の山田吉彦教授の研究では国境政策の確立と地域振興の点から、多くの研究が行われている。

◎参考文献

石原昌家　一九八二『大密貿易の時代――占領初期沖縄の民衆生活』晩聲社

岩淵功一　二〇〇四「方法としての「トランス・アジア」」岩淵功一編『超える文化、交錯する境界――トランス・アジアを翔るメディア文化』(アジア理解講座3)山川出版社、三―二三頁

植野弘子　二〇一一「《特集》台湾をめぐる境域」『白山人類学』一四、一―六頁

内堀基光　一九八九「民族論メモランダム」田辺繁治編『人類学的認識の冒険――イデオロギーとプラクティス』二七―四三頁

王宏仁・郭佩宜　二〇〇八「導論：跨國的台灣・台灣的跨國」王宏仁・郭佩宜主編『流轉跨界：跨國的台灣・台灣的跨國』台北、中央研究院人文社會科學研究中心・亜太區域研究專題中心、一―三二頁

大井由紀　二〇〇六「トランスナショナリズムにおける移民と国家」『社会学評論』五七(一)、一四三―一五六頁

大浦太郎　二〇〇二『密貿易島　わが再生の回想』沖縄タイムス社

奥野修司　二〇〇五『ナツコ　沖縄密貿易の女王』文藝春秋

上水流久彦　二〇〇九「台湾東部と沖縄先島諸島にみる越境現象――与那国町を中心に」『世新日本語文研究』

一（台湾世新大学日本語文学系）、二一―三七頁
上水流久彦　二〇一一a「「周辺」にみる国民国家の拘束性――台湾人の八重山観光を通して」『北東アジア研究』二〇、五一―六六頁
上水流久彦　二〇一一b「対馬海峡から見る台湾と八重山の「交流」」『白山人類学』一四、三一―五二頁
上水流久彦　二〇一六（予定）「はじめに」、上水流久彦・村上和弘・西村一之編『境域の人類学――八重山・対馬にみる「越境」』風響社
朱恵足　二〇〇七「作為交界場域的「現代性」：往返八重山群島與植民地台湾之間」『文化研究』五、四九―八六頁
朱恵足　二〇一〇「帝国的移動と「近代」の遠近法――八重山諸島と植民地台湾を行き来する人々」『琉球・沖縄研究』三、三〇―五四頁
床呂郁哉　二〇〇六「変容する〈空間〉、再浮上する〈場所〉――モダニティの空間と人類学」西井凉子・田辺繁治編『社会空間の人類学』岩波書店、六五―九一頁
中村八重　二〇一四「韓国から視た対馬観光」永留史彦・上水流久彦・小島武博編『対馬の交隣』交隣社、三一―四〇頁
橋本和也　一九九九『観光人類学の戦略――文化の売り方・売られ方』世界思想社
三谷　博　一九九七『明治維新とナショナリズム』山川出版社
Brettell, Caroline. B. 2008 "Theorizing Migration in Anthropology: The Social Construction of Networks, Identities, Communities, and Globalscapes", in C. B. Brettelland J. F. Hollifield（eds.）*Migration Theory: Talking across Disciplines*, Second Edition, pp.113-159, New York and London: Routledge.
Hannerz, Ulf 1996 *Transnational Connections: Culture People Places*, London: Routledge.

Roger, W. and Fitzgerald, D. 2004 "Transnationalism in Question" *American Journal of Sociology*, 109 (5): 1177-1195.

◎——本稿は以下の支援のもと資料収集を行った。平成一六年度県立広島女子大学特定研究「「周辺」で「日本人」になること——「日本」概念の再検討」(研究代表者：李建志)、科学研究費補助金「台湾における植民地主義に関する歴史人類学的研究——「日本認識」をめぐって」(課題番号：17251011、研究代表者：植野弘子)、県立広島大学重点研究戦略的特定研究「越境実践と生活圏構築の文化人類学的研究——台湾と沖縄の境界領域にみる交渉と記憶から」(代表者：上水流久彦)、トヨタ財団・特定課題「海の東アジアが醸成する文化」の助成プロジェクト「沖縄と台湾の境界領域における越境実践と生活圏構築プロジェクト」(研究代表者：上水流久彦)、科学研究費補助金「日本「周辺」地域にみる国境変動とアイデンティティ——韓国・台湾との越境を巡って」(課題番号：21320165、研究代表者：上水流久彦)。ここに記して感謝申し上げます。

◎4 地域と地域の境界に埋もれた歴史を思い起こす

――琉球華僑・華人を中心に

八尾祥平

1——はじめに

「みんながひとつにまとまって一緒になにかができたら、きっとすごいことができるし、本当はその方がいいと思うんだけど、これまでそうはならなかった。バラバラなんだよね、私たち」

（二〇一二年一一月九日、琉球華僑への聞き取りの際の言葉）

沖縄に暮らす中華民国・台湾系華僑である琉球華僑・華人[◎1]は、現在、沖縄県で約一万人弱の人口を擁すると推定され[◎2]、無視できない規模のナショナル・マイノリティである。無視できない規模であるにもかかわらず、琉球華僑・華人は地域においてあまり顔の見えない存在であり続けてきた。彼らが顔の見えない存在となってしまう要因[◎3]についての詳細は後述するが、聞き取り調査の際に漏れてくるのは冒頭で掲げた証言のような、バラバラでひとつにまとまることのない琉球華僑自身のため息交じりの声である。

その一方で、グローバル化の進展とともに、沖縄のなかで徐々にではあるが台湾の存在感が認知されるようになってきている。たとえば、二〇一〇年二月に中華航空の那覇・台北便の開設三〇周年にあわせて、沖縄県は台湾人観光客の受け入れに尽力した県内の旅行社および経済団体などに感謝状を贈った[◎4]［図①］。その際に、仲井真弘多沖縄県知事（当時）は「沖縄観光が大きな産業に発展したのは台湾のおかげだ。今後も交流を広げ、いい関係を続けたい」と述べている。二〇一五年は沖縄を訪れる観光客数が過去最高を更新し、海外からの観光客数も同様に過去最高となる。[5] とりわけ、海外から沖縄へ訪れる観光客のうち、最も高い割合を占めているのは台湾からの観光客であることも注目されるようになってきている。[6] 実は一九七九年に台湾で一般人の海外渡航が自由化されて以来、現在に至るまで沖縄を訪れる外国人観光客のうち台湾人観光客が一貫して首位を占め続けてきた。ただし、このような現状につながる「戦後」の台湾と沖縄をめぐる人の移動の歴史的な背景は、台湾でも沖縄でもまだごく一部で認知されるにとどまっている。「近くて遠い」――これが「戦後」から現在まで続いてきた台湾・沖縄関係の実相ではないだろうか。[7]

感謝状
琉球華僑總會 殿
貴団体は長年にわたる多方面での活動を通じて台湾と沖縄との交流を推進し友好な関係の構築に貢献されましたよってその功績を讃え深く感謝の意を表します
平成二十二年二月三日
沖縄県知事 仲井眞弘多
沖縄県

図①　沖縄県から琉球華僑総会に贈られた感謝状（2015年1月6日、筆者撮影）

戦前の沖縄から台湾への人の移動については近年研究の蓄積が進みつつある。その嚆矢としては又吉盛清による研究があり、[8] 戦前の台湾における沖縄出身者の活動については朱徳蘭、大浜郁子、そして、泉水英計らによって研究が蓄積されつつある。[9] さらに、八重山から台湾への人の移動については比較的研究の蓄積が厚く、星名宏修、松田ヒロ子、水田憲志らによる研究がある。[10] これらの研究では、戦前の沖縄出身の人びとにとって台湾は海外植民地であるにもかかわらず、彼らは台湾で植民者としての社会的地位に必ずしもあった訳ではなく、日本帝国期における植民地支配の重層性とその「ねじれ」が示唆される。

戦前、沖縄から台湾へ渡った人びとがいる一方で、沖縄における農業振興策の一環として技術移転のために台湾から八重山地域へ日本籍民として移住した台湾人もいる。彼らは戦後、中華民国籍となったものの、もはや生活基盤のない台湾には戻らず、八重山にとどまり続けた。小熊誠、野入直美、松田良孝、そして水田憲志は、戦前から戦後にかけて沖縄と台湾双方のめまぐるしい変化の影響を最もうけたと考えられる八重山の台湾人がいかに地域社会のなかで生活の場を得てきたのかを明らかにしている[◎11]。

第二次大戦における日本帝国の敗戦に伴い、沖縄は米国の施政権下におかれ、台湾は国府によって「接収」された。沖縄と台湾との間には国境線が引かれ、当時、台湾で生活をしていた沖縄出身者の大半は沖縄へと引揚げた。戦後の台湾・沖縄関係を概観する上で理解しておくべき点として、国府は沖縄を少なくとも日本の支配からは切り離しておくという戦略をとり、「琉球」との関係強化を目指していたことがあげられる。一九七二年五月一五日に沖縄に対する日本の施政権が回復された際にも、中華民国はこれを認めない唯一の「国家」として、沖縄を「琉球」と呼称し続けた。こうした国府側の対「琉球」政策については、近年、赤嶺守、石井明、許育銘らによる研究の蓄積が進み[◎12]、とりわけ、国府による対「琉球」政策が定められていく過程とその歴史的意義については楊子震による研究に詳しい[◎13]。さらに、国府側の対「琉球」戦略に基づいた戦後の在台「琉球」人の政治活動については何義麟および富永悠介による研究がある[14]。

詳細については後述するが、一九六〇年代から日華断交以前までの時期に実施されていた技術導入事業によって台湾から沖縄へと技術者・労働者が派遣され、この最盛期には年間約二千人もの規模の人の移動がみられた。この事業は、前述した国府側の対「琉球」戦略とも強く結びついており、八尾祥平は当時の国民党側の対「琉球」工作を担っていた団体である中琉文化経済協会および中華民国外交部、さらには受け入れをおこなった沖縄側の動向を分析することを通じて、こうした人の移動にみられる政治性の高さの一端を明らかにしている[15]。さらに、呉俐君は、国府の意図は別にして、技術導入事業を台湾・沖縄のミクロレベルの視点から明らかにした[16]。なお、この技術導入事業を題材とした目取真俊の小説『魚群記』を、フーコーの議論などを援用しつつ身体論の観点から捉えた朱恵足による論考は、歴史学による研究が主流であるなか、数少ない文学の分野からの成果として特筆される[17]。

このように戦前から戦後の台湾・沖縄関係史についての研究は蓄積が進みつつあるものの、戦後の研究は日華断交期までに集中している傾向にある。一九七二年の沖縄施政権返還および日華断交後の沖縄における本土化や台湾の民主化の進展といった社会変動と、琉球華僑が地域のなかで顔の見えづらい存在であり続けている状況との連関についての分析は、研究の蓄積があまり進んでおらず、今後の課題となっている。管見の限りであるが、復帰・断交後の沖縄・台湾関係について論じたものは、一九九〇年代の李登輝政権期における香港返還を背景とした、台湾から沖縄への投資計画についての渡辺ゆき子による論考がみられる程度となっている。[18] そこで、本稿では、「戦後」から現在に至るまでの沖縄・台湾関係史と琉球華僑の動向を素描することを試みたい。

2――復帰・断交前の沖縄・台湾関係

戦後の台湾・沖縄関係の歴史を紐解く際に忘れてはならないことのひとつに、国府の対「琉球」戦略があげられる。楊子震によれば、第二次世界大戦中、国府は対日戦後処理構想の一環として琉球諸島の帰属問題を検討していたが、戦況の変化により琉球の中国領有については事実上断念し、カイロ会談において琉球帰属問題が検討された際も、蔣介石は琉球の中国領有について必ずしも積極的ではなかったとされている。また、終戦前後の時期には、「琉球は日本の支配下に置くべきではない」という意見が、中国大陸の住民のみならず、台湾出身者の一部にも持たれ、さらには政府要人の発言や官庁の文書から、琉球を失われた領土の一部として考える政府関係者も少なくなかったことが知られる。しかし、日華平和条約交渉の場においても琉球問題は正式な議題として取りあげられることはなかった。ただし、日華平和条約の交渉の場で琉球問題が取り扱われていないことは、国府にとって琉球問題が存在しないことを意味しない。日本政府の琉球に対する潜在主権を認めないとする国府の姿勢は、日華平和条約の交渉以前の一九五一年九月四日にサンフランシスコ講和会議に国府が招かれないことが確定した時点で、たとえば、僑務政策の面では琉球華僑の僑民登記を日本華僑の僑民登記とは完全に別個のものとして扱うという決定が国府の内部ではなされた。[19]

「琉球」が日本からは切り離して扱われることになったのをうけ、一九五四年四月から国府の内部で、駐琉球領事館の設置にむけた検討がなされるようになった。[20]これは、国民党中央党部第六組（情報工作を担当）の支援をうけ、琉球独立運動を通して対「琉球」工作を担っていた喜友名嗣正からの提言が発端となっている。これを受けて、外交部は当時の駐長崎領事・陳衡力に琉球の内情を調査するよう命じ、同年六月に陳衡力は琉球を視察し、その成果を二二頁にわたる『琉球視察報告』としてまとめ、外交部本部へ報告した。[21]

『琉球視察報告』の分析や、筆者が沖縄で実施した聞き取り調査によって得られた結果を総合すると、当時の琉球華僑社会は、八重山では戦前は日本籍民であった台湾出身者が多くを占める一方で、沖縄島では米軍基地があるため大陸出身者にとどまらず、台湾・香港・フィリピン・アメリカと戦前の日本や英米の植民地であった地域出身の華僑・華人で構成されていたことが明らかとなった。そして、当時の琉球華僑は、話せる言語で大まかに三つのグループにわけることができる。まず、日本教育を受け日本語を話せる者、そして、英米圏で生まれ育ち英語を話せる者、さらに、中国語（地方の方言を含む）のみを話す者と大まかにわかれていた。この結果、琉球華僑同士であっても言語の壁によって意思疎通が必ずしもスムーズには行われてはいなかった。沖縄島における琉球華僑は、数百名程度と小規模ではあるものの、各人の出身地だけでなく、職業・学歴といった社会的属性の点から見ても共通項が少なく、琉球華僑総会を設立し、ひとつの組織にまとまることは困難であろうと『琉球視察報告』では結論づけられていた。外交部はこの報告書にもとづいて検討を重ねた上で、同年九月、行政院に駐琉球領事館設置の可否を諮った。これに対して行政院は、蔣介石が「必要はない」との裁断を下したと回答した。[◎22] この決定により、外交部は、駐琉球領事館の設置ではなく、琉球華僑総会を設立し、華僑総会を通じて僑民を指導する方針へと切り替えてゆくことになる。[◎23]

こうした決定をうけて、一九五五年二月、琉球華僑那覇総会（会長・陳文鈞、会員数四二名）および琉球華僑八重山分会（会長・廖見福、会員数一七七名）による華僑総会設立の申請が行なわれた。[◎24] 当時、国府から琉球華僑の有力者としてみなされていたのは、沖縄県中部の基地周辺で米軍とのビジネスを行い、英語の話せる者たちで、彼らが那覇総会の幹部となることが期待されていた。ただし、彼らに対して米軍から「『米軍特許商は如何なる政治的活動にも参加してはならない』という規則に抵触する」として圧力がかかり、琉球華僑総会の活動に携わることは実質不可能となった。結局、沖縄島での総会設立は僑務委員会から承認されず、琉球華僑八重山分会を琉球華僑八重山総会として設立することが認可されることになった。このようにして設立された華僑総会は、国府が当初念頭においていたような駐琉球領事館にも匹敵する十分な組織力を持った団体とは言い難かった。

華僑総会設立後に台湾と沖縄の関係の更なる強化をめざして、交流窓口となる「民間団体」が両地において設立されることになる。そのための地ならしとして、喜友名嗣正を仲介人として視察団が結成され、台湾訪問が一九五六年一〇月に実現した。[◎25] 翌年六月にも沖縄から視察団が台湾を訪問し、当時、国民党のＣＣ派のトップで海外との反共ネットワークづくりに注力していた谷正綱のみならず、総統の蔣介石とも面会し、国賓級の待遇をうけた。[◎26] 赤嶺守は、同年一一月九日に沖縄側で「中琉文化経済協会」が設置されたことを明らかにしている。[◎27] また、翌一二月には台湾側からの出展による中国見本市が那覇で開催された。[◎28] さらに、一九五八年には台湾でも同名の別組織として中琉文化経済協会が設立され、初代理事長には中国国民党中央評議委員・中国災胞救済総会（以下、救総と記す）秘書長の方治が就任した。救総の理事長は前述の谷正綱であり、復帰前の沖縄・台湾関係は台湾側では国民党のＣＣ派がイニシアチブをとっていたとみてよい。沖縄の地位をめぐって米国と国府の側の認識が一致しておらず、この問題について外交部を通じた正式な外交交渉の俎上にあげることで米華関係に不必要な緊張をもたらさずに沖縄との関係強化をはかるため、台湾側では国民党首脳陣が主導する「民間交流」がすすめられていた。中琉文化経済協会設立をひとつのきっかけにして台湾と沖縄では政財界の要人による連携は深まり、台湾側は方治、沖縄側の政界からは沖縄自民党の西銘順治、財界からは当時の沖縄におけるゼネコン最大手の国場組・国場幸太郎や戦後の沖縄における製糖産業を牽引した宮城仁四郎などを中心とする結びつきが生まれた。ただし、このような交流事業の開始当初は台湾と沖縄社会の政財界の一部との交流に限定されており、国府の側が望んでいたような両地の民衆レベルまで強固に結びついた関係づくりには時間を要する状態であった。[◎29]

中琉文化経済協会を介した台湾と沖縄の政財界の人的交流が具体的な社会事業へと展開し始めたのは、一九六六年から開始された技術導入事業の前後の時期からであると言ってよいだろう。技術導入事業は、基地建設や沖縄海洋博の開催などによって沖縄の労働人口が建設業に吸収されたことで生じた農村の人手不足とその解消を背景に実施され、公募にかけられた業種は主にパイン缶製造の女工やキビ刈りなどが大半を占めていた。◎30

沖縄側では技術導入事業を通して台湾から沖縄へ渡った人びとを「台湾での生活が苦しく、出稼ぎに来ている」とみる向きがあるものの、それは実態とは全く異なる印象に過ぎない。実際には、この時期の台湾では経済発展により農村部から都市部への急激な労働力流出が起きており、台湾側でも沖縄同様に農村部の労働力不足が問題化し始めていた。技術導入事業による台湾から沖縄への人材派遣は、実態としては沖縄・台湾間での労働力の取り合いといった様相を呈していた。このように台湾の労働市場における需給が逼迫する状況であったにもかかわらず、沖縄との関係強化のために方治が国府内の関係省庁との交渉・調整をおこない、技術導入事業を継続させていたのである。

技術導入事業が実施された当時、方治は「中琉」関係を「中国」を兄、「琉球」を弟としてみなし、兄が困っている弟を助けることは当然であると周囲には語っていた。その一方で、沖縄の一般の人びとにとって、台湾はかつての植民地としてまなざされていた。このように技術導入事業が開始された当初の台湾と沖縄との間には歴史認識にズレがあった。ただし、両地の歴史認識のズレは埋まることはなかったものの、関係者の間に対立が生じるということもなく、両地にとってそれぞれにメリットがあることから、「中琉親善」という看板を掲げて技術導入事業自体は続けられた。

この技術導入による人の移動の特徴のひとつに、国民党の「反共のネットワーク」とでもいうべきネットワークを介した人の移動があげられる。人数としては二〇〇名程度でそれほど多くはないものの、一九六六年から一九六八年にかけての時期に戦後の東アジア・東南アジアの混乱を背景に、中国大陸や東南アジアから台湾へ渡った人びとが技術導入事業によって沖縄へと再移動していた。こうした再移動の背景には、中琉文化経済協会の理事長であった方治が、戦後、中国大陸や東南アジアの戦乱などを避けるために台湾へ渡った人びとを支援するために設立された、中国大陸災胞救済総会の幹事長でもあったことがあげられる。救総で方治が取り組んでいた台湾に生活基盤をもたない人びとへの就労支援事業が、沖縄での技術導入事業に結びつけられて、戦前の日本帝国時代の台湾との結びつきや戦後の冷戦体制の構築による英米圏から沖縄への人の移動とも異なる、国民党の「反共ネットワーク」による人の移動経路が出現したのである。

ところで、戦後、沖縄で製糖業やパイン産業が基幹産業といわれるまでに発展した背景には、戦前の「先進」地域である台湾が敗戦により日本の領土から切り離され、沖縄がその穴を埋めるという位置づけを得たことがある。日本政府が台湾の領有を放棄したことによる砂糖生産の穴を埋めることで、沖縄における産業の復興と経済的な自立を同時に達成するという明確な意図が一部の経営者にはあった。また、沖縄のパイン缶詰は一九五〇年代に、日本政府によって「南西諸島物資」として指定されたことを受けて急激な成長をとげた。つまり、日本の敗戦によって製糖業・パイン産業の拠点が台湾から沖縄へと「引揚げた」とでもいうべき現象が起きていた。国府の政治的な意図とは裏腹に、戦前の日本帝国時代からの社会経済構造との連続性が色濃い沖縄の製糖業とパイン産業に対する技術導入事業を通じた「琉球」支援は、日本本土と沖縄との結びつきを弱める方向に結びつくことはなく、むしろ、結果からみれば、日本と「琉球」との結びつきを補完することにつながっていたとみなしうるだろう。

このように技術導入事業によって台湾から沖縄への「上からの人の移動」が起きていた同時期に、八重山華僑が日本国籍へと帰化するという事件が起きる。[◎31]この「帰化事件」の背景には、八重山華僑の多くは戦前、台湾から石垣へ渡る際に台湾での財産はすでに処分し、生活の基盤は完全に石垣にあったものの、彼らは中華民国籍であるため、石垣で生まれ育った二世・三世たちの進学や就職に支障がではじめていたことがある。しかし、当時の国府が海外の華僑に対して国籍離脱証明書を発行することは稀で、日本国籍への帰化は困難な状態にあった。日本への帰化の際に障壁となる国籍離脱証明書の問題を回避するため、帰化申請時に自らを中国大陸出身の華僑と「自称」し、当時国交のない大陸中国からは国籍離脱証明書を取り寄せることができないとして申請が行われ、日本の法務省はこれを受理し、帰化を認めた。[◎32]国府はこうした動きがあったことを知ると即座に日本政府に対して厳重な抗議を行い、以後、日本政府は国籍離脱証明書なしでの琉球華僑の帰化申請は受け付けなくなった。この事件後も八重山華僑が直面している国籍による進学・就職への制限の問題について、日本政府も国府も状況を抜本的に改善しようとはせず、放置するのみであった。

こうした沖縄に生活基盤をおく琉球華僑の子弟の進学・就職問題が徐々に拡がり始めるのとほぼ同時期に、日米間では沖縄施政権返還交渉がすすめられ、ついに一九七二年五月一五日に沖縄施政権が日本に返還されることが決定する。沖縄施政権返還は地域社会のマジョリティである沖縄人にとっては、日本本土と同じように沖縄から米軍基地をなくすことも期待されていた。他方、琉球華僑にとっての沖縄施政権返還は、中華民国籍を持つ自らの身分が沖縄返還後にも法的な保障が得られるのかという問題として強い関心が向けられていた。沖縄返還後の法的地位の問題は、出身地や社会的背景がいかに異なろうとも中華民国籍を持つ全ての人びとに共通しており、図らずもそれまで小さなグループにわかれバラバラであった琉球華僑をひとつにまとめる契機となった。こうした琉球華僑による自発的な動きがきっかけとなって、もともと石垣地区におかれていた琉球八重山華僑総会を沖縄の全島を含んだ組織へと組織変更することを、一九七一年三月二一日に僑務委員会は承認し、琉球華僑総会は正式に活動を開始することになった。琉球華僑が自発的に華僑総会を那覇に設立しようとする動きは、華僑総会を通して僑民へのコントロールと台湾と沖縄の関係強化を目指していた当時の国府の方針とも合致するため支持されたのである。

沖縄施政権返還の約四ヶ月後の一九七二年九月二九日に起きた日華断交は、居住国における法的地位をめぐる危機である点では沖縄施政権返還と同じであるにもかかわらず、琉球華僑の結束を高めるどころか、むしろ、正反対にバラバラな状況に戻してしまうことになった。日華断交によって、琉球華僑は居住地の沖縄で自らの国籍が認められないという事態に陥り、琉球華僑は法的地位問題への対処を各人で決断しなくてはいけない状況に追い込まれた。日華断交後、国府はそれ以前までは頑なに拒んできた国籍離脱証明書を発行するようになり、大半の琉球華僑は日本国籍への帰化を選択した。他の選択肢としては、中華人民共和国籍や無国籍を選択する者も少数ながら存在している。中華民国籍を離脱する者がいる一方で、沖縄では中華民国籍を持ち続けた者も少なからず存在する。こうした人びとの多くは、生活の基盤が米軍基地関連のビジネスだったと言われている。[33] すなわち、確かに日華断交は沖縄のなかの「日本」で生活している者にとっては問題となるものの、米軍基地という沖縄のなかの「アメリカ」に生活基盤をおく者にとっては、中華民国籍を放棄し日本国籍を取得することは、米軍基地内では、日本人には与えられていない、戦勝国民に認められる特権を放棄することでしかなく、日本国籍への帰化は必ずしもメリットにはならなかったのである。管見の限りではあるものの、こうした選択肢は当時の日本本土に在住した華僑にはみられないものと考えられ、沖縄の米軍基地は、安全保障上の問題であることを超えて、琉球華僑の結束を弱めるという大きな影響をもたらしていたのである。

3——復帰・断交後の沖縄・台湾関係

沖縄の施政権返還後の社会経済上の構造変動は、ひとことで言えば「基地経済」から「財政依存経済」への移行と理解されている。[34] 表①にあるように、県民所得のうち、施政権返還前は高い割合

	1972	1975	1980	1985	1990	1995	2000	2010
名目県民総所得	4,459	9,213	14,905	21,500	28,638	32,711	35,734	37,673
軍関係受取	777	1,010	1,113	1,441	1,425	1,603	1,750	2086
（構成比）	15.5%	10.1%	7.1%	6.4%	4.9%	4.7%	4.7%	5.3%
観光収入	324	1,277	1,497	1,862	2,668	2,959	3,772	4025
（構成比）	6.5%	12.7%	9.6%	8.3%	9.2%	8.7%	10.1%	10.2%
財政依存度	24.6%	33.6%	37.8%	34.8%	34.4%	40.3%	39.8%	37.8%

表①　県民所得・軍関係受取・観光収入の推移（単位：億円）
※内閣府沖縄総合事務局『沖縄県経済の概況』（2014年3月版）、沖縄県総務部知事公室基地対策室『沖縄の米軍及び自衛隊基地』（2013年3月版）より筆者作成

を占めていた軍関係受取の割合は減少する一方で、財政依存度の割合は高まっている。また、沖縄の施政権返還後は観光業も拡大しつづけ、一九九〇年代以降には観光収入は軍関係受取と比較して約二倍の経済規模を持つに至った。もはや基地は沖縄の経済発展の障壁とすら認識されていると言ってもよいだろう。◎[35] こうした沖縄の経済構造の転換は、普天間飛行場の辺野古移設問題の是非について民意が問われた二〇一四年一一月の沖縄県知事選挙で、辺野古への移設反対と基地の跡地利用による経済効果の高さを訴えた翁長雄志が当選したことにも象徴的にあらわれていると言えるだろう。

このように観光業の拡大が見られる中で、台湾における海外渡航の自由化後、一九八〇年より台湾からの入域者数も急増していることが表②からわかる。現状では入域観光客の主流はあくまでも日本国内の観光客で、台湾からの観光客はその増減の穴埋めをしている程度に過ぎない。ただし、二〇一〇年以降のオープンスカイ協定の拡大を背景に、海外、とりわけアジアから沖縄への入域者がそれ以前と比較して倍増している。台湾人入域者はそのなかでも圧倒的に高い割合を占めている。こうした外国人入域者数の伸びは海外との

	入域観光客数	入域外国人総数	台　湾	香　港	韓　国	中　国	アメリカ
1979	1,807,941	14,311	4,465	458	91	——	6,640
1980	1,808,036	43,113	32,599	551	140	——	6,951
1985	2,081,900	70,574	52,826	315	196	——	12,401
1990	2,958,200	133,687	113,254	710	500	——	14,094
1995	3,278,900	118,695	100,327	561	3,688	——	9,006
2000	4,521,200	149,267	129,854	269	4,960	741	7,785
2005	5,500,100	95,475	68,763	566	6,848	1,734	9,264
2010	5,570,400	231,975	122,852	44,597	15,877	10,886	11,058
2013	6,413,700	472,108	235,996	82,400	80,722	30,302	7,513

表②　年次別・入域観光客数および国籍別入域外国人数の推移（単位：人）
※沖縄県『観光要覧』（各年度版）より筆者作成

定期便の拡充によるところが大きく、台湾側もこれまでの中華航空の定期便だけでなく、エバー航空や復興航空などの定期便開設も相次ぎ、台湾からの観光客の送り出しに一役買っている〔図②〕。今後、沖縄観光にとって外国人観光客は、国内観光客の穴埋め以上の存在感を示す可能性があるだろう。

台湾から沖縄を訪れる観光客が他の周辺地域と比較しても突出し続けている要因を分析したい。まず、マクロな要因として、中琉文化経済協会を媒介とした台湾と沖縄の政財界の一部との結びつきがあげられる。一九八〇年前後の沖縄・台湾間の航空便の復活は、かねてから沖縄の観光業者からも強く要望されていた。[36]これに加えて、当時の沖縄県知事であった自民党の西銘順治は、前述した通り、中琉文化経済協会を介して国民党の幹部のひとりである方治との間に固い親交があった。沖縄からみて、台湾とあまり距離の変らない香港便は日華断交の影響はないにもかかわらず定期便は就航されず、台湾・沖縄路線が定期便としていち早く承認された要因として、こうした台湾・沖縄間の政界ネットワークの存在を無視することはできない。

図②　台北駅に掲出されたエバー航空・沖縄定期便開設の広告（2014年8月9日、筆者撮影）

こういった政治ネットワークを介した動向とは別に、地域レベルの要因としては、琉球華僑総会を通じた観光産業での人材マッチングがあげられる。一九八〇年代から急増した台湾人観光客受け入れのために北京語を使いこなせる人材の需要が観光業界で高まり、沖縄県内の旅行業者による要請をうけて、琉球華僑総会を介した日本語・北京語・台湾語の話せる人材の紹介、および観光業者と琉球華僑との間でトラブルが発生した際の仲裁などが行われていた。観光業へ集積した琉球華僑は、主に沖縄島南部に生活拠点をおく日本語と北京語の話せる本省人の世帯が多かったと言われている[◎37]。筆者が調査を行った限りでも、現在、沖縄で観光業に就く琉球華僑は本省人の家系にあたる者が多く、彼らは大きく分けると旅行社・観光ガイド・土産品店などを営んでいる。先述した通り、日華断交以前から沖縄島南部には日本人相手の商売を行う本省人系の琉球華僑が多く居住しており、その子弟達も地元の教育機関で日本語を身につけ、日本国籍に帰化している。沖縄返還後の観光業の拡大と台湾からの観光客の急増によって、台湾語・北京語・日本語を話すことのできる本省人系の琉球華僑はその受け皿として地域経済に組み込まれていった。こうした地域の経済構造の転換のうねりは華僑社会にも影響を及ぼし、たとえば、琉球華僑総会では一九八〇年代なかばから米軍基地とのビジネスを行っていた外省人の会長から、地域住民を相手とする生業を営む者が多い本省人へと会長の座がうつり、現在にいたるまで本省人系の会長が代々続いている。

沖縄において観光産業が拡大し、そこに琉球華僑も組み込まれるなか、一九九三年八月に琉球華僑総会は「中華街建設構想」を掲げ、その推進のために沖縄県および那覇市に対して協力を求めて陳情を行なった。[◎38] 構想のきっかけは、一九九〇年に当時の県首脳から「なぜ、沖縄には中華街がないのか」と問われたことに始まる。構想では、那覇市の若狭・久米付近の国有地等を無償で提供してもらい、夜市、廟、貿易センターなどをつくることが謳われ、華僑が独占的に行なう計画ではなく、沖縄の発展に役立つものとするために、中華街建設には他の地域住民にも参画してもらえるようにすることも強調されていた。[◎39] 戦後の沖縄における中華街構想は、もともとは琉球華僑によって提言されたのではなく、筆者が調査を行った限りでは、一九八九年に沖縄の行政の側から提言されたものがはじめてであると考えられる。[◎40]

中華街構想の担い手として名乗りをあげた琉球華僑ではあるが、彼らは華僑であるから「自然に」中華街の担い手となったといえるほど実態は単純ではなかった。「中華街構想」の担い手は、琉球華僑のなかでも沖縄経済において観光業への比重が高まったことで社会上昇できたと考えられる人びとが中心となっていた。また、前述したように沖縄の「中華街構想」はそもそも華僑から

「自発的」になされた提言ではない。むしろ、観光化や国際化という沖縄社会内部の変化が先にあり、そうした変化に対応しようとする行政からの働きかけが観光産業に集積しつつあった琉球華僑の一部と結びついてあらわれた構想である。ここで強調しておきたいのは、琉球華僑は「華僑でもあるが、沖縄社会の一員でもある」という自己認識に基づいて、「自らの持つ独自の文化が地域経済の発展のために役立つならば」と考えて「中華街構想」に取り組んでいた点である。琉球華僑にとって「中華街構想」とは、決して華僑のみでその利益を独占しようという意図があったわけではなく、あくまでも地域社会の一員であることをマジョリティである住民から「正式に」認めてもらうための事業であった。だからこそ他の地域住民との共存共栄を視野に入れていたのである。

しかし、こうした背景があるにもかかわらず、「中華街構想」に対して、地元の識者のみならず一般の住民からも否定的な意見が複数寄せられることになった[◎41]。ここではその投書の一部を引用する。

（前略）私は、中華街の県内開設には反対です。なぜ、中華街なのか。私はその点で疑問を感じずにはいられません。沖縄の新しい観光の目玉にしようと考えているようですが、それはおかしいと思います。沖縄には、素晴らしい歴史のある琉球料理があるではないですか。どうしてそれを差し置いて、中華街をつくらねばならないのでしょうか。沖縄といえば、琉球料理ではないですか。観光に訪れる人たちは、その土地の独特の味を求めてやって来ると思います。

長崎や横浜にあるからといって、短絡的すぎるのではないでしょうか。それは、単なるまねにすぎないのではないでしょうか。やはり、沖縄の観光を考えるならば、沖縄独自のものを大切にしてほしいものです。

中華街の建設に反対します。親泊那覇市長、大田県知事へ。沖縄の未来のためにも、中華街建設はやめてください。[42]（後略）

この投書からは「中華街構想」が「沖縄らしさ」にはそぐわないことへの懸念などが読み取れる。また、他の投書には、華僑のみが利益を独占し、他の地域住民には経済的な恩恵がないのではないか、という疑念もみられていた。ただし、このような投書を地域のマジョリティによるマイノリティである琉球華僑への差別や排除である、と短絡的に解釈すべきではない。これは表面的には「中華街構想」への批判や華僑の台頭への懸念となっているものの、当時の沖縄社会は、沖縄返還後の急速な本土化とそれに伴う社会経済の変動の影響で薄まりつつある「沖縄らしい」社会関係の衰退に対する、地域住民の不安や葛藤が高まっていた時期であることを視野に入れておく必要がある。[43]たとえば、観光業の拡大に伴って、一九八〇年代に入ると空港での客引きが禁止され、いわゆる白タクや白トラ[44]も取り締まりが強化されるなど、「本土なみのサービスを提供すること」を名目に行政による管理が拡大されていた。[45]このように沖縄返還後の本土化の影響が日常生活の様々な場面でもあらわれていく状況において、他の地域にはない「沖縄らしさ」を主張することは、急速な社会の変化に対する一定の歯止めを求める声としての側面があった。こうしたマジョリティの住民のなかに当時あった漠然とした恐れや不安と、その一方で、あくまでも地域社会の一員として認められることを目指した琉球華僑の〈声〉が政治的に調整されるには至らなかった。その原因のひとつとして、台湾での国民党による抑圧の記憶をもつ者が多い琉球華僑の一世にあたる世代は、沖縄への移住後も「政治には関わらない」という姿勢が根強く、「中華街構想」を後押しできるような地域社会の県議会議員や市議会議員との結びつきがほとんどなかったことがあげられる。

こうしたローカルレベルでは琉球華僑たちの〈声〉が政治的な場でうまく顕現されない状況で、かつてであればこうした動きを後押ししえた沖縄・台湾間の政財界のネットワークも次世代への継承がスムーズになされず、一九九〇年代は停滞といって良い状態であった。一九八九年に中琉文化経済協会初代理事長の方治が逝去し、偶然ではあるもののあたかもそれに続くかのように、同年の沖縄でも国場幸太郎など中琉協会の幹部が相次いで世を去った。そして、一九九八年には沖縄の中琉協会は休会状態になってしまった。また、当時の大田昌秀知事による革新県政下においては、台北事務所設立などにも動いており、台湾との関係を無視していたということでは決してないものの、一九九四年八月には沖縄県・福建省サミットが開催されるなど、西銘県政期には、台湾との関係上、手の届かなかった中国との関係強化により重きが置かれていたといってよいだろう。一九九五年一月、中華民国外交部から「琉球は日本領土として認めない」という表明がなされ、沖縄側では衝撃をもって受け止められた。[46] 中華民国外交部による表明は、もともと台湾側が領海侵犯したと日本当局側から抗議をうけたことがきっかけとなっている。「琉球は日本の領土ではない」という台湾側の主張は沖縄側で大きな驚きをもって受け止められたが、台湾側の「琉球」の帰属についての見解は復帰直後から一貫して変わらないものであった。かつて方治と西銘順治が台湾・沖縄関係を取り仕切っていた時期には、台湾側からこうした「琉球」の地位をめぐる表明が問題化することはなかった。◎47 かつての西銘県政期であれば、一九六〇年代の技術導入事業のように沖縄・台湾間で経済的なメリット・デメリットだけにとらわれない政治的な判断によるナショナルレベルの「追い風」も期待できたかもしれないが、一九九〇年代の台湾・沖縄間の人的ネットワークの「機能低下」も、「中華街構想」が実現に至らなかった背景のひとつにあげることはできるだろう。

4――むすびにかえて

前述したように一九九〇年代に弱まった台湾・沖縄間のパイプは、二〇〇〇年代に入ると仲井眞弘多を中心にして再び強化されていく。◎48 二〇〇三年、仲井眞はまず手始めに一九九八年から休会状態にあった中琉協会の活動を再開させ、台湾へ訪問し、台湾・沖縄間の政財界における人的交流の基盤の再整備に着手した。◎49 二〇〇四年には、中琉文化経済協会・蔡雪泥理事長（当時）がウチナー民間大使の第一号として沖縄県より認証をうけた。その後、二〇〇六年に仲井眞は沖縄県知事へ就任し、一方の台湾でも二〇〇八年に馬英九が台湾総統に就任したことで、蔡雪泥理事長が中華民国国策顧問に任命され、このことは沖縄側でも報じられ、台湾・沖縄間の結びつきの強化が期待された。[50]二〇一一年のオープンスカイ協定締結はこうした台湾・沖縄間の政治経済面での人的交流再開と台湾・沖縄関係再強化の果実のひとつとみることができる。さらに、二〇一二年の蔡雪泥理事長への旭日小綬章および日本赤十字社金色有功章授章は、蔡雪泥の長年にわたる沖縄への多面的な貢献が沖縄県のみならず、日本政府からも十分に認識され、高く評価されていることを示している。

琉球華僑と地域社会との結びつきを強めるというローカルレベルでの長年の課題についても、二〇〇〇年以降に進展がみられるようになった。その最も重要な契機として、二〇〇二年の中琉文化経済協会駐琉球弁事所代表として黄輝慶が着任したことをあげたい。[51]黄代表は、沖縄側の政財官界との会合などに琉球華僑総会の幹部を積極的に帯同させ、血縁・地縁が比較的強く残されている沖縄社会でそうした人的なつながりが相対的に弱くなりがちな琉球華僑に、地域社会との接点を持たせるための道を切り拓いた。かつては政治を忌避する傾向が強かった琉球華僑社会においても、二〇〇三年から琉球華僑総会でも初めて二世にあたる世代が会長に就任するという世代交代が意識される時期を迎え、自らの育った地域社会の一員として積極的に地域に関わろうとする動きが出始めたことも、黄代表の「施策」とうまく適合することができた要因のひとつとしてあげておきたい。

本稿の冒頭で述べた沖縄県による台湾観光関係者への顕彰は、二〇〇〇年代以降、沖縄・台湾関係が「再興」されていくなかでの出来事として位置づけられる。二〇〇〇年代以降、台湾・沖縄間の政治経済面での結びつきの深まりを背景に台湾人観光客は年々増加し続けている。そして、これ

図③　台湾農業者入植顕彰碑。顕彰碑のかたわらには琉球華僑総会から寄贈された水牛のレプリカが設置されている（2014年1月9日、筆者撮影）

からの沖縄経済の発展にとって台湾は重要な地域であり、とりわけ観光産業では台湾からの観光客によって経済的なメリットが拡大されるという沖縄側の地域のマジョリティの期待は、年々高まりつつあるといってよい[◎52]。

こうした行政による顕彰とは異なる、民間での琉球華僑への顕彰の動きについても簡単にではあるが取り上げておきたい。二〇一二年八月、石垣市において台湾農業者入植顕彰碑の除幕式が開催された[◎53]。これは地元住民を中心にした台湾農業者入植顕彰碑建立期成会によってすすめられた事業で、伊波剛会長および琉球新報元副社長・三木健が中心的な役割を果たし、琉球華僑の一部もこれに協力している[◎54]。この顕彰事業では、戦前、台湾から八重山へ渡った当初に台湾人と地元住民との衝突があったことや台湾人に対する差別といった負の歴史からも目を背けず、その上で、戦前から戦後にかけての八重山農業の技術革新を下支えしてきた台湾人の功績をたたえようとしており、注目に値する。

こうした琉球華僑への顕彰は、地域社会が琉球華僑を地域の構成員として認めつつあることの証であることは評価しつつも、一言だけ述べておきたい。これまで、技術導入にせよ、中華街にせよ、そして、観光関係者への顕彰にせよ、琉球華僑をつうじてマジョリティが得られる経済的なメリットにばかり注目されてきたきらいがある。彼らは必ずしも生活が困窮していたわけではないにせよ、生活上のさまざまな悩みについて台湾側も沖縄側も、政府・行政などがその解決にむけて積極的に手をさしのべたことはきわめて稀で、その多くが日本国籍へと帰化した後も、血縁・地縁のネットワークに乏しいなか、沖縄で自助努力によって暮らしてきた人びとであることを忘れてはならない。日本のなかでも沖縄は経済格差が大きい社会といわれており[◎55]、そのなかで琉球華僑は、沖縄経済を牛耳ってきたわけでは決してなく、むしろ、経済の下支えやイノベーションをもたらしてきた。彼らがより生活しやすいと感じられる社会を構想することは、長期的にみれば、これからの沖縄経済のさらなる発展の基礎となるのみならず、マジョリティ／マイノリティという「境界」を越えて沖縄で暮らす人びとに影響をもたらしている、経済格差の大きい社会構造から生じる社会問題を緩和する仕組みづくりを考えることにもつながる。琉球華僑が沖縄社会においてより生活がしやすいと感じる社会を構想することは、これからの重要な課題のひとつであり、彼らを本当の意味で沖縄社会の一員として受けいれるための足がかりともなるだろう。

話を本題にもどすと、本稿で素描を試みた「戦後」の台湾・沖縄関係史は、一九七二年の日華断交と沖縄施政権返還を大きな分水嶺として、台湾側では中華民国台湾化の歴史、沖縄側では米国統治下から日本の施政権下への「世替り」による日本本土化の歴史が大きな流れとしてある。ここに琉球華僑による人の移動を視野に入れると、台湾・沖縄関係史はもはや沖縄のみならず台湾も含めて、それぞれの地域の境界の内部にとどまりきれず、さらには境界そのものを揺さぶってしまう歴史の領域が存在していることがみえてくる。琉球華僑を含めて「戦後」台湾・沖縄関係史をながめることは、台湾と沖縄だけにとどまらない東アジア・東南アジアの広範な地域におよぶ、日本帝国の崩壊とその後の植民地独立戦争および冷戦体制への国際秩序再編によって生じたさまざまな歴史観や国際秩序構想のすれ違いやねじれの痕跡が、台湾でも沖縄でも十分に知られることなく社会的に忘却されていった歴史をたどることにつながっている。

たとえば、沖縄のパイン産業や製糖業は、戦後、日本が台湾を失ったことと沖縄の復興が重ね合わさって発展しており、実は戦前の日本帝国時代からの連続性がある産業であった。これらの産業は日本政府による買い取りを前提に成り立っていたにもかかわらず、国民党政権は沖縄の日本復帰を阻止するための施策のひとつとして技術導入事業による支援を行うという「ねじれ」が生じていた。また、沖縄では「かつての植民地」の人びとを労働力として導入することが、当時は米国の施政権下にあったとはいえ、歴史上の観点から問題視されることはなく、沖縄県内の労働市場の需給バランスを乱さないという経済的条件によってのみ、その可否が判断が下されていた。さらに、琉球華僑の流入経路は、戦前の日本臣民として台湾から沖縄への日本帝国内での移動もあれば、戦後、米軍基地の建設にともなう英米圏からの流入、さらには国民党による「反共のネットワーク」を介して東アジア・東南アジア各地から台湾を経由した沖縄への再移動などがあり、日本本土の華僑の流入経路と比較してもはるかに複雑で、華僑の社会的背景もより多様になっていると考えられる。こうした琉球華僑の多様性は、決して華僑自身がそもそも多様だからと説明されるべきことではなく、むしろ、居住地である沖縄社会そのものが重層的な社会構造や歴史をもっている結果であることにより注目する必要がある。

琉球華僑という窓からは「戦後」の沖縄と台湾のみならず、東アジア・東南アジアを見渡すことができる。それにもかかわらず、従来の地域の境界によって琉球華僑の歴史は、台湾史・中華民国史・沖縄史のいずれの枠組からも取りこぼされてきたがために主体化されず、彼らの歴史の全体像や意義が十分に認識されてはこなかった。冷戦期の地域と地域の境界線上におかれたことで、ひとつにまとまりづらく、社会的な忘却においやられやすい琉球華僑の視点を含めて歴史を描くことは、たとえ、当事者であったとしても、知らず知らずのうちに陥りやすい、地域と地域を隔てる境界線によって見えなくなってしまう人びとの問題を批判的に乗り越え、内にこもるのではなく、本当の意味で沖縄から外へ、とりわけ、アジアへむかって開かれた地域社会を構想していくためにも今後ますます重要な課題となっていくだろう。

1――本稿では、「台湾」とは、台湾移転以降も国府が実効支配を続けていた全領域を指し、略称は「台」とする。また、「国府」とは中華民国国民政府（一九二五年に成立し、一九二八年から一九二九年にかけて国際的に承認された南京政府）以降の「中華民国政府」をあらわす語として用いる。なお、略称はとくにことわりのない場合は「華」とする。ただし、当時の国府は「中国」唯一の正統政府であることを自称し、「中」という略称を用いていたことに留意されたい。さらに、「国民党」とは、特にことわりのない場合は中国国民党を指す。

2——沖縄では中華民国・台湾側の華僑総会として一九七一年に設立された琉球華僑総会が存在する。本稿では、中華民国・台湾系華僑・華人を主たる対象として扱うため、彼らのことを琉球華僑・華人と呼称し、華僑と華人を区別して論じる場合以外には琉球華僑とのみ表記して議論をすすめる。なお、本稿では、華僑とは中華民国・台湾の国籍を持ちながら国外に居住している者、華人とは本人や父祖が中華民国・台湾出身であるものの居住国の国籍を取得した者のことを指す語として用いる。

3——一九七二年の日華断交後、琉球華僑・華人の正確な人数を調査した統計は発表されていない。この数値は、二〇〇八年九月八日に実施した琉球華僑への聞き取り調査から推定された大まかな数値としてあげられたものである。

4——「中華航空などに感謝状／県、台北便30周年記念し」（『琉球新報』二〇一〇年二月四日朝刊）。

5——二〇一五年の海外から沖縄への総観光客数と台湾から沖縄への観光客数は、一一月の時点でともに前年度実績を上回った。「〈経済アングル２０１５〉沖縄への台湾観光客好調／受け入れ体制　整備急務／本島北部、離島にも関心」（『琉球新報』二〇一五年一一月二四日朝刊）。および「〈挑む沖縄ブランド　国際観光都市最前線〉海外客１００万人時代　飛躍図る沖縄観光」（『琉球新報』二〇一六年一月三日朝刊）を参照。

6——「〈観光新世紀　１０００万人・世界水準への道〉17／第1部　急伸する海外客／インタビュー（上）

張志潔中華航空副社長／「双方観光」促進を／アジア客　台湾経由沖縄へ」（『琉球新報』二〇一四年二月一九日朝刊）。

7――「台湾事情「沖縄は日本の領土ではない」」（『沖縄タイムス』一九九五年二月二日朝刊）では台湾と沖縄の関係は「近くて遠い関係」という認識が示されている。約二〇年前の記事ではあるが、台湾・沖縄双方で相互の戦後史に対する認識が十分ではない点では、現在も変わらない状態にとどまっているといえるだろう。

8――又吉盛清『植民地下の台湾と沖縄』（沖縄あき書房、一九九〇年）。

9――朱徳蘭「基隆社寮島の沖縄人集落」（『東アジアの文化と琉球・沖縄――琉球／沖縄・日本・中国・越南』彩流社、二〇一〇年、四九―七七頁）、朱徳蘭「基隆社寮島の沖縄人ネットワーク」（『人の移動、融合、変容の人類史――沖縄の経験と21世紀への提言』彩流社、二〇一三年、五三―七四頁）、大浜郁子「『琉球教育』と台湾における植民地教育――日清戦争前後の学務官僚児玉喜八の動向を中心に」（『沖縄文化研究』二八、沖縄文化研究所、二〇〇二年、三五一―三八二頁）、泉水英計「親日であれ、親米であれ、我が郷土――植民地台湾で育った米軍政下琉球の沖縄人文化行政官」（『植民地近代の国際比較――アジア・アフリカ・ラテンアメリカの歴史経験』御茶の水書房、二〇一三年、一九―四六頁）。

10――星名宏修「「植民地は天国だった」のか――沖縄人の台湾体験」（『複数の沖縄――ディアスポラから希望へ』人文書院、二〇〇三年、一六九―一九六頁）、松田ヒロ子「沖縄県八重山地方から植民地下台湾への人の移動」（『日本帝国をめぐる人口移動の国際社会学』不二出版、二〇〇八年、五二九―五五八頁）、水田憲志「沖縄県から台湾への移住――第二次世界大戦前における八重山郡出身者を中心として」（『地理学の諸相――実証の地平』大明堂、一九九八年、三八〇―三九七頁）。

11――小熊誠「石垣島における台湾系移民の定着過程と民族的帰属意識の変化」（『第二回琉中歴史関係学会学

術会議報告　琉中歴史関係論文集』五六九―六〇二頁)、野入直美「生活史から見る沖縄・台湾間の双方向的移動」(『日本帝国をめぐる人口移動の国際社会学』不二出版、二〇〇八年、五五九―五九二頁)、松田良孝『八重山の台湾人』(南山社、二〇〇四年)、同『台湾疎開』(南山社、二〇一一年)。

12　許育銘(鬼頭今日子訳)「一九四〇～五〇年代　国民政府の琉球政策――戦後処理と地政学の枠組みの中で」(『中華民国の制度変容と東アジア地域秩序』汲古書院、二〇〇八年、二六一―二七六頁)、任天豪〈中華民国対琉球帰属問題的態度及其意義(一九四八―一九五二)――以《外交部档案》為中心的探討〉(『興大歴史学報』台湾:第二二期、二〇一〇年、五七―七八頁)、侯中軍〈困中求変――一九四〇年代国民政府囲繞琉球問題的論争与実践〉(《近代史研究》第六期、二〇一〇年、五三―六四頁)、赤嶺守〈戦後中華民国における対琉球政策――一九四五年～一九七二年の琉球帰属問題を中心に〉(《東亞海域與臺灣――慶祝曹永和院士九十壽誕國際學術研討會暨「回眸曹永和」特展》二〇一〇年、一―一九頁)、石井明「中国の琉球・沖縄政策――琉球・沖縄の帰属問題を中心に」(『境界研究』一、二〇一〇年、七一―九六頁)、許育銘(永野裕子訳)「戦後台琉関係の再構築――一九五七年前後を中心に」(『共進化する現代中国研究――地域研究の新たなプラットフォーム』大阪大学出版会、二〇一二年、一六四―一八四頁)。

13　楊子震「国民政府の「対日戦後処理構想」――カイロ会談への政策決定過程」(『東アジア近代史』一四、二〇一一年、九六―一一五頁)など。

14　何義麟〈戦後在台琉球人之居留与認同〉(《国史館学術集刊》第一八期、二〇〇八年、一二九―一六四頁)、富永悠介「喜友名嗣正が見た「日本」――琉球独立運動と台湾省琉球人民協会の活動から」(『大阪大学日本学報』三一、二〇一二年、八七―一〇九頁)。

15　八尾祥平「戦後における台湾から「琉球」への技術導入事業について」(『帝国以後の人の移動――ポス

トコロニアリズムとグローバリズムの交差点』勉誠出版、二〇一三年、五九五―六二三頁）。なお、サトウキビ産業に限られているものの、台湾・韓国双方からの技術導入事業をとりあげた研究としては、平岡昭利「サトウキビ農業における外国人労働者の導入と実態――「工業的農業」の一断面」（『熱い心の島――サンゴ礁の風土誌』古今書院、一九九二年、一二五―一三六頁）がある。

16――呉俐君「戦後沖縄における台湾人労働者」（『移民研究』七、二〇一一年、四三―六四頁）。なお、台湾との技術導入事業は一九七二年の日華断交をきっかけに停止されたものの、沖縄では相手国を韓国に変更して一九七七年まで継続した。韓国との技術導入事業については外村大・羅京洙によって研究がなされている。外村大・羅京洙「一九七〇年代中期沖縄の韓国人季節労働者――移動の背景と実態」（『移民研究年報』一五、二〇〇九年、七七―九五頁）を参照。

17――朱恵足「目取真俊「魚群記」における皮膚――色素／触覚／インターフェイス」（『現代思想』二九巻一二号、二〇〇一年、一八―三〇頁）。

18――「台湾の対沖縄投資計画」（『日本台湾学会報』四、二〇〇二年、一二五―一四四頁）。

19――〈團僑（四〇）字第1735號〉（外交部档案《旅琉球僑民登記》分類号〇六二。三、案次号〇〇〇二一九五一、民国四〇年九月四日、台北：中央研究院近代史研究所档案館蔵）。

20――〈簽呈〉（外交部档案《擬在琉球設館（或暫先派商務代表）》分類号〇一九。一二、案次号〇〇一六、民国四三年四月一七日、台北：中央研究院近代史研究所档案館蔵）。

21――〈台四十三（外）6308〉（外交部档案《擬在琉球設館（或暫先派商務代表）》分類号〇一九。一二、案次号〇〇一六、民国四三年一〇月六日、台北：中央研究院近代史研究所档案館蔵）。

22――同右档案。

23――〈外（43）美一字第009489號〉、外交部档案《擬在琉球設館（或暫先派商務代表）》（分類号〇一九。

一二、案次号〇〇一六、民国四四年三月二四日、台北：中央研究院近代史研究所档案館蔵）。

24――〈長（44）字第三三六號〉（外交部档案《擬在琉球設館（或暫先派商務代表）》分類号〇一九。一二、案次号〇〇一六、民国四三年一〇月二六日、台北：中央研究院近代史研究所档案館蔵）。

25――「〝沖縄から台湾訪問団〟実現あつ旋に蔡氏來島」（『琉球新報』一九五六年八月二七日）および「台湾へ視察団　けさ出発　蔣総統の誕生祝にも列席」（『琉球新報』一九五六年一〇月二三日）を参照。

26――「臺湾へ着いた副主席一行」（『沖縄タイムス』一九五七年六月一七日朝刊）および「災害援助に感謝蔣総統、にこやかに握手」（『沖縄タイムス』一九五七年六月一八日朝刊）を参照。

27――赤嶺守、注12論文。

28――「きょうから中國見本市」（『沖縄タイムス』一九五七年一二月六日朝刊）を参照。

29――中琉文化経済協会編《中琉四十年交流紀要》（台北：中琉文化経済協会、一九九八年、一一一八頁及び四三五―四四六頁）。

30――技術導入事業の詳細については、八尾祥平、注15論文を参照されたい。

31――八重山華僑の帰化をめぐる状況については、松田良孝『八重山の台湾人』（南山社、二〇〇四年、一〇一―一二四頁及び一六三―一六七頁）を参照。

32――二〇一〇年七月一四日に行った琉球華僑関係者への聞き取り調査による。

33――二〇一二年一〇月二日に行った琉球華僑への聞き取り調査に基づく。

34――宮本憲一・川瀬光義『沖縄論』（岩波書店、二〇一〇年）を参照。

35――「〈経済界分裂・舞台裏を探る　'14知事選〉下／基地依存から脱却へ／成長、跡地開発に自信」（『琉球新報』二〇一四年一一月二一日朝刊）。

36――「那覇―台北間就航へ」（『沖縄タイムス』一九七九年一〇月一九日朝刊）、「台北へ一番機飛ぶ」（『沖縄タイムス』一九七九年一一月二二日朝刊）、「「観光立県」にプラス関係者大喜び」（『沖縄タイムス』一九八〇年一月一〇日朝刊）を参照。なお、西銘順治は自民党内では親中派とされる田中派に属する政治家ではあるものの、西銘本人は生涯中国大陸へ渡ることはなかった。

37——二〇一二年一〇月六日に行った琉球華僑への聞き取り調査に基づく。

38——「琉球華僑総会「中華街」を建設、新名所に」（『琉球新報』一九九三年八月一九日朝刊）を参照。

39——「那覇市に中華街を〈上〉」（『琉球新報』一九八三年八月二三日朝刊）、「那覇市に中華街を〈下〉」（『琉球新報』一九八三年八月三〇日朝刊）を参照。

40——伊波祐介「「チャイナタウン」考」（『沖縄タイムス』一九八九年七月九日朝刊）を参照。

41——「声」（『琉球新報』一九九三年九月一〇日朝刊）を参照。

42——同右。

43——一九八〇年代に入ると、沖縄の内外で「沖縄とは何か」をあらためて問い直す潮流が高まってくる。たとえば、高良倉吉『琉球の時代——大いなる歴史像を求めて』（筑摩書房、一九八〇年）に始まる琉球王国論、高良勉『琉球弧——詩・思想・状況』（海風社、一九八八年）などにみられる琉球弧の思想、さらには岡本恵徳『「ヤポネシア論」の輪郭——島尾敏雄のまなざし』（沖縄タイムス社、一九九〇年）にみられるような日本をポリネシア・ミクロネシア・メラネシアからとらえ直そうとする視点があらわれている。その一方で、沖縄戦記述をめぐる日本史教科書への検定が社会的な注目を集めるといった出来事もこの時期から起こっている。こうした沖縄施政権返還後の一〇年の沖縄のありように対する思想的な総括としては、川満信一による「琉球共和社会憲法C私（試）案」（『新沖縄文学』一九八一年六月号）がある。

44——自家用登録されている白ナンバーの車輌であるにもかかわらず、事業用に用いられているタクシーやトラックを指す隠語。

45――「〝観光立県〟が泣きます　那覇空港目に余る客引き」（『沖縄タイムス』一九八二年一一月一七日朝刊）、「悪質な客引き一掃へ」（『沖縄タイムス』一九八二年一一月一八日朝刊）、「違法行為はやめろ　タクシー乗務員ら」（『沖縄タイムス』一九八六年六月二六日朝刊）を参照。

46――「沖縄は日本の領土とは認めず」（『沖縄タイムス』一九九五年一月一三日朝刊）、「琉球の地位は未定」（『沖縄タイムス』一九九五年一月一四日朝刊）を参照。

47――一九七九年に沖縄・台湾間の航空便再開が話し合われた過程で、台湾側では「沖縄を日本の領土と認めるわけではない」という中華民国外交部の表明が新聞報道されたものの、沖縄側ではこのことが報道され、問題化されることはなかった。「我准亞航飛台北那覇線　但對琉球立場並不改變　外交部發言人金樹基昨天指出」（『經濟日報』一九七九年一一月二九日刊）を参照。

48――中琉協会の復活に先がけて、当時沖縄電力の社長であった仲井眞弘多は沖縄電力と台湾電力の交流協定を結ぶなど、一九九〇年代から独自に台湾と関係強化をすすめていた。「沖電、台湾電力と交流協定結ぶ」（『沖縄タイムス』一九九六年一二月一三日朝刊）を参照。

49――「5年ぶり台湾交流へ／中琉協会、訪問団28人出発」（『沖縄タイムス』二〇〇三年一一月二六日夕刊）を参照。

50――「中琉協の蔡理事長　台湾国策顧問に／パイプ強化に期待」（『琉球新報』二〇〇九年一月二三日朝刊）を参照。

51――「沖縄事務所の黄新代表が着任／中琉文化経済協会」（『琉球新報』二〇〇二年三月一日朝刊）を参照。

52――仲井眞から翁長への政権交代後も沖縄県首脳の観光業における台湾重視の姿勢には変わりがない。「［アジア取り込め　知事の中台初訪問］（中）／観光／空港・ホテル拡充が鍵」（『沖縄タイムス』二〇一五年四月二四日）を参照。また、筆者が参与観察を行った、二〇一五年一〇月に開催された琉球華僑総会主催による中華民国国慶晩會において、翁長知事は海外から沖縄への観光客のうち、台湾が占める割合が最も高く沖縄観光に貢献していることに言及しており、このことを裏付ける。

53――「台湾農業者の入植　八重山発展に貢献／石垣で顕頌碑除幕」（『琉球新報』二〇一二年八月一一日朝刊）を参照。

54――三木はこの事業の他にも、児童向け図書として『龍の舞　八重山パイン物語』（八重山台湾親善協会、二〇一四年）の出版やドキュメンタリー映画『はるかなるオンライ山――八重山・沖縄パイン渡来期』（本郷義明監督、二〇一五年）の製作にも携わり、八重山の台湾人入植者の歴史を八重山史の一部として積極的に残す活動を継続している。

55――「[復帰40年]／高い公費依存・貧富の差鮮明／沖縄振興の実相」（『沖縄タイムス』二〇一二年五月一三日朝刊）および「〈社説〉子どもの貧困最悪／各種施策を矢継ぎ早に」（『琉球新報』二〇一六年一月六日朝刊）などを参照。

◎――本稿は、二〇一三～二〇一五年度科学研究費補助金（研究課題番号：25244044）および公益財団法人トヨタ財団「研究助成」（課題番号：D12-R-0889）による研究成果の一部である。

5　◎　海を越える神役

——移住者と故郷との宗教的連帯

平井芽阿里

1――はじめに

　出生後、個人の家族や身分関係を明確にするため、氏名や生年月日、申請者との続柄などを市町村に届け出る戸籍登録というものがある。戸籍を意識するのは、一般的には婚姻や死亡など家族関係を証明する時や、パスポート申請など国籍を証明する時ではないだろうか。本稿が取り上げる沖縄県宮古島市の西原《にしはら》という地域では、時に本人が全く意識することのない、別の「戸籍登録」が行われている。それは、ミャークヅツという村落祭祀の際に行われるマスムイというもので、ナカマ御嶽《うたき》という聖域の帳簿の神に親の名前、本人の住所、干支、生年月日などを登録するものである。ナカマ御嶽の神々の帳簿に登録された者は、生涯その神々に守護されることになる。守護の範囲は西原に限らず、海を越えて移住した人々にも及ぶ。

　本稿では、沖縄県から愛知県に移住後、故郷宮古島の祭祀組織に加入し、儀礼の担い手として村落祭祀に参加する人々を対象に、故郷と移住先の「境界」を宗教的連帯という観点から考察することを目的とする。

　本研究では、本土在住の沖縄県出身者を取り上げる。沖縄県から日本本土への出稼ぎは一八九七年後半から始まり、第一次世界大戦末期から急激に増大し、戦後の高度経済成長期にはさらに増加したとされ、この時期だけでも一五万人を超えると推定されている〔沖縄県教育委員会編　一九七四：四二三〕。本土の中小企業から求人が殺到したため、一九五七年、琉球政府は本土就職として初の送り出しを行った〔労働局職業安定部労働調査課編 一九八六：五〇〕。

一九二五年八月の「府県外ニ出稼中ノ労働者ニ関スル調査」によると、県外への出稼ぎ労働者は東京一〇四六名、神奈川二八四五名、静岡一二三六名、愛知四四一名、大阪八五三三名、兵庫四六一名、和歌山八二六名、福岡一〇四〇名となっており、大阪が全体の四〇％以上をしめている〔沖縄県教育委員会編 一九七四：四三三〕。また一九五七年以降、沖縄県出身者は主に関東、関西を中心に広がりを見せ、一九七二年の日本本土復帰から一九八一年度までの一〇年間には、約九万九八〇〇人が東京と神奈川を中心に就職している〔沖縄大百科事典刊行事務局編 一九八三a：四八八〕。そのため、これまで出稼ぎや本土就職（集団就職、県外就職）を契機とし県外に移住した沖縄県出身者に関する先行研究はどちらかといえば関東、関西地域に集中してきた傾向がある。これに対し、愛知県は後に述べるように、関東、関西の次に本土就職者が多かったにもかかわらず、これまでほとんど研究対象とされてこなかった。そのため、本稿では主に愛知県の沖縄出身者に着目する。

移住者の中には、その後沖縄へ帰郷する者もいるが、仕事や結婚、子育てを理由にそのまま移住し現在も県外で生活している者もいる。鯵坂は、高度経済成長時代に都市へ移動・他出した日本の地方出身者、とりわけ農山漁村出身者のかなりは、いまだに故郷との関係を保っており、国勢調査上、住民票上は大都市圏の住民であっても、もう一面では地方都市あるいは農山漁村の「準構成員：賛助構成員」ともいえる側面をもっていると指摘している〔鯵坂 二〇〇九：一九七〕。また、都市に住む移住者の仕送りや支援によって村の生活を維持している家族や集落もあり、同郷団体の存在によって安定的に維持されているとも述べている〔鰺坂 二〇〇九：一三〕。本稿では、このような故郷と移住先との関わりについて、故郷の祭祀組織への本土移住者の加入、祭祀儀礼への参加、故郷の聖地への登録といった宗教的連帯の事例を取り上げる。

2――愛知県の沖縄県出身者

1 出稼ぎ労働者

まず、愛知県にどれだけの出稼ぎ労働者や本土就職者がいたのかについて明らかにする。先に挙げた一九二五年の資料「府県外ニ出稼中ノ労働者ニ関スル調査」では、愛知県には一九二〇年代に四〇〇名以上の出稼ぎ労働者が存在していたことがわかる。沖縄県の調査によると、女性労働者の多くは製糸や紡績地帯に分布し、主な紡績工場として、富士瓦斯紡績、大日本紡績などが挙げられる中、「名古屋近藤紡績」の名称もみられる〔沖縄県教育委員会編 一九七四：四三二〕。同資料をみると、一九二五年八月の時点で、三〇〇名近い女性の大部分が名古屋の近藤紡績に出稼ぎに行っていたことがわかる。また、一九三二年の「職業別出稼状況調査表」によれば、製糸、紡績、酒造などを含む工業においては男性三三五〇名、女性五〇一二名の計八三六二名が和歌山、大阪、愛知、滋賀、東京に行き、製炭などを含む林業においては男性一二名が愛知に行ったとの記録がある（沖縄県教育委員会編 一九七四：四三八）。工業については大阪や東京も含むため、愛知県への出稼ぎ労働者の人数は定かではないが、林業に従事した一二名など、一九三〇年代にもある程度存在していたことがわかる。

2 本土就職者

次に、一九六三年の「都道府県別本土就職者名簿」を参考に、愛知県への本土就職者の人数と職種を見ていくことにする（沖縄県公文書館所蔵）。表①に示したように、まず集団での就職者が最も多かったのは一宮市の株式会社東海レイヨンであり、織布工や紡績工として一年で三四名が就職している。他に紡績関連では海辺郡の株式会社近藤紡績所（津島工場）に紡績工として一六名、江南市の安達織布合資会社に織布工として四名、小室織布合資会社に織布工として二名、愛西市の株式会社春日井毛織に織物準備工として三名が就職している。次に製造業関連では、名古屋市北区の株式会社紅俊染工に整理工として五名、熱田区の株式会社高橋工業に吹付工として四名、株式会社小坂井電気製作所に巻線工として二名、南区の坪井鉄工所に機械工として四名、中川区の株式会社浅井プライウッド工業に合板工として二名、瑞穂区の株式会社名古屋山王サービスに整備工として二名、中区の株式会社東亜アンテナ工業に組立工として二名、株式会社協和塗装工業に塗装工として一名が就職している。他に養鶏業として豊橋市の外山養鶏場に養鶏見習いとして一名が就職してい

表① 一九六二年に愛知県へ就職した沖縄県出身者の職種と人数

職種	所在地	就職先名称（職務）	人数
紡績	一宮市	㈱東海レイヨン（織布工・紡績工）	34
	海辺郡	㈱近藤紡績所／津島工場（紡績工）	16
	江南市	安達織布合資会社（織布工）	4
		小室織布合資会社（織布工）	2
	愛西市	㈱春日井毛織（織物準備工）	3
製造業関連	北区	㈱紅俊染工（整理工）	5
	熱田区	㈱高橋工業（吹付工）	4
		㈱小坂井電気製作所（巻線工）	2
	南区	坪井鉄工所（機械工）	4
	中川区	㈱浅井プライウッド工業（合板工）	2
	瑞穂区	㈱名古屋山王サービス（整備工）	2
	中区	㈱東亜アンテナ工業（組立工）	2
		㈱協和塗装工業（塗装工）	1
養鶏	豊橋市	外山養鶏場（養鶏見習い）	1
看護婦	中区	安間眼科医院（見習い）	4
		杉田病院（見習い）	1
	熱田区	堀内医院（見習い）	1
	昭和区	林医院（見習い）	1
		森下病院（見習い）	1
	千種区	佐藤外科医院（見習い）	1

る。そして、職種として最も多いのが病院への見習い看護婦である。名古屋市中区の安間眼科医院には見習い看護婦として四名、杉田病院には一名が就職している。熱田区の堀内医院、昭和区の林医院と森下病院、千種区の佐藤外科医院、中村区の維田耳鼻咽喉科医院と堀産婦人科、西区の松岡耳鼻咽喉科医院、南区の河村内科小児科医院と加藤産婦人科医院、港区の榊原医院、海部郡の白木医院、知多郡の長屋外科医院と森川医院に見習い看護婦として各一名、豊田市の川出耳鼻咽喉科には見習い看護婦二名が就職しており、豊明市の桶狭間病院には見習い看護婦が五名、看護婦一名が就職している。

その他市町村は不明との記載がある阿部産婦人科、伊藤内科小児医院、大内産婦人科、加藤外科、加藤産婦人科、苅谷内科、竹村外

	中村区	維田耳鼻咽喉科医院（見習い）	1
		堀産婦人科（見習い）	1
	西区	松岡耳鼻咽喉科医院	1
	南区	河村内科小児科医院	1
		加藤産婦人科医院	1
	港区	榊原医院	1
	海部郡	白木医院	1
	知多郡	長屋外科医院	1
		森川医院	1
	豊田市	川出耳鼻咽喉科（見習い）	2
看護婦	豊明市	桶狭間病院（見習い）	5
		（看護婦）	1
	不明	阿部産婦人科	1
		伊藤内科小児医院	1
		大内産婦人科	1
		加藤外科	1
		加藤産婦人科	1
		苅谷内科	1
		竹村外科医院	1
		服部医院	1
		和田医院	1

※一九六三年「都道府県別本土就職者名簿」職業安定課雇用係（沖縄県公文書館所蔵）を参考に作成

科医院、服部医院、和田医院へも見習い看護婦として各一名就職している。

「都道府県別本土就職者名簿」を参考にすると一九六三年に愛知県に就職した沖縄県出身者の数は全体で一一七名である。職種は、紡績、製造業、養鶏、見習い看護婦などが主なものであり、最も多いのは見習い看護婦である。この名簿を見る限り本土就職者は同一地区にはいるものの、必ずしも集団で一ヵ所の職場に就職したわけではないことがわかる。

一九六四年の「本土就職送り出し名簿（都道府県別）」（沖縄県公文書館所蔵）には、紡績業では株式会社東海レイヨンに紡績工として八二名、縫製工として八名、株式会社近藤紡績所（津島工場）には紡績工として一九名、常滑市の株式会社丸武紡績に紡績工一二名、豊橋市の株式会社豊橋紡績にも一名、愛知郡

表② 一九六四年に愛知県へ就職した沖縄県出身者の職種と人数

職種	所在地	就職先名称（職務）	人数
紡績	一宮市	㈱東海レイヨン（紡績工）	82
		（縫製工）	8
	海辺郡	㈱近藤紡績所／津島工場（紡績工）	19
	常滑市	㈱丸武紡績（紡績工）	12
	豊橋市	㈱豊橋紡績（紡績工）	1
	愛知郡稲枝	㈱高田工場（織布工）	11
製造業関連	豊田市	㈱トヨタ自動車工業（機械工）	23
		（自動車製造工）	111
	刈谷市	愛知工業（機械工）	72
	北区	㈱高松電気製作所（組立工）	7
	南区	坪井鉄工所（機械工）	5
	瑞穂区	㈱名古屋山王サービス（整備工）	4
看護婦	中区	愛知県保険医協会（見習い）	29
	緑区	鳴海病院（見習い）	3
バスガイド	中村区	㈱名古屋鉄道	3

※一九六四年「本土就職送り出し名簿（都道府県別）」職業安定課（沖縄県公文書館所蔵）を参考に作成

稲枝町の株式会社高田工場には織布工として一一名が就職している。また株式会社トヨタ自動車工業には、機械工として二三名、自動車製造工として一一一名が就職している。刈谷市の株式会社愛知工業には機械工として七二名、名古屋市北区の株式会社高松電気製作所に組立工として七名、坪井鉄工所に機械工として五名、株式会社名古屋山王サービスに整備工として四名が就職している。そして中区の愛知県保険医協会に見習い看護婦として二九名、緑区の鳴海病院に見習い看護婦三名、他に、中村区の株式会社名古屋鉄道にバスガイドとして三名が就職している。

表③に示した一九七一年の「沖縄県出身青少年の本土就職状況」には、「県外産業別就職状況」および「都府県別就職状況」が記載されており、一九七〇年は東京二八六五名、神奈川二四二一名、

区分	中卒		高卒		一般		合計	
年	70年	71年	70年	71年	70年	71年	70年	71年
東京都	115	117	1,221	1,336	1,529	1,287	2,865	2,740
神奈川県	392	201	1,001	714	1,028	1,338	2,421	2,253
愛知県	433	535	383	514	686	604	1,502	1,653
大阪府	284	206	408	573	822	542	1,514	1,321
兵庫県	95	115	234	260	371	507	700	882

表③　都府県別就職状況（上位5位まで）
※1971年労働局職業紹介年報「沖縄県出身青少年の本土就職状況」琉球政府労働局婦人少年課を参照し作成（表④も同じ）

愛知一五〇二名、大阪一五一四名、兵庫県七〇〇名となっている。一九七一年の「都府県別就職状況」には、「東京の二七四〇人が最も多く、全数の二五・九%を占め、ついで神奈川県の二二五三人の二一・三%、愛知県の一六五三人で一五・七%、大阪の一三二一人で一二・五%、兵庫県の八八二人で八・四%の割合を占め、この四都府県で全数の八三・八%を占めている」との記載がある。

参考までに表④には表③に示した県以外の県外就職状況を示した。一九七〇年は表③の東京、神奈川、愛知、大阪、兵庫の人数を加えると全体で一〇九三四名となる。一九七一年は表③の人数を加えると全体で一〇五六〇名となる。表④にみる一九七〇年と一九七一年の都道府県別就職状況では、静岡県の六五五名が最も多く、三重県の五五三名、岐阜県の四五八名がそれに続く。

以上のように、少なくとも愛知県には一九二五年には四四一名、一九三二年には一二名の紡績関連の出稼ぎ労働者がいたことがわかる。一九六三年には一一七名だった愛知県への本土就職者数は、一九六四年には三九〇名と倍になり、一九七〇年には一五〇二名、一九七一年には一六五三名と年々増加傾向にあったことを推測で

県 別	1970年	1971年	合計
茨城県	3	15	18
栃木県	3	1	4
群馬県	45	25	70
埼玉県	143	95	238
富山県	81	107	188
石川県	46	31	77
山梨県	0	5	5
長野県	7	28	35
岐阜県	213	245	458
静岡県	385	270	655
三重県	324	229	553
滋賀県	81	152	233
京都府	35	29	64
奈良県	59	85	144
和歌山県	107	52	159
岡山県	54	42	96
広島県	70	42	112
香川県	1	8	9
福岡県	0	0	0
鹿児島県	0	3	3
徳島県	2	0	2

表④　都府県別就職状況（6位以下）

きる。また、特に一九七〇年と一九七一年においては関西や関東地域の次に本土就職者数が多く、岐阜、三重、静岡といった中部日本地区への本土就職も多かったことがわかる〔平井 二〇一二a：八―一二〕。

そのため、一九七〇年一月一〇日には、琉球政府名古屋事務所〔現在の沖縄県名古屋情報センター〕が開設されることになる〔愛知の沖縄調査会編 二〇〇九：五五〕。また、一九六七年には、愛知県在住の沖縄県出身者である知念実氏の『沖縄からの就職青少年』が出版され、パスポートの発行や住民登録、「内地の人との結婚」など、本土就職の際のガイドブックとなった。同書は、「県人が希望に燃えてでてくる。うまくいかない人たちの心の動揺をうめるために何か企画したい」との思いから執筆されたもので、当時五〇〇〇冊発行された。[◎1] 同書には、「愛知県には、毎年約四万人の県外就職者がやってくる」との記述もある〔知念 一九六七：七六〕。

3 大学進学者

続いて、出稼ぎや本土就職など労働を目的とするのではなく、大学への進学を目的として愛知県内の各大学に移動した人々について、国費・自費学生制度も含めながらみていく。

一九五三年四月、〈琉球復興のために緊急に必要な人材を養成する〉という趣旨で、公費琉球学生制度（のちに国費琉球学生制度、国費沖縄学生制度と改称）が政府の援助によりスタートした。専攻科目は理工・文科・農水産・家庭・学芸・医学・歯学・薬学に区分されていたが、一九七七年度からは医・歯学のみの募集となり、八〇年度を最後に制度は廃止となった。一九五五年から実施された自費沖縄学生制度は、学費援助はないものの、国費制度と同じ方法で選考、入学が認可され、一九七二年まで実施された。この間、公費琉球学生制度による本土の大学への入学者数は二五九五人であり、自費沖縄学生制度の合格者は一六二三人となっている。国費学生制度は、特に沖縄における医師・歯科医師の養成に重点がおかれ、一九五三年から一九八〇年までの国費による医・歯学入学者は一〇七一人に達した。卒業後も帰還しない者も多く、社会的問題となったという〔沖縄大百科事典刊行事務局編 一九八三b：一〇九―一一〇〕。

復帰前に公費琉球学生制度によって愛知県内の大学に入学した学生は名古屋大学五五名、愛知教育大学一九名、名古屋工業大学一七名であった。また、自費沖縄学生制度による入学者は名古屋大学一〇名、名古屋市立大学五名、名古屋工業大学一七名、愛知教育大学八名である。その他、沖縄にある銀行や企業等による独自の奨学金の出資による委託奨学生として、四名が名城大学に進学したことがわかっている〔愛知の沖縄調査会編 二〇〇九：四七―四八〕。

4 帰還者

一九七〇年代以降、本土就職者数は急激に増加していくが、岸は「戦後の本土移動は、「祖国」日本に大きな夢と希望をもった人びとによって担われたのだが、そうした人々のほとんどはのちに沖縄にUターンしていった。沖縄から来た若者たちは、結局はやがて沖縄に帰っていったのである」と述べている〔岸 二〇一四：四二五〕。つまり、出稼ぎや本土就職を契機とする本土への移動は、直ちに定住を意味するものではなく、沖縄へと帰還する者も多かった。それは国費・自費学生制度などを利用した大学進学者も同様であり、大学卒業後、就職のために沖縄へ帰還する者もいれば、卒業後一定期間県外で生活し、その後沖縄へと帰る者もいた。例えば名古屋大学への沖縄県からの入学者は、一九四一年の医学部への入学をはじめとし、二〇〇四年までに七〇名以上いるものの、[2]このうち二〇一五年現在も本土で生活しているのは、わかっているだけでも五名である。また、一九四一年から二〇〇四年までに名古屋工業大学へ入学した約五〇名のうち、二〇一五年現在も本土で生活しているのは、三名しかいない。

5　愛知県への定住者

ここでは、県外で生活を続ける沖縄県出身者の中でも、特に愛知県への定住者の実態について述べる。

牧野は同じ郷里の出身者が集って組織する集団を総称して「同郷者集団」とした上で、それを出身地の都道府県を単位として結成した「県人会」と、都道府県以下の市町村や郡、字などを単位とする「郷友会」とに分けている〔牧野　二〇〇二：二二〕。県人会とは「県外在住の沖縄県出身者やその子孫が相互扶助や親睦・交流を促進し、県人の文化的、経済的、社会的な向上をはかることなどを目的に結成された民間組織」のことである〔渡邊他編　二〇〇八：一九七―一九八〕。関東では、一九二〇年代に勉学のために上京した学生を中心にした親睦会があり、一九二二年に沖縄県人会が組織され〔渡邊他編　二〇〇八：一九七〕、一九二四年には「川崎沖縄県人会」が結成された〔桃原　一九九七：三二〕。関西でも一九二四年、「関西沖縄県人会」が結成されている〔大阪人権博物館編　二〇〇〇：五六〕。愛知県の場合は、一九三八年の時点で「名古屋沖縄県人会」があったことがわかっている〔「われらウチナーンチュー・佐渡山安治」『琉球新報』一九八六年四月一二日付〕。一九六〇年頃には、沖縄県から参議院選挙に出馬する人を応援するために「愛知沖縄県人会」が結成され、一九六五年の名簿をみると、緑支部、守山支部、港南支部、豊田支部などに分かれていたことがわかる。一九七〇年度の「愛知沖縄県人会の会費納入者調べ」によると、「守山支部四八人、緑支部四五人、豊田支部一四人、

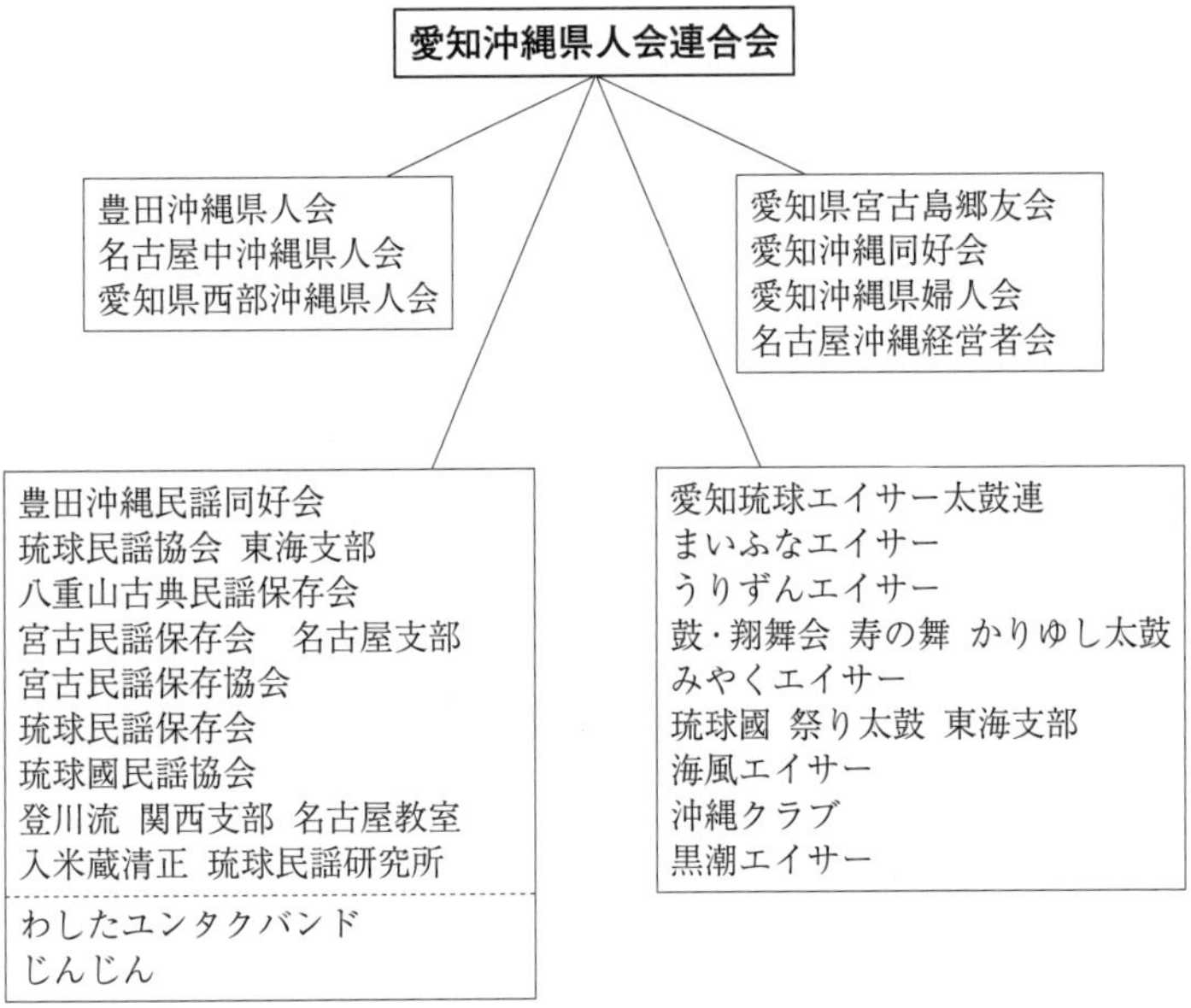

図① 愛知沖縄県人会連合会の加盟団体（2015年3月現在）

西支部一九人、昭和支部二〇人、猪子石支部一六人、中支部一人の計一九四人」との記録がある（愛知の沖縄調査会編 二〇〇九：二四、四四）。

現時点で沖縄県が把握している日本国内に存在する沖縄県人会は三七団体ある（沖縄県国際交流推進課提供資料より）。しかし、例えば関東では「板橋区沖縄県人会」や「練馬区沖縄県人会」など区を単位とする「県人会」と名のつく組織も存在している（牧野 二〇〇二：二四―二五）。愛知県には愛知沖縄県人会連合会、豊田沖縄県人会、名古屋中沖縄県人会、愛知西部沖縄県人会という、名称のみ見れば四つの県人会が存在していることになるが、沖縄県が把握する愛知県の中心的な県人会は愛知沖縄県人会連合会である。他の団体は、愛知沖縄県人会連合会に加盟するという形をとる。図①には、連合会に加盟している団体を県人会と名称の付く団体、郷友会や婦人会関連の団体、民謡関連団体、エイサー関連団体の四つに分類して示した。なお、民謡関連団体には「わしたユンタクバンド」「じんじん」のような沖縄民謡やポップスを中心に活動する団体も含めた。図①をみると、県人会という名称の付く三団体、郷友会や婦人会関連の四団体、民謡関連の一一団体、エイサー関連の九団体、合計二七団体が連合会に登録していることがわかる。

現在、愛知沖縄県人会連合会が把握する登録者数は約三三〇〇名となっている。ただし、連合会の会員は「沖縄県人はもちろん、沖縄を愛する方、沖縄を想う人達」で構成されている。また、同会が発行する『二〇一五年度版　愛知沖縄ガイド（改訂版）』には、「愛知沖縄県人会連合会では、会員を募集しています。条件としては、とにかく沖縄を愛して頂ける方、沖縄県人はもちろん、本土の方も大歓迎です。愛知県内外は問いません」と書かれている。つまり、登録者は沖縄県出身以外の者や愛知県外在住者も含むため、この数は直ちに愛知県の沖縄県出身者数を示すものではない。また同会への会費は年間二〇〇〇円となっているが、これは一世帯あたりの会費となる。さらに愛知沖縄県人会連合会が発行する『愛知沖縄県人会連合会会報』は一号あたり二〇〇〇部発行されるものの、一家に一部という割り当てとなる。また、沖縄県から愛知県への移住者の全てが愛知沖縄県人会連合会に登録しているわけではない。

3――故郷との宗教的連帯

1　故郷……宮古島市西原出身者の事例

本稿では、沖縄県宮古島市西原出身で、二〇一五年現在も愛知県に住んでいる人々を対象とし、故郷の祭祀組織への加入と神役への就任、村落祭祀への参加について取り上げる。そのためにも、まず故郷西原の祭祀組織と村落祭祀の概要について述べることにする。

西原は、一八七四年に池間島と伊良部島の佐良浜という地域から分村したことによって成立した。人口は一〇〇〇人弱で、島内の中心地まで車で約一〇分程度の所に位置している。

西原には、一定の年齢に達した男女から年齢階梯的に構成される「ナナムイ」という名称の祭祀組織がある。西原出身者、あるいは西原在住の女性は、数え四六歳になる年に原則として加入し、神役に就任後、一〇年間にわたり、年間四五回以上の村落単位の儀礼である村落祭祀の担い手となる。これに対し男性は数え五〇歳になる年に加入し、神役に就任後、七年間、年六回の村落祭祀に参加する〔平井 二〇一三：一二九―一三二〕。

祭祀組織であるナナムイは、西原の一七ヵ所の御嶽のうち、一〇ヵ所を中心として、かつて村の番所が置かれていた旧公民館や港、浜辺などで村落祭祀を行う。このうちのナカマ御嶽には、「帳簿の神」が祀られており、西原で生まれた者、西原出身者およびその妻が産んだ者は、全てこの神に登録されることになっている。この神への登録儀礼を「マスムイ」と呼ぶ。マスムイで御嶽に登録されるのは、西原で生まれたすべての新生児と、西原出身で西原以外に在住している彼（彼女）らの新生児、さらにその家族である。

二〇〇〇年以降、西原では、他の南西諸島地域と同様に、祭祀組織への加入者が減少しており、村落祭祀の維持が困難になっている〔平井 二〇一二b：二二六―二六二〕。年間四五回以上の村落祭祀を維持するためには、中心的役割を果たす女性の加入が必要不可欠でありながら、女性の加入者数は年々減少している。一方で、男性は二〇〇〇年以降も毎年一〇名以上の加入者がおり、二〇〇六年には三〇名を超えるなど、女性に比べ一定以上の加入がある。ナナムイのうちの男性神役の集団を自治組織の中では「健永会」と位置づけ、神役への就任が健永会への役員になることも加入を促す一つの要因となっている。

また、この男性加入者の中には、本土在住者が多数含まれているという特徴があり、居住地は、東京、名古屋、神奈川、千葉などに広がっている。また、宮古島以外の在住者には、石垣島、波照間島、大東島、沖縄本島からの加入者もいる。女性の場合は、祭祀組織に加入後、神役に就任し一〇年間、年間四五回以上の村落祭祀の担い手となるため、県外に移住した者が参加することは難しく、今までもそのような例はない。しかし、男性については、年間六回のみということで、比較的参加しやすいという状況がある。そこで次に、村落祭祀における男性神役の役割についてみていく。

2　男性神役の役割

女性神役を中心とする村落祭祀のうち、男性神役が主要な担い手となるのは、ミャークヅツである。ミャークヅツとは、かつての厳しい租税の奉納に由来する、豊年と大漁祈願を目的とする村落祭祀である。ミャークヅツは、ナカマ御嶽を中心に四日間かけて行われる。初日は開会式を行い、夜から朝にかけて御嶽に泊まり込み、新規加入者の挨拶と自己紹介を行い、一晩中歌い踊る。二日目には、早朝から先述したマスムイを行い、午後からは、新規加入者が魚と酒を奉納し、再度方言で挨拶と自己紹介を行う。その後、女性神役にマスムイで登録した者の人数などを報告したあと、パレードとして、集落を歌い踊りながら練り歩く。その後、奉納相撲や女性神役による祈願と踊りがあり、三日目と四日目にも、踊りやカラオケ大会などが盛大に行われる。◎3

ミャークヅツでは年齢ごとに役割がある。例えば、加入後二年目の神役の中から、男性神役が管理する「五穀豊穣旗」などの五つの旗をパレードの際に掲げる役割を持つ者を、くじ引きによって決定する。同じく、くじ引きによって加入後五年目の神役の中からマスムイ担当者を選出する。他に三年目は指導部として新規加入者に礼儀作法や方言、村落祭祀の行程などを指導する役割がある。また、年齢階梯的に構成される男性神役は、それぞれ年齢集団ごとに、会長一名、副会長一名、書記一名を配置している。ただし、本土在住の男性神役は、毎月の西原での集まりに参加できないという理由から、会長や副会長になることはできず、選出の際には候補からはずされる。

その他の村落祭祀では、女性神役の祈願後、御嶽内で酒を飲み交わすことが多い男性神役であるが、マスムイにおいては、中心的役割を果たす。マスムイを行う日には、午前四時半頃にナカマ御嶽に集合する。受付担当者は、新生児登録の場合は、訪問者に新生児の名前と両親の名前を聞き、帳簿に記入する。本土在住者も同様に記入する。新生児の場合は、性別ごとにそれぞれの代表を決め、奉納された酒を掲げながら祝福の歌を謡う。マスムイ終了後には、祭祀組織の最高指導者となる女性神役の家を訪問し、新生児と本土在住者の人数を報告し、歌や踊りを行う。マスムイの特徴は、西原出身者であれば県外で生活していても、その親なり祖父母が毎年ナカマ御嶽への登録を行っている点である。一度登録された者は、たとえ遠く離れた場所に住んでいたとしても、神々の守

図②～⑤　男性神役が中心となるミャークヅツの様子。上からナカマ御嶽前、愛知県からの新規加入者、パレード、五穀豊穣旗（2011年、筆者撮影）

護のもとにあると認識される。それは得てして本人にも知らされず行われていることもある。

以上のように、故郷の祭祀組織に加入後、神役に就任することによって、さまざまな役割を担うことになる。本土在住者の中には、年間六回の村落祭祀の全てに参加する者もいる。中には、全ての村落祭祀への参加は難しくても、ミャークヅツには必ず参加する、という者もいる。

3　移住者と勉強会……愛知在住の西原出身者の事例

二〇〇三年九月、一九名の「在名古屋有志一同」によって、ナカマ御嶽前にトイレが寄贈された。また、二〇一四年度の加入者一一名のうち、六名が名古屋市に住むなど、本土在住者の中には、愛知県に集住している者も多い。このような愛知県在住の西原出身者で故郷の祭祀組織に加入している者は、名古屋市内の西原出身者が経営する沖縄料理店で、月に一度、ナナムイのための勉強会を行っている。この勉強会（通称「オジーの会」）は、故郷の祭祀組織に加入した神役、加入予定の神役、すでに退役した神役が参加するものであり、村落祭祀の行程や歌や踊りの練習に加え、様々な引き継ぎもなされる。参加者は、愛知県在住者に限らず、大阪や東京などから訪れることもある。東京都江戸川区在住のある男性神役は、妹の夫が名古屋市在住で祭祀組織に加入していることもあり、勉強会があるごとに名古屋を訪れている。

愛知県在住の西原出身者の中には、高校卒業後、大阪や東京などの知人を頼って就職し、その後、名古屋市に住む西原出身の先輩や友人、兄弟を頼って移住した者も多い。

図⑥　勉強会が行われる沖縄料理店の西原料理（2014年、筆者撮影）

図⑦　名古屋での勉強会の様子（同）

一九六〇年一一月、西原に生まれたAさんは、一九八八年、二八歳の時に名古屋市に移住している。当初タクシー運転手の仕事に就いたが、その後解体業を開始し、現在にいたるまで二七年間、愛知県で生活をしている。故郷の祭祀組織には五〇歳になる年に加入した。当時の同級生は一二人がナナムイに加入し、そのうち東京在住者が一名、名古屋市在住者が二名、波照間在住者が一名である。勉強会は、「ナナムイに対する心構えを学ぶもの」であり、ミャークヅツの際の方言での挨拶の練習に特に力を入れ、後輩に声の出し方など手本を見せながら、当日間違いがないように、繰り返し練習させる。一時期宮古に帰ったが、連日飲み会が続き、名古屋に帰りたくなることもあったという。

一九六二年一二月生まれのSさんは、一九八〇年、一八歳の時に東京の専門学校に進学し、卒業後は千葉県に住む知り合いを頼り就職した。その後京都出身の女性と結婚し、名古屋市に住む西原出身の先輩のもとで、下請け会社を設立する。現在は社長として会社を経営している。祭祀組織には五〇歳になる年に加入し、現在は指導部として、後輩への指導を行っている。一九六五年生まれのSさんの弟も名古屋市に移住しており、Sさんのすすめで祭祀組織に加入している。勉強会では、村落祭祀の際の酒を飲む時の作法、酒を入れる容器の持ち方、先輩への接し方などの礼儀作法を厳しく指導している。勉強会への参加目的は、故郷の人々と「同じ気持ちを持つ」ことであり、西原で何か集まりがあるときは、自らも名古屋の勉強会で集まるようにしており、故郷の人々が集まる回数分、名古屋でも集まるようにしている。共に酒を飲み交わし、祭祀組織に加入し、共に飛行機を乗り継ぎ故郷の村落祭祀に参加することによって、神役を退役後の六〇代になっても七〇代になっても、関係は続いていくという。なお、ミャークヅツには、神役を退役後も参加する者が多い。

ただし、愛知県在住の西原出身者の全てが故郷の祭祀組織に加入しているわけではなく、両親や親族の不在や「実家がない」という理由によって、加入しない人もいる。県外からの村落祭祀への参加には、飛行機代などの交通費がかかるだけでなく、加入後、七年間分の寄付金二五万円を一括で支払う必要がある。この寄付金は、村落祭祀の際の酒とつまみ代に使用される。このような出費を懸念し、参加を辞退する者もいる。

一九六五年生まれのNさんは、一六歳の時から五歳年上の兄が住む名古屋市に移住しており、すでに両親も亡くしていたので、できれば祭祀組織への加入はしたくなかったという。しかし、先に加入した名古屋市に住む兄に説得され、祭祀組織への加入を決意する。ミャークヅツやマスムイなどは、伝統行事としては認識していたものの、長年故郷を離れて生活しているため、「宮古の伝統がどれだけ強いものか、というのはよくわからない。宮古にいる人の方がよくわかる。ただ、すごいことだというのはわかる」と話す。神役としてミャークヅツに参加してみると、一度参加しただけでも「伝統の強み」を体感することができた。それは「大切なこと」であり、祭祀組織に加入したことによって、聖域の名称も把握することができ、入ってみるまではわからなかった神々についての事柄も学ぶことができた。愛知県内に住んでいても、祭祀組織に入らない者とは、五〇歳を境に自然とつきあいが薄くなっていくという。

4――おわりに

以上のように、本稿では本土在住の沖縄県出身者の中でも、これまであまり取り上げられることの少なかった愛知県の沖縄県出身者を対象としてきた。◎4 その上で、故郷との宗教的連帯という観点から、故郷の聖域への登録と祭祀組織への加入、神役への就任、村落祭祀への参加について、また西原出身者が名古屋市で行う勉強会にも着目し、国境を越えない移住者の、故郷との境界の実態を宗教的連帯という観点から明らかにした。

沖縄からの本土移住者を対象とした先行研究は、県人会や郷友会の実態、故郷との関係性やアイデンティティの表出などに重点を置いてきた傾向にある。特に県人会や郷友会に見られる「同郷性」については複数の議論があり、冨山は、県人会などで実現されるべき「同郷」は、かつて自分たちが属していた具体的な人間関係そのものではなく、「沖縄人」という神秘化されたものだと指摘している〔冨山 一九九〇：二六―二七〕。また、山口は何をもって「同郷」の範囲とするかは恣意的なものであるため、「同郷」や「故郷」といった言葉を語ることは決して自然なものではないと述べている〔山口 二〇〇八：六〇〕。さらに桃原の、沖縄料理飲食店など同郷者を結節させる様々な空間は「沖縄出身」としてのアイデンティティを確認し「故郷＝沖縄」を共有しあうだけでなく、より制度化され組織化されたアソシアシオン形成の場でもあるとの指摘もある〔桃原 一九九七：三一―三三〕。

実際に、例えば、八重山や宮古出身者が移住後は「沖縄」民謡の師範となったり、「沖縄」料理店を経営したりするなど、そこに表象される「沖縄」や、いわゆる「沖縄人」としての個々人は、他者によって期待され消費されるイメージに即した「神秘化」されたものであることも多い。ここには、「沖縄」出身者として一様に見なすことで、見落としてしまう出身ごとの島嶼的差異の問題も含まれている。本土移住後の沖縄県出身者たちが歴史の中で組織化していった同郷集団は各県に設置されているが、当然、全ての沖縄県出身者が所属しているわけではない。また、所属の有無に関わらず、本稿で取り上げた名古屋市の西原出身者の事例のように、「沖縄」出身者を一様に捉えるのではなく、個々人として多元主義的（pluralism）に捉え、さらに個々人の日常的実践に目を向けることによって、浮かび上がる出身ごとのつながりや、故郷との独自の関係性がある。

従来の沖縄研究では、本稿が事例としてきたような、祭祀組織や神役などを主要なテーマとしたものも多く、膨大な研究蓄積がある。しかし、ブラジルやハワイへの沖縄系移民の民俗宗教については先行研究があるものの、[5]沖縄からの本土移住者を対象とした研究では、移住後の民俗宗教の実態について明らかにされることがなかった。それは、これまでの境界研究が、国境という境界を中心に展開されてきたことも背景としてあるであろう〔高橋 二〇〇六：三二一〕。

すでに述べてきたように、近年、南西諸島の各地で祭祀組織や村落祭祀の維持が困難になっており、先行研究においても、一九六〇年代以降、村落祭祀の変容や衰退が指摘されて久しい。しかしながら、過去の膨大な研究蓄積に見られる伝統的側面や、研究者が認識する本来の形との比較から、祭祀組織や村落祭祀が生成と再編成を繰り返している過程については、見過ごされてきたのではないだろうか。西原の事例のように、変容過程にある祭祀組織や村落祭祀の維持には、本土移住者が密接に関わっていることが多く、本土移住者が故郷の聖域に登録されるなど、さまざまな宗教的連帯があるといえる。今後は、移住先の各家庭で祀る神々や儀礼の実践も含め、さらに考察をすすめていくつもりである。

1――二〇一一年六月に知念実氏に行ったインタビューによる。
2――愛知の沖縄調査会から提供していただいた同窓会名簿を参考にしている。
3――ミャークヅツの詳細については拙稿に詳しい〔平井 二〇一三〕。
4――愛知県の沖縄県出身者について触れた先行研究には唐木の研究がある〔唐木 二〇〇九〕。また拙稿にも詳しい〔平井 二〇一二a〕。

5――ブラジルの沖縄シャーマニズムについては大橋の研究があり〔大橋 一九九八〕、サンパウロの四九日のミサやハワイのユタについては浜崎の研究がある〔浜崎 二〇一三〕。

◎参考文献

愛知の沖縄調査会編 二〇〇九『愛知の中の沖縄 先人達の足跡を求めてVOL・1』愛知沖縄県人会連合会
鰺坂学 二〇〇九『都市移住者の社会学的研究』法律文化社
大阪人権博物館編 二〇〇〇『ヤマトゥのなかの沖縄』大阪人権博物館
大橋英寿 一九九八『沖縄シャーマニズムの社会心理学的研究』弘文堂
沖縄県教育委員会編 一九七四『沖縄県史 第7巻 各論編6』沖縄県教育委員会
沖縄大百科事典刊行事務局編 一九八三a『沖縄大百科事典 上巻』沖縄タイムス社
沖縄大百科事典刊行事務局編 一九八三b『沖縄大百科事典 中巻』沖縄タイムス社
唐木健二 二〇〇九「愛知県におけるローカルな沖縄エスニシティ――地域性に作用する沖縄芸能「エイサー」」『共生の文化研究』二、愛知県立大学多文化共生研究所
岸政彦 二〇一四『同化と他者化――戦後沖縄の本土就職者たち』ナカニシヤ出版
高橋孝代 二〇〇六『境界性の人類学――重層する沖永良部島民のアイデンティティ』弘文堂
知念実 一九六七『沖縄からの就職青少年 勤労青少年と人事担当者のために』村田書店
桃原一彦 一九九七「沖縄を根茎として」奥田道大編『都市エスニシティの社会学――民族/文化/共生の意味を問う』ミネルヴァ書房
富永斉 一九九〇「労働力需給」たいらこうじ編『リーディングズ 労働市場論――沖縄を中心に』沖縄労働経済研究所

冨山一郎　一九九〇『近代日本社会と「沖縄人」』日本経済評論社
浜崎盛康　二〇一三「サンパウロ市における沖縄県系人の四十九日のミサ――ブラジルにおける沖縄の民間信仰の継承の一事例について」「ハワイのユタ―沖縄のカミガミと異郷のカミガミ」町田宗博ほか編『琉球大学　人の移動と21世紀のグローバル社会X　躍動する沖縄系移民――ブラジル、ハワイを中心に』彩流社
平井芽阿里　二〇一二a「愛知県の沖縄県出身者と沖縄系コミュニティに関する一考察」『GOCE Working Papers次世代研究58』京都大学グローバルCOEプログラム「親密圏と公共圏の再編成をめざすアジア拠点」
平井芽阿里　二〇一二b『宮古の神々と聖なる森』新典社
平井芽阿里　二〇一三「村落祭祀の継承に関する一考察　宮古島西原のミャークヅツを事例に」田窪行則編『琉球列島の言語と文化』くろしお出版
牧野眞一　二〇〇二「沖縄の同郷者集団――県人会活動を中心に」松崎憲三編『同郷者集団の民俗学的研究』岩田書院
山口覚　二〇〇八『出郷者たちの都市空間――パーソナル・ネットワークと同郷者集団』ミネルヴァ書房
労働局職業安定部労働調査課編　一九六八『労働白書』琉球政府
渡邊欣雄他編　二〇〇八『沖縄民俗辞典』吉川弘文堂
「われらウチナーンチュー・佐渡山安治」『琉球新報』一九八六年四月一二日付

◎――本稿の執筆にあたり、調査にご協力下さった愛知県在住の沖縄県出身者の皆様、御指導下さった愛知沖縄調査会の皆様、西原の御嶽の神々と西原の皆様に厚く感謝申し上げます。また本成果は、科学研究費補助金「本土在住の沖縄県出身者の家族とコミュニティに関する文化人類学的考察」（研究課題番号：12J00589、研究代表者：平井芽阿里）の助成を受けたものです。ここに記して感謝申し上げます。

6 ◎ 海を越える墓——現代沖縄の「墓の移動」をめぐる語りと情緒

越智郁乃

1——はじめに

沖縄において墓は「あの世の家」と表現され、「人間は借家住まいもできるが、死人の借り墓はできない」という言葉が繰り返し語られる。その表現の含意は「祖先を大事にすれば子孫も繁栄し、祖先を粗末にすればどんなに立派でも祖先からの祟りがある」ということである。したがって人間の住まいは祖先の墓との関係性で規定されるため、日取りから場所の選定、方角など墓地風水の観点からその重要性が論じられてきた〔渡邊 一九九四：一一九〕。

しかし、都市部の狭小な土地における墓の増加は、生者の生活環境に新たな影響を及ぼしている。沖縄各地からの人口移動によって形成された那覇市を中心とする沖縄本島中南部の都市域は、様々な出身地を持つ人が生き、そして死んでいく場所である。一九六〇年代の那覇市における都市計画や区画整理を契機に形成された集団墓地は、八〇年代以降増加の一途を辿っている。このような状況の中で、出身地に残してきた墓を現在の居住地近辺に移動する事象、すなわち「墓の移動」が生じている。

当該地における墓の移動とは墓石を移動させることではなく、墓郭内の遺骨、香炉などを新たに造った墓に移動させることを意味し、「墓の引っ越し」とも呼ばれる。八重山の習俗を生活者の視点から著した『八重山生活誌』において宮城文は、「戦後は本土や本島に職場を求める者が急増し、家族引き揚げの家庭が年々多くなり、墓所を移動しはじめている」と述べていることから、移動先において新たに墓を造営する家族単位の移動者の増加がうかがえる。また「遺骨を引き揚げる時には、これまで洗骨されている遺骨は合同して焼き、小さくしてお伴するようになっている」とその移動の様子についても著述されている〔宮城 一九七二：四九三〕。

しかしながら、これまで墓をめぐる社会経済的な変容について注目されることはなく、墓の移動も積極的に研究されてこなかった。それは「伝統的な墓」から抜け出した「新しい墓」に対して、研究者の側から、また現地の人々からも「沖縄の墓」としての価値付けがなされてこなかったことが理由として挙げられる。そこで本論では、「墓の移動」に伴って行われる造墓と改葬を取り上げ、現代沖縄の墓制の変容について論じる。特に本島都市部に暮らす離島出身者がその生活の中で墓の移動を選択する過程や、そこでわき起こる不安、葛藤などの情緒を対象化し、現代沖縄の墓制に関する議論の俎上にのせることで、これまでの沖縄研究を継承しつつ乗り越える視点を提示したい。

本論では以下のような構成をとる。最初に、なぜこれまで墓の移動が注目されてこなかったのかということについて、沖縄における民俗学の研究史と墓制研究を振り返りながら明らかにし、墓の移動に注目する意義と本論の視点を示す。次に、主に離島地域から本島都市部への移住者を例に、墓の移動の過程と改葬に関する儀礼（洗骨儀礼や納骨式）において表出する不安や葛藤などを詳述し、それらの情緒が形を変えながら新しい墓に収斂していく様子を明らかにする。

2――問題の所在……沖縄研究をめぐる政治性と墓の移動

1　「沖縄」と民俗学

沖縄民俗学では、「沖縄」の一様性だけではなく多様性を歴史の中で再検討する作業が必要とされてきた〔比嘉 一九九六：四三七〕。例えば、「沖縄」の呼称は、沖縄本島および周辺離島以外に、宮古島を中心とした群島や石垣島、西表島、与那国島、波照間島などの島嶼からなる八重山群島を含む沖縄県という行政区分に対応している。しかし県内において、特に宮古や八重山の人々にとって「沖縄」といえば沖縄本島地域を指す言葉である。そのため奄美なども含めたかつての琉球王国の領土である琉球列島における研究領域の構築を目的として、「琉球民俗学」を提唱する動向が認められる。このような動きの背景には、民俗学における複雑な「政治性」があると指摘されている〔吉成 二〇〇七：五六〕。吉成直樹は、比嘉政夫の提唱する「琉球民俗学」を事例に、沖縄の民俗事象を一般化・体系化しようとする際に起こる問題について論じている。例えば「琉球民俗学」の基礎となる報告や論考は膨大に蓄積されているが、島嶼ごとの多様性は一般化、体系化を許さないものがある。しかし一般化しない傾向は、外部の研究者よりも地元の研究者に顕著であるという〔吉成 二〇〇七：六二―六三〕。戦後、特に一九五〇年代からの民俗調査や方言調査の機運の高まりとともに多くの成果の蓄積がなされたが、地元大学における研究サークルの指導者たちは、柳田国男、折口信夫の影響を受けていた。そして、その指導者らの影響を受けた学生たちの自らの文化への関心は、民俗や言語などの地域の文化を正確に記述すること、地域ごとの差異を明らかにすることに集中していた。その後、調査活動の進展に伴い民俗事象の地域的差異が著しいことが明らかになる一方で、戦前から戦後一時期までの間になされた一地域の民俗を記述することによって全地域を代表させるような記述のあり方に対する批判から、いっそう民俗事象の差異に関心を向けはじめることになった〔比嘉　一九九六：四三八―四四〇〕。それゆえ比嘉は、過去に位置付けられた自己完結的な社会を対象にしてきた傾向のある民俗研究において、変動が激しく一つの社会を規定するような文化の境界が不明瞭になりつつある状況の中で、民俗事象の一般化という営為がどのような意味を持つのか深く考えざるを得ないと述べ、地域の学として民俗学の目指すものは民俗事象の一般化よりも、他地域の文化との対比のなかで抽出される特徴を見出し体系化することではないかと指摘している〔比嘉　一九九六：四四一―四四五〕。

このような社会変容の捉え方をめぐって、近年その状況は変化してきた。二〇〇〇年に行われたシンポジウム「移動と伝統文化」において笠原政治は、漁労移動者を事例に近代の沖縄に新たに生まれた「伝統」に注目している。今までの文化人類学や民俗学の沖縄研究では、研究者の関心が琉球王国時代やそれより古い時代に遡った起源を持つ事象に向けられてきたと笠原は述べ、そのような研究での「近代沖縄」はただ琉球王国時代の文化や社会事象が「変化」「変貌」する時代としてしか捉えられていないことが多かったと指摘している〔笠原 二〇〇五：五七〕。また玉城毅は、首里・那覇の無禄士族を中心とする人々が農村地域に移住して形成した部落である「屋取《ヤードゥイ》」を取り上げ、これまでの人類学・民俗学的沖縄研究の偏りを是正し新たなテーマ領域を広げることの必要性を指摘している〔玉城 二〇〇七：三二七〕。ここで重要なのは、両者が移動者の実践を主体的に捉えている点である。上記の指摘を踏まえ、本論では沖縄各地からの人口移動によって形成された都市における移動者の実践としての「墓の移動」に注目することで、変容を積極的に捉える方向性を見出すことができると考える。

2 沖縄における墓制の変容

沖縄における墓制研究は、葬制とともに考古学、歴史学、民俗学、人類学などの立場から研究がなされてきた。その嚆矢として伊波普猷の『南島古代の葬制』（初出一九二七年）があり、柳田国男の『葬制の沿革』（一九二九年）とともに民俗学の立場から日本の葬制について学問的に体系付けられたものとして評価されている〔比嘉 一九八九：一二一―一二三〕。その後、様々な分野から墓制は研究されてきたが、その多くが亀甲墓《かめこうばか》や破風墓《はふばか》等の沖縄特有の墓形の地域偏差や分類、死者儀礼・洗骨儀礼を通じた死者から祖先への過程に注目したものであった。

しかし、戦後の急激な都市化と火葬の受容により、洗骨は急激に減少した。◎1 その結果、火葬受容地域において新たに建設される墓は、小規模化が急速に進んだ。造墓とその後の改修過程において墓に使用される素材も、従来の石灰石からコンクリート建材を経て花崗岩へと変化している。特に、花崗岩の墓石は持ちがよいだけでなく、墓の外面に文字を刻むことを容易にした〔越智 二〇一五：三六四〕。

移住者が新たに作る墓に注目してみると、新しい墓において家名の刻銘及び被葬者の名前が記されるということを通じて、その墓を祀る人々は系譜を確認するようになった。墓石に氏や出身地を記すことによって、琉球王国時代の役人層の子孫であるということや北部集落の出身であるというようなルーツを確認し、外部に対して情報を発信する標識にもなっている。このような文字情報に加えて、墓庭などの周囲の環境に手を加える場合もある。出身地から持ち込んだ木を植えたり、出身地の墓と同じく海の見える場所を選んだりすることで、墓に「故郷」が表現される。これらの造墓における変化は墓をめぐる「故郷や家の物語」として、毎年行われる祭祀を通じて参照され続けている。以上のことからは、墓は形状や素材の変化を経て「死者の家」から「故郷」や「家」の「記憶媒体」として機能変化しつつあることが指摘できる〔越智 二〇一五：三六五〕。

3　墓を語る言葉と情緒

このように墓が「記憶媒体」化したのは情報が取捨選択された結果である。それまでに移住者らは、「墓をどのように祀っていくのか」「移動するならどのような墓を作るのか」「どのような儀礼を行うか」ということについて長い時間をかけて話し合っている。家族や親族間で個々人の思いが交錯し、時に対立しあう中で次第に妥協点を見いだしていく。本論ではこのような過程や墓を語る言葉を個々別のケースとして捨象せずに、分析対象化するにあたって、墓の移動について論じた先行研究を挙げながら考えてみる。

森山工はマダガスカルのシハナカを事例に、墓をめぐる集団とその範疇について明らかにするために、死者儀礼分析に加えて「記憶／忘却」「情緒」を分析対象にしている〔森山 一九九六〕。シハナカにおいては父方、母方の両方の墓に入る権利を有しているが、実際どこまで遡ってその権利を有するかは、どのくらい系譜の記憶を有しているかということに関係してくる。一方で、すべてを記憶にとどめておくことはできない。それは、墓との関係を忘却している事態があることも同時に示している。すなわち、出自の論理が示す無数の志向は、記憶の限界によって現実的な限定を課される。沖縄をはじめとした東アジアで数多く行われてきた親族研究において親族のイデオロギーを導く際にも、系譜という記録された文字資料が重要視されてきた。それは系譜が一族の記録としての過去の「事実」を表し、自己のアイデンティティや誇りと結びついているためである〔瀬川 一九九六〕。しかし記憶そのものについては、「事実性」[◎2]の重視のため分析対象とされてこなかった。もちろん沖縄とマダガスカルを同様に論じることはできないが、どこまでの範囲を「祖先」と認識しているかについては、記録とともに記憶が分析対象として有効になる。

もう一点の「情緒」について、森山は墓の選別の際に「愛着」という、すぐれて情緒的な要因が介在することについて述べている。逆に「嫌悪」によって特定の墓が否定的な選別の対象ともなることについても語りから分析し、肯定的か否定的かの違いこそあれ、その選別が特定の親族に対する当事者自身の情緒的価値付けによってなされている点に注目している。そこで問題とされていることは、特定の個人がその生活史において不断に実践し、また現に実践しつつある特定の他者との関係のあり方、あるいは特定の個人が他者との関係を不断に実践するうえで、その個人にとって現実的な舞台ともなり拠り所ともなってきた特定の居住の場所との関係のあり方である。

この「情緒」については先行研究において触れられながらも、これまで深く分析されてこなかった。その理由は森山も述べるように、「情緒」なるものがあまりに個人的に内的なものであり、それゆえに不定形で捉えどころがなく、政治的・経済的な要素とは異なって、構造的に把握しがたい要素であると思われているからである。しかし情緒的な語りは、政治的・経済的な要因に動機付けられる場合がある。例えば水田の係争が元で、キョウダイが本墓から分かれた例では、政治的・経済的な動機に根ざした墓の分出の場合であっても、実際に権利を有する本墓への埋葬を避けた理由を説明する語りにおいてイトコと「気が合わなかった」からだとか、「好きではなかった」などと語られうることから、依然として墓の選択は、その特定の親族に対する当人の情緒的な価値付けに理由をもとめた言葉によって語られるといえる。翻って考えると、その当人が歩んできた人生の経緯があり、その人なりにその人生に無視すべからざる影響を及ぼした何がしかの出来事があり、純粋に情緒的でしかないものにつねに根拠付けられていると考えなければならない理由もないのである〔森山 一九九六：二四七―二五一〕。このように「情緒」に関して、それを語る言葉は、当人がその過去の人生において特定の他者なり特定の場所なりと、政治的・経済的な関係も含めて何らかの社会的な関わりを持ち合ってきたことこそを示すものであり、「特個的で代替不能な生活史を担う特定個人のその個別性をそれとして示唆する、包括度の高い語りにほかならない」〔森山 一九九六：二五四〕。そのため、当事者らの語りそのものを深く分析することが、本論においても重要であると考える。

以上の議論を踏まえて、沖縄の墓の移動をめぐる人々の墓を語る言葉と情緒に注目すると、墓の移動は「予定調和」ではない。移動の過程において感情の揺れが多くみられる。「本当は墓を移動したくなかった」というような、生者と元の墓との結びつきを示す想いや葛藤が吐露されることもある。「祖先祭祀を継続する」というある種の建前と理想の陰に見え隠れする生者の感情の表出に向き合い、それがどのように昇華されていくかということを明らかにしながら、沖縄における墓制の変化について考察を進めてみよう。

3――墓の移動の要因としての都市への移動

本節では、移動に関する語りから実際の移動の様子、要因、そして墓の移動につながっていく過程について示す。事例として、八重山・宮古地域などの離島からの移動に注目する。その理由は、現在の居住地と墓との間の大きな距離にある。本島においては、墓のある宮古・八重山から遠く離れて住む人々の存在は、例えば旧暦一月一六日の行事である「十六日祭」（以下「十六日」と略記）の際に見られる三重城《ミエグスク》の風景として、各種メディアに取り上げられていることで知られている。十六日は、沖縄本島では死後三年以内の死者を主に仏壇のある各家にて祀るものであるが、宮古や八重山では墓に親族が集まり、供物を供えて賑やかに祖先を祀ることで知られている行事である。そのため宮古や八重山出身で、十六日に島に帰れない人たちは、那覇市西の海に面した拝所である三重城に赴き、故郷の方向に向けて先祖を迎え焼香する姿がみられる。

「沖縄本島に暮らしながら墓が宮古や八重山にある」という人の実際の数を知るのは難しいが、那覇市が行ったアンケートによると、那覇市在住者の墓の所在地は約四八％が「那覇市外」とされる。さらに墓までの交通手段として「船」「飛行機」を挙げている人が約八％であることから、沖縄本島の外に墓がある人は全体の一割弱程度と考えられる。[◎3] 以上のことから、集落内部もしくは集落周辺部に墓があることを前提とした先行研究は、現実として乖離が生じていることが指摘できる。

　このように遠方にある墓をめぐって生じる問題が、「行き来が不便で墓への世話が十分にできない」「将来、子供たちが困る」というものである。インフォーマントの多くが、この点に言及して「墓の移動」の理由を語ることからは、家の継承を象徴するものとして、墓における祖先祭祀の継続が重視されるということが導かれるであろう。しかし同時に、墓を動かすことで「生まれた土地とのつながりがとぎれる」「帰ることがなくなるのでは」と危惧するような「葛藤の言葉」も聞かれる。つまり「離島にある墓を移動する」ということは単に家の継承にとどまらず、故郷への帰属意識というアイデンティティの問題でもあり、なおかつ移動者の現実生活にも関ってくるのである。都市化の影響による「墓の移動」のうち、区画整理・道路建設による移動、墓の老朽化による新たな建墓の場合は、主に現在の生活圏内での移動であり、生活圏内から離れても、車社会の沖縄において移動は比較的容易である。しかし継承者の移動に伴う墓の移動のなかでも離島からの移動の場合、金銭的にも時間的にも制約が加わるために、かえって移動者の抱える問題が意識化される契機になる。

以上を踏まえ本節では、移動する個々の人間の実践の詳細と墓に関する語りを資料とし、「家」の永続性や故郷とのつながりといった墓に与えられる意味付けについて、二つの事例から検討していく。

1　移動者の人生史と墓、位牌

事例①　兼浜家（宮古・多良間島から沖縄本島への移動）

多良間島は、沖縄本島から南西に三〇〇キロメートル離れた宮古島のさらに西方約六七キロメートルに位置し、面積は約一九七五平方キロメートルの島である。主な生業はサトウキビ栽培等の農業を中心に、肉用牛の飼育が行われ、漁業はそれほど盛んではない。一九五〇年の国勢調査によると人口三八〇〇人であったが、昭和三〇年代以降一貫して流出が続き一九七五年代には二〇〇〇人を下回った。二〇〇八年現在の人口は約一三〇〇人、世帯数は約五五〇である。現在多良間島から宮古島までの移動手段は、週五便のフェリー（所要時間二時間三〇分）と一日便の飛行機（所要時間二〇分）である。このように、宮古島や沖縄本島への移動に時間や手間がかかることが、仏壇や墓の移動にも関係している。

本事例である兼浜家の長男（五〇歳代）は、中学校卒業まで多良間島で生活し、高校進学のため宮古島へ移り、大学進学のため本島に移動した。その後本島で就職、結婚している。彼の同級生の殆どが多良間島を出て生活しているという。長男は今から二〇数年前に宜野湾市[◎4]に自宅を建てた。一方、両親は多良間で生活し、祖先祭祀を行ってきた。長男は、年に一、二度帰省していた。しかし、将来的に長男の住む宜野湾の家に仏壇を移動することになるとの予想が両親にはあった。産業の少ない小さな島では、子供たちが帰ってきても働く場所がない。また子供らも、多良間の外でそれぞれ職についている。長男も自宅を建てる際に座敷の一角に仏壇となる棚を造りつけておき、いずれ位牌や香炉を多良間から移せるように準備をしていた。長男の妻は「長男の妻だから」という意識から、先々仏壇を移してくるだろうという心積もりをしていたという。父親の死後、兼浜家の祭祀は長男を中心に行うことになったが、仏壇と墓は宜野湾に移動するのに適した年ではないとの理由から、多良間に置いたままであった。その間は母親が仏壇の面倒を見ながら、長男の暮らす本島と多良間を行き来する生活を送っていた。

多良間における「家」は、長男によって継承され、その家の象徴となる先祖の位牌を継承する。長男が死去した際などは次三男が継承する場合があるという〔多良間村史編集委員会 一九九三：三四〕。

また多良間では横穴式掘り込みの墓が多く、墓の殆どは共有墓である。兼浜家の墓は、いくつかの家が模合《もあい》で作った共同墓で、洗骨儀礼は行わない。本島と比較した場合、多良間では墓や骨に注意が払われないのに対して、位牌に対しては三十三年忌まで朝晩の供養、十六日祭などの年中行事、年忌などの儀礼があり、三十三年忌において位牌は燃やされる〔植松 一九九二：二六五—二六六〕。事例の兼浜家においても、位牌は三十三年忌を迎えると燃やされる。また、母親がユタであるため、これまで祖先祭祀を執り行ってきた。移動に関する儀礼である「拝み」もすべて母親が取り扱った。

兼浜家の墓の移動に関する話が持ち上がったのは、二〇〇四年四月のことである。そこには、母親の「子供たちに難儀をさせたくない」という強い意志があった。墓の移動に関する儀礼としての「拝み」は、それを行う日時や方角が重要視され、継承者の干支に合ったよい月日、よい方角を選ぶ「日取り」[◎5]をとるのは非常に難しいという。自分が亡くなった後、子供たちが死者儀礼のための多良間と本島との行き来に困難が生じる場合もある。それに備えて自身が元気なうち「拝み」を執り行い、子供たちに難儀させないようにしたかったという。二〇〇四年の「日取り」をみたところ、墓や仏壇の移動によい年であった。またその年は「ユンヂチ（閏月）」[◎6]にあたり墓の移動に良い年とされるため、ユタとして兼浜家以外にも他に七家の墓の移動に関わったという。

四月に本島にやってきた母親は、早速墓探しを始めた。本島に住む親族とともに三箇所ほど見て回ったという。そのなかで、海に向いた場所にある適当な墓が見つかった。しかし「中古」の墓であったため自分が拝んでお払いしようとしたが、三男の「前に入っていた人とケンカするからよくないらしい」という言葉が気になり、別の霊園に新しい墓を購入した。一〇月に多良間から遺骨を移し、納骨式を行った。残された多良間の墓は共同墓であるため、兼浜家が使わなくなったとしても他に利用する人がある限りは墓として機能し続ける。

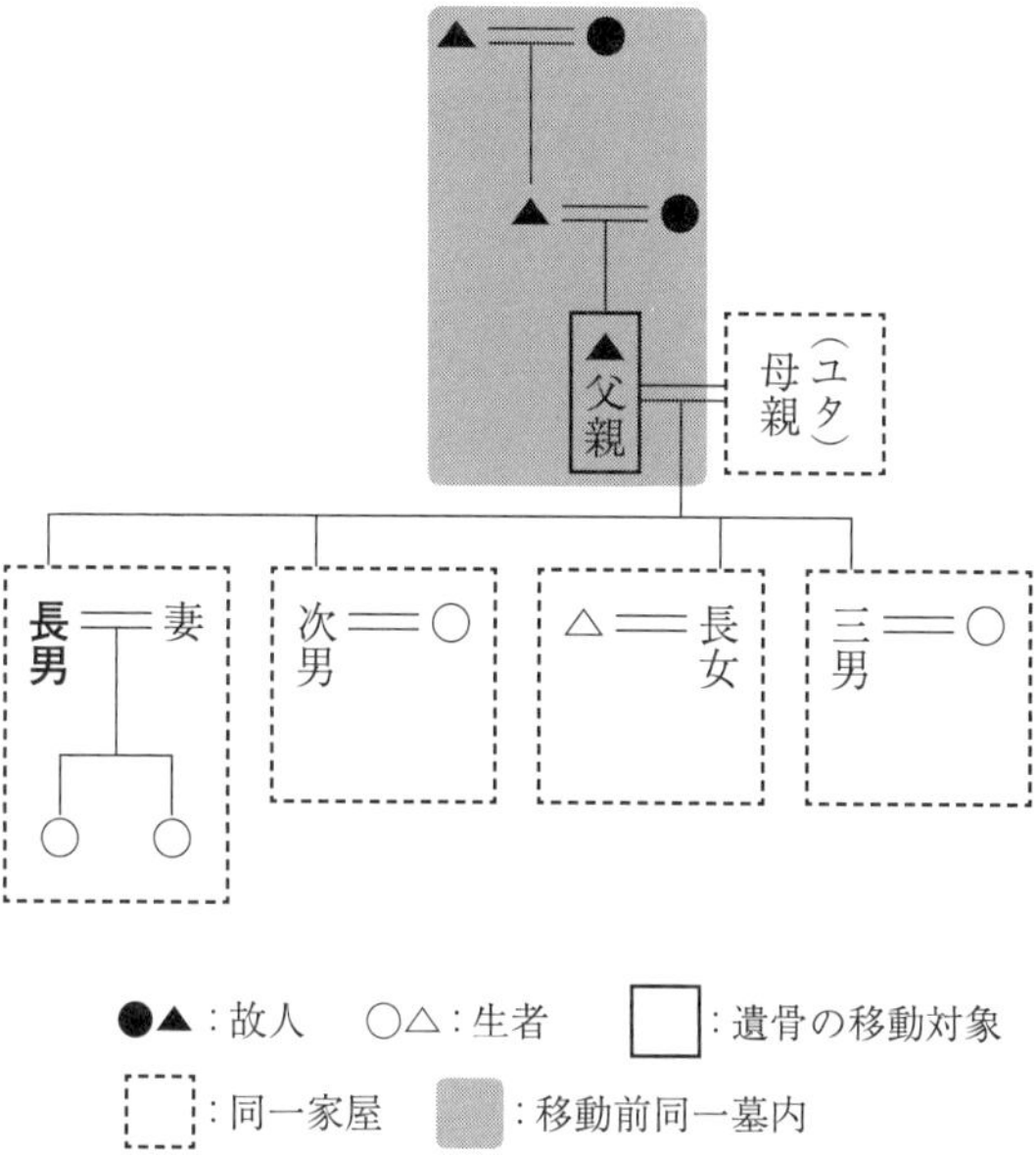

図①　兼浜家（事例①）系図

長男は、母親のやや性急な墓探しに、当初反対であった。墓の移動の話などは、大体六〇歳を過ぎて出始めるものであって、自分にはまだ早いという気がしていたという。また高校進学以来生まれ島を出て生活していた長男にとっては、島とのつながりを示すものとして墓が存在していた。多良間との縁を切りたくないという気持ちから、墓をそのままにしておきたかったという。[7] しかし、墓が遠くにあったのでは、先祖とのつながりを示す墓への祀りが十分に行えないこともある。仏壇への祀りは日常的なもので、その積み重ねは墓に行き着く。やはり墓への祀りが重要である。高齢の親にとって、今後誰が祀りをしっかり行ってくれるかというのは気がかりなことであるし、自分も墓を近くにおきたい気持ちがあった。それゆえに、墓を島とのつながりを示すものと考える気持ちに区切りをつける時間が必要であったと語った。結局移してしまえば非常に簡単に移動は終わり、何か割り切れない気持ちを抱えているが、納骨式の際に「安心して死ねる」と涙する母親をみて、自らを納得させた。

仏壇の移動は、墓の移動の翌月である二〇〇四年一一月に行われた。墓の移動に対して、仏壇の移動の「日取り」は「そんなにうるさくない」、つまり「日取り」を取るのに墓の移動ほどに気を使わなくてよい。本土に位牌を送る際に、宅配便で送る人もいるくらいであるという。墓の移動を終えて一旦多良間に戻っていた母親が、位牌を携えて飛行機を乗り継ぎ本島にやってきた。宜野湾の自宅門前での拝み、台所の火の神の前で線香三本と酒を供えて拝みを行った後、仏壇の前で法華経を唱え、最後に家の敷地の一角にある「家のカミ」への拝みを行うと、仏壇の移動に関する一連の「拝み」は終了した。その後、多良間料理として魚を塩のみで煮付けた料理や菓子、島酒（泡盛）が振舞われ、にぎやかに夜は更けた。

これまで単なる物入れとなっていた宜野湾の仏壇は、この「拝み」を終えると、仏壇として機能し始めた。逆に多良間の仏壇には「サン（魔よけ）」で封印をしてきたため、もう位牌は戻れない。そして、母親は今後も元気な限りは多良間と本島を行き来する生活を続け、「最期は仏壇のある宜野湾で死ぬつもりである」と宣言している。

事例② 佐久本家（与那国島から沖縄本島への移動）

与那国島は、沖縄本島から南西に約四〇〇キロメートルの石垣島からさらに約一二〇キロメートル離れた場所に位置する面積約二九平方キロメートルの島である。主な生業は漁業、サトウキビ栽培を中心とする農業、酪農、観光業などである。戦後の闇貿易で人口が一万人以上に激増したが、その後は一貫して人口流出が続き、二〇〇九年現在人口は約一七〇〇人である。与那国島と石垣島との交通手段は、飛行機が一日一往復、小型飛行機便が週四往復（ともに所要時間三〇分）、フェリーが週二便（所要時間四時間三〇分）である。多良間島同様に、島内に高等学校以上の高等教育機関はなく、進学するために島を離れる一五歳以上の若年層が多い。

本事例の佐久本家の長男（五〇歳代）は、与那国で生まれ、本島・那覇の高校、本土の大学を卒業した後しばらく本土で職に就く。父親は与那国町役場に勤務し、与那国から出て生活することはなかった。祖父の葬式のために長男が与那国に戻った際、先々佐久本の家を継ぐことを見据えた父親から、沖縄に戻ってきてはどうかと話を切り出された。父親の言葉に従い、長男は三〇歳代で沖縄に戻り、本島で起業した。彼の同級生のうち約八割が沖縄本島で生活していて、生まれ島を出た後に本島で生活するというライフコースや、または仏壇、墓を移動させることも、事例①同様珍しいものではない。◎8 次の継承者となる世代が現在住む土地と両親の住む家屋・仏壇そして墓のある与那国とに距離が生まれたため、将来的に仏壇や墓をどのように祀っていくかということは、佐久本家だけでなく他の家でも懸念されている。

佐久本家は大正末期から昭和初期に与那国の比川《ひがわ》地区から祖納《そない》地区に屋敷を移し、墓を新たに集落に近くの浦野地区に造営した。その墓には初代夫婦、二代夫婦及び幼死した長男、三代となる次男及び幼死した次女が葬られており、位牌も同じである。

佐久本家のような「家」の継承は、沖縄本島における継承規則とは異なるが、与那国においては逸脱した例ではない。与那国島で「家」は、「ダー」もしくは「キナイ（家庭）」と表現される。キナイは、空間的にはムラ内の石垣により囲まれた一個の屋敷地の家屋（ダー）に住むことを前提とする社会単位である。本家は「ムトゥキナイ」、分家は「バガリキナイ」と表現され、そのキナイの理想的展開過程は一世代一夫婦の一子残留型である。後継者を一名残すことが不可欠であるが、本島とは異なり厳密に出生順の長男子とは限らず、その死亡により繰り上げがある。また男子が得られない場合でも女を介して種の属性の伝達は上位世代より可能という解釈がなされる。墓の帰属

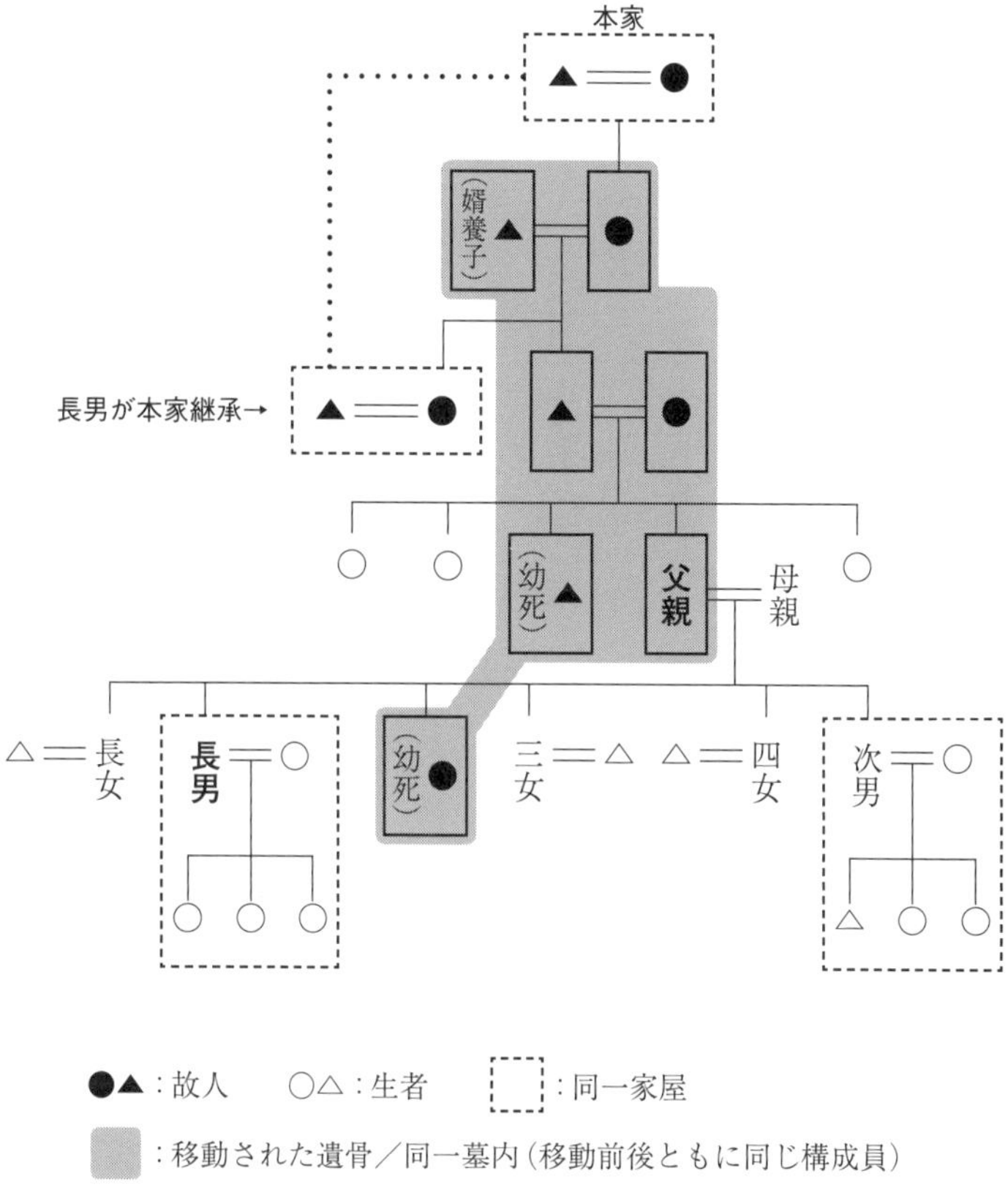

図②　佐久本家（事例②）系図

は、位牌への帰属と同じである〔渡邊・杉島　一九八〇：三三二〕。つまり同一の墓に入る者が同一の位牌に入るため、位牌と墓は一つの組み合わせのように考えられる。そのため現在与那国外への位牌の移動が起こりうるときは、墓に関してもその移動が話題に上るのである。

佐久本家の長男は結婚した後、長らくマンション暮らしをしていた。そして、数年前に自宅を建てることが決まってから、仏壇の移動の話が本格化した。父親が健在な間は両親が中心となって旧盆、十六日、年忌などを行うので、長男が必ずしもそれに出席する必要はなかった。しかし「何かあったときに墓が遠いと簡単にいけない」うえに、「与那国式（による仏壇や墓の移動）は大変だから、自分たち夫婦が生きているうちに那覇に移そう」と両親は日頃から話していた。長男夫婦は仏壇の移動に合意していたため、両親と相談しながら自宅を建設する際に仏壇をおく場所を用意しておいた。一方で、墓に関して長男は「墓があれば誰かが与那国にいく。でも、墓を移せば与那国とのつながりが途切れるのではないか」という心配から、積極的にはなれなかったという。

二〇〇一年に那覇に自宅が完成すると、移動に向けた準備が始まった[◎9]。同年父親が亡くなり、位牌の移動は二〇〇二年四月に行われた。位牌を携えた母親が飛行機で那覇入りした。与那国からユタが同行して、那覇の佐久本家の仏壇や台所の火の神で「拝み」を執り行い、「那覇の人になったから」と那覇周辺にあるウタキ（御嶽）[◎10]をまわり「拝み」を行った。

2　墓の移動という選択と葛藤

移動者の中には、仏壇や墓における祭祀継続の重要性は理解していても、「墓を移動できない」「墓を移動させたくない」「墓を動かす意味があるのか」と悩む事例に筆者はしばしば出会った。このような「墓の移動」をめぐる葛藤は、(1)墓を動かすために必要な経済的基盤について、(2)墓をめぐる故郷観、(3)次世代の継承問題について、の三つに分けられる。

まず、祭祀の継続のために「家」の継承者の住居と仏壇そして墓との近接性が重視されるが、そのためには経済力も必要である。建墓に関しては「家より先に墓を建てる」◎11という言葉あるが、墓の移動の場合は実際、「家」を継承する者が位牌を安置する家屋の建築、職業の安定といった経済的基盤が整ってからでないと墓を建てることができないという現実がある。なぜなら移動先となる本島都市部は土地が狭小なうえ、広い土地が必要な家型の墳墓は非常に高額である。二〇〇五年に筆者が行った霊園業者、墓石業者及び利用者からの聞き取り調査によると、墓の造営には少なくとも一〇〇万円以上、平均で二〇〇万~三〇〇万円は必要であるとされる。沖縄県が二〇〇七年に行ったアンケート調査では、造営年代にばらつきがあるものの、一〇〇万から三〇〇万円台がもっとも多い。そのため墓の移動には、墓を買えるか買えないかといったその家の経済事情が絡むのである。そのことを端的に表した以下のような事例に筆者は遭遇した。

事例③　新垣家（男性・五〇歳代・与那国出身、二〇〇四年聞き取り）

新垣家は与那国から移動してきて、那覇に住んでいる。聞き取りを行った長男（父親は既に他界）

は与那国出身の妻と結婚し、二男二女をもうけている。両親は与那国で農家をしていたが、食べていくのが大変で畑を人に貸して、一九七二年頃那覇に出てきた。与那国に置いてきた仏壇と墓は、姉（結婚して与那国在住）が面倒を見ていた。父親は八年前に那覇で亡くなったが、火葬した後四十九日に与那国の墓に納骨した。そのとき与那国と那覇を行ったり来たりして大変だったので、その後四年たってから仏壇を移した。仏壇は沖縄仏壇で、半間以上ある大きなものである。旧盆の際には、棚の両端にはサトウキビを供え、ミカンやグァバなどの果実のなる樹木の枝を刺す与那国独特の飾りを、那覇でも施している。また施餓鬼の一種である「ミディヌク（八重山一般で「ミンヌク」ともよばれる。小麦粉、サトウキビや生姜の葉等を水に混ぜる）」が祭壇の下におかれているのも、与那国で行う旧盆同様である。近年、都市部において年々早い時間に行われるようになった「ウークイ（送り）」行事も、旧暦七月一五日夜中に行い、「与那国のやり方」を那覇でも忠実に行っているると母親は語った。

「仏壇は移したが、墓はまだ移していない」と長男は語った。ということは墓を動かす意思があるのかと思い、それとなく墓の移動の時期について聞こうとしたが、なかなかその話にならず、その後会う約束も伸ばし伸ばしになった。後日、やっと話ができたので「○○さんの家は墓を移すことを考えているようですが」と他の家を引き合いに出し墓の移動について聞いてみると、「あー、うちは○○さんとこみたいにお金がないから……」と言った。

「与那国のやり方」で儀礼を行う場合、ウンケー（迎え、旧暦七月一三日）の際には、墓に出向き

「旧盆ですからお家にいらっしゃってください」と声かけをする行為が、一連の旧盆行事に組み込まれている〔越智 二〇〇四〕。そのため本事例のように、与那国から那覇に仏壇を移動した後でも「与那国のやり方」を忠実に行う場合、墓が遠方にあることが問題として表出しやすいことが予測される。そして、墓を動かせない理由は外聞を憚るように語られるのであった。しかし、それでも墓を動かすだけの経済的余裕がなければ、墓は動かせないのである。つまり「墓を移動させたいけど移動できない」のである。このような事例は「家」の継承者の住居と仏壇、そして墓との近接性が重視されることの裏づけともなるが、近接性重視とは逆の葛藤も見受けられる。それが「墓をめぐる故郷観」である。

しかしながら、上述したように経済的基盤が整えば全ての家がすぐさま墓を移すというわけではない。祭祀の継承に関する重要性の語りとは別に、「墓と故郷のつながり」が、先述した二つの事例の長男の中で大きな葛藤として語られている。

事例①の兼浜家の長男の場合、高等学校進学以降、多良間島を出て生活してきた。自分の人生の根本が島にあるが、その象徴となっている墓を動かすことに対する葛藤が以下のように語られた。

島を出てから自分を浮き草のように感じていたが、唄（琉球古典民謡）を習うことで自らを確立できた。（本当は）生まれ育ったところに帰りたいが、生活する場所がない。それで年に一、二度は癒されに帰っている。しかし、（墓を移して）これから島の人間といえるかどうか。島の土に返るという基本から抜けてしまう。

また、事例②の佐久本家の長男は以下のように語った。

墓まで移してしまうと、与那国と途切れそうという心配がある。当初那覇に家も決まってなかったということもあり、本籍地も与那国においている。本籍地の住所というのは固定だという観念があったから。自分の生まれたところは固定だから。

このように離島で生まれ、沖縄本島、本土への進学、就職といった移動の連続である彼らのライフヒストリーの中で、自分の生まれた地のみを「固定したもの」と考え、その土地とつながる墓を「故郷」を表すものとして考えている様子が窺える。また、その背景には、本島都市部の墓と比較したときに浮かびあがる故郷の墓の特異性もあると考えられる。佐久本家の墓は海辺の自然の地形を利用した斜面に横穴式に掘られたもので、「おじいさん（初代）がヤー（棍棒）一本で月明かりの中で掘った墓なんだよ」と折に触れ言及されるように、「一家の歴史」を物語るものとなっている。初代の建墓以降、補強や改修を繰り返しているその墓は現在コンクリートで外面を整えた家型の墳墓で、墓庭を設えた非常に大きな造りである。現在でも与那国では町の定めた一定の土地に自由な建墓が可能で、大型の墓も多い[◎12]〔原 二〇〇〇：七六〕。そのため与那国の墓と都市部の墓とを比較するような語りもよく聞かれる。筆者を交えた会話の中で、佐久本家長男とその妻（本島北部出身で、幼少の頃、両親と共に那覇に移動）は以下のように語った。

長男「海が見えるお墓がいい。お墓って暗い感覚がまったくないんですよ。お墓って怖くないから、小さいころからずっと遊びに行ってるしね、十六日も行ってるしね。だからお墓って広々とした海の側とかいうのが頭の中にあるね」

長男妻「それは、与那国のお墓を見てるからそうなるのよ。だって那覇なんかでそういう広々としたお墓なんて買おうとしたら、すごい費用がかかる。あの、識名（那覇市の霊園地区）の団地の墓でも、あんなにズラーッと並んだところでも」

長男「何百万でしょ。ズラーッと並んでお墓の地図書かんと分からないような同じ墓がダーっと並んでる、お義母さん（妻の母）のお墓なんかでも。僕らなんか分からんもんね。同じ墓。なんか目印付けとかないと。迷路みたい」

このように、与那国と比較した場合、本島都市部では個人名義の土地への建墓が難しいため、「お墓の地図を書かないと分からないような同じ墓が並んでいる」と長男によって評されるように、法人経営の集団墓地という縁のない土地に他人同士が規格化された墓を建てることが多いということへの抵抗感が語られている。

以上のような「墓を通じた故郷観」は、実際に与那国からの移動を経験した長男だけに存在するものではない。以下の聞き取りからは、妻や子供にも「墓を通じた故郷観」が見出せる。

長男妻「理想としては与那国に置いときたいですね」

長男「誰も行かんよ」

長男妻「行かないかな？　あれば誰かが行くでしょ。そしたら、あー自分のお父さんが生まれたところだねーって思うんじゃない？　もしもここに持ってきたら与那国に誰も行かない。もう忘れ去るんじゃない？」

長男娘「墓を移してもいいんだけど、ばあちゃんもこっち（那覇）に住むし、お墓もこっちに移してしまったら向こう（与那国）に行かなくなってしまうから、それは寂しいから、せめてお墓はおいて。そしたらみんな（与那国に）行きやすいし」

結局二事例とも墓の移動に至るが、その過程では墓と故郷を結びつけ、墓を「移動させたいけど移動させたくない」というような葛藤の言葉が聞かれる。また、墓の移動に至る背景をみてみると、「墓の面倒を見ている側」の意向が大きく反映されている。墓の面倒を見ている、つまり墓の管理をしているのは主にもうすぐ「祀られる側」になると考えている親世代を含む島に住む上位世代であることが多い。島にいる高齢者には、複数の親族の墓の面倒を見ている事例が多く見受けられる。

彼らは草生す墓を眺めると不安になるという。つまり高齢であるため草刈りなどが行えなくなり、十分に墓の面倒を見られなくなることを不安視しているのである。そこには、確たる継承者によってその墓が適切に祀られることに対する願いが窺える。

このように墓の移動は、移動にいたるまでの長期間のやり取りを含めて、これまで次世代の継承者であると目されていた人間を確たる継承者とする、そして継承ラインを確定する実践となる。移動元の与那国でも「どこそこの家の墓は、本島に住む長男がもっていった」または「将来的にもっていくだろう」というような会話がしばしば交わされることからも、「家」の外に対しても継承者と継承ラインを明らかにする実践になっているといえる。

しかしながら、「動かしたいけど動かせない」「動かしたいけど動かしたくない」というような葛藤に注目することで、必ずしも祀る行為自体にとどまらない墓との個々人のつながりも見出せる。そこから明らかになるのは、特に仏壇と比較した際に浮かび上がる墓と土地との一体感や、その土地そのものを表すような墓の特異性である。遠方の島に墓があるということは、その島の出身者であるということを示し、そこから墓を移して新たな土地に墓を建てるということは、新たな土地の人間になるということを表明することになると当該地では考えられているように、各自の生き方に深く影響するものとして墓は存在している。

最終的には祭祀の継続が重視され、墓や祖先の記憶や思い出を含む故郷観は「個人的なもの」として退けられた。しかし、その後も一貫して記憶や故郷観が個人的なものとして後退し続けるわけではない。続く節において、再度現れる「故郷とのつながり」について取り上げる。

4——墓の移動とその祭祀

本節では、移動の際の祭祀、移動先の新しい墓で行われる祭祀について考察する。墓の移動を決定する際には祭祀の継承を重要視し、一旦後退した「故郷とのつながり」が、新しい墓において再度現れる様相を二つの事例からみていく。

1 新しい墓における儀礼

事例④ 洗骨を伴う墓の移動儀礼

前節事例②の佐久本家を例に、与那国からの墓の移動の様子を含めながら沖縄本島の新しい墓で行われた儀礼の様子を述べる。

墓の移動は、二〇〇六年に行われた。与那国島における洗骨は年に二、三件程度であるが、遺骨のみの移動は珍しいことではないという。◎13 佐久本家の場合、与那国でなくなった父親の洗骨が終わらないうちは移動ができない。しかしこの数年は毎年墓が移せるかどうか、与那国の「日取り見」に日取りを見てもらっていた。それは与那国における祖先祭祀に精通した母でないと墓の移動に関わる様々な準備行うのは困難であると考えてのことで、「母が健康なうちに墓の移動を行いたかった」と長男は語った。そして二〇〇六年春頃、墓の移動の話が急にまとまった。与那国のやり方によると、「ヌチ（主）」としての長男の干支以外に、妻、娘にいたるまで干支をみて日取りを取る。そのため、複数人の干支によるよい日取りが合致するのは非常に少ない。このような日取りのよさに加えて、その年が「ユンヂチ（閏月、与那国方言ではドゥイトゥチと発音）」であることにも弾みがついたという。沖縄本島南部にある霊園の墓を購入し、与那国の墓での父親の洗骨と同時に、父以外の遺骨も含む移動を行うこととなった。

年	申請件数	申請者実数
2000	10	3
2001	6	3
2002	1	1
2003	6	2
2004	8	3

表①　与那国町改葬許可証申請数（網掛け表示はユンヂチを含む年）

二〇〇六年一〇月、与那国島の佐久本家の墓にて長男の父親の洗骨儀礼と、すでに洗骨を終えている曾祖父母、祖父母、伯父、妹の遺骨をバーナーで焼く作業、及び墓の移動に関する儀礼が行われた。大正期にこの家の墓が作られてより後、初めての移動である。

(1) 準備

長男は前日朝に那覇空港を発ち、石垣空港を経由して乗り換え、一日一便のジェット便で与那国入りした。二日前までに弟や姉妹の四人は与那国入りしており、母親と近隣の手伝い人とともに準備を進めていた。洗骨を行うために亡くなった父親の母方の従姉妹二人が、現在居住している沖縄本島より駆けつけた。長男・次男の妻と子たちは新しい墓において納骨儀礼を行う準備をするため

に、今回は与那国には同行しなかった。◎14

午後になると自宅の台所で儀礼に用いる供物料理の準備が始まった。手伝い人に振舞う料理としてイリチャー（炒め物）、刺身、おにぎりなども次々準備された。長男は別室で遺骨を運ぶ袋を準備した。◎15

与那国では墓口を開ける「墓開け」を引き潮の時間に行うのだが、この日は引き潮が午前三時頃であった。◎16「日取り」によって当日中に納骨まで行うためには、その日午前の与那国発石垣行きジェット便に乗る必要がある。◎17しかし午前三時から墓を開け始めて洗骨を行うと、午前一一時の飛行機に間に合わない可能性がある。そのため長男は、墓を開ける時間を前倒しして前日の午後一一時頃に予定した。

図③　洗骨の準備（2006年10月、筆者撮影。以下すべて同じ）

夜一一時前になり、長男は那覇の自宅にいる妻に「今から墓を開けるから、（那覇の自宅にある）仏壇に線香をあげて報告してくれ」と電話した。しかしその後、集落の長老格の老人が家にやってきて、与那国方言で母親と長男に話をし始めた。その老人は、「引き潮以外に墓を開けてはならん」と語気を強めていた。母親や長男は黙って話を聞き、同意した旨を伝えると、老人は帰っていった。長男は、「飛行機の時間を気にして墓を開ける時間を決めたけれど、それでよかったのか気になっていた。自分たちだけではなくて、皆が納得する形でないと墓を動かせない。これでよかった。ほっとした」と自分に言い聞かせるように語った。しかし「家の問題なのに口出しするなんて、あの人は失礼だ」と老人に対して不満を洩らす親族もいた。

墓を開ける時刻まで墓で待機することになり、一同墓に向かった。手伝い人がすでに待機しており、墓で親族や手伝い人とともに墓開けに備えて食事を取ることになった。牛肉を煮込んだ汁物や、炊き込みご飯のおにぎりなどが振舞われた。その間、手伝い人以外で近隣に住む人びとが挨拶にやってくる。「(今回洗骨される) おじいさんに「シマナー (島名。童名のような島独特の呼び名)」をつけてもらったんですよ」とか、「佐久本さんちに遊びに行くと、いつもPX (米軍基地内スーパー) においてあるオートミールとか粉ミルクとかあって、ハイカラな生活をしているところだった」と故人やその家に関する思い出話が交わされた。

(2)墓開けと洗骨、火葬

日付が変わって午前二時前になると、儀礼を執行する「ユタのおばさん」が到着した。近隣の墓や墓の土地神に対して海砂が入った香炉を配置するように、「ユタのおばさん」の指示が出された。墓域 (墓庭) の左、墓口の前にそれぞれ香炉が置かれると、「拝み」が始まった。墓口での「拝み」が終わると、長女が墓口を叩く所作を行う[図④]。この墓開けの合図により、長男と次男が墓口の石を固定している漆喰をノミで開け始めた。次に長男と次男が墓口より入り、父親の棺を墓庭に引き出すために、棺の下にトタン板を刺しこみ、板ごと外に引き出した。棺の側面は一部へこんでいる。母親はすぐさま、その部分から棺の中の骨の様子を確認し、長男らは続いて棺の蓋を開けた。棺の蓋が開けられ中を見るや否や、長女が「お父さーん」と声をあげて泣き始めた。それに続き、次女たちも泣きながら骨を取り上げ始めた。水を張ったたらいに入れて洗われた遺骨は、泡盛で湿らせた白いタオルでぬぐわれ、一本ずつ白い布の上に並べられた。長男と次男は父親以外の遺骨の入った甕を運び出すために忙しく、骨を洗うことはしなかった。◎18

遺体が「きれいに」白骨化したことは、成仏した証拠とされ、喜ばれる。しかし、逆に「きれいに」白骨化せずに、例えば肉

図④　墓口を開ける。左手前にあるのが海砂を入れた香炉

が残りミイラ化したような場合は、成仏していない悪い兆候とみなされる。そのため、棺を開けるまで親族らは極度の緊張を強いられる。本事例でも、洗骨を終えた後に娘たちから「お母さんの声、骨を洗う前と後で別人だね」と言われるほど、母親は棺を開けるまで緊張していた。それはこの一連の儀礼が手伝い人以外にも「古老」たちが見守る中行われ、死者の白骨化の様子が周囲に確認され評価されるためである。洗骨は準備を含めて大掛かりな作業を行うため、一〇人以上の手伝い人が必要とされる。その手伝い人にとって洗骨は死者の様子を確認し、また「あの墓は白骨化しやす

い良い墓である」などと墓を作った故人や墓自体を評価するような機会にもなっている。与那国では、七年忌に洗骨を行う。白骨化に関しては「成仏した」という解釈もあるが、実際は墓の造りによって白骨化のよしあしが決まることも、洗骨の経験がある島民であれば承知している。遺体は三年から五年ほどで白骨化するものだが、「成仏していない」という解釈を周囲に引き起こさないために、完全に白骨化する時を余分にかけるという。そのため納棺から六年置くのが望ましいと、機能的に七年忌の洗骨を解釈する島民もいる。

図⑤　処分された甕、陶器類、儀礼に使用した香炉

遺骨以外の残骸はすばやく墓の外に運び出され、手伝い人によってバーナーで燃やされる。すでに洗骨を終えて甕に納めてあった遺骨も次々と運び出され、残骸とは別の場所にひかれたトタンの上でバーナーを使って燃やされた。遺骨に含まれていた有機物は完全に無機物へと変化し、乾いた白い骨となった。洗骨を行う場合は洗った骨を足から順に甕に納め、最後にのど仏と頭蓋骨を乗せることや頭蓋骨への崇拝がこれまで報告されているが〔酒井　一九八七：五六―五九〕、本事例のように甕ごと移動しない場合、遺骨は袋に入れられるため、遺骨を納める順序は考慮されていない。また、遺骨が納めてあった甕は、割って処分された。洗骨を見守っていた老人に「墓を移すときは甕を

割るのですか」と質問してみると、「島の中の移動だったら割らずにそのままもっていく。島の外に出すときは、割ってしまう」と答えた。墓内に甕とともに納めてあった副葬品である陶器類（食器として死者が生前使用していたもの）も墓から出されて、同じく割って処分された〔図⑤〕。

バーナーで火を入れた遺骨は、しばらくおいて冷却した後に準備してあったビニール袋に納められ、旅行用バッグにまとめられた後、飛行場に行くまでの間一時的に墓口の前に安置された。その頃には、周囲が白々と明るくなり始めた。長男らは一旦家に戻って飛行機に乗る準備をすると、再び墓の前に集合した。親族、手伝い人、そして近隣の人々が集まると長男が礼を述べ、挨拶を行った。その後、皆車に乗り込み飛行場に向かうが、一度集落が見渡せる高台を通り、「島見せ」という葬送儀礼の際に行う「死者と集落の離別の儀礼」〔名嘉真　一九九九：五二〕が行われた。さらに集落内に入り、自宅の前を通って飛行場に向かった。

(3)遺骨の移動

飛行場の待合で出発時間まで待機する間、集落の人々が挨拶にやってくる。一時間弱の待ち時間に三〇人ほどの人々が次々と挨拶に訪れる様子を見ながら、長女が「これが与那国の『情け』よ。内地にはこういうことがない」と誇らしげに語った。弟（長男）の住む沖縄本島と与那国とではどちらに墓があるほうが良いかと筆者が聞くと、「どちらにあっても良かった。誰が継ぐとはっきり決まっていれば。与那国にあれば、私たちが与那国に行く機会にはなるが……」と語った。

(4) 納骨式

那覇空港に着き、数台の車に分乗して霊園まで移動した。午後三時から納骨式を行うため、親族は与那国を出る際にすでに喪服に着替えて飛行機に乗り込んでいた。霊園に到着すると、喪服を着た長男の妻や次男の妻らが、納骨式に訪れた人々に応対していた。霊園は海が見下ろせる高台の上にあり、県道からのアクセスも良い便利な場所にある。新しい塔式の墓石には家名が金文字で彫られている。まだ新しい霊園で、周囲にはさほど他家の墳墓が建っていない。その空きスペースを利用して来客用のテントを張り、机と椅子が並べてある。

納骨式に訪れた人々は、長男を中心に佐久本本家、父方親族、祖母方の親族、母方の親族、妻方親族、そして沖縄本島に暮らす与那国出身者、与那国から同行した数名、長男の経営する会社関係者らも含めると総勢四〇人に上った。墓に一番近い場所には、母親、長男夫婦、長男の長女、そして佐久本家の父方母方親族の長老者が並び、その後に次男夫婦、次男の長女、長男の姉妹ら、長男の妻方親族らが続いた。

納骨式は仏教僧侶が執り行った。読経に続き、周囲に米、塩を振り、納骨を行う。新たに準備された甕に、長男が遺骨を一袋ずつ移した。遺骨を移す際には、親族の中の長老格の女性（父親の従姉妹）が前に歩み寄り、一番近くから確認するように見入っていた。僧侶による儀礼は以上で終了し帰っていったが、母親は「（儀礼が）簡単すぎて物足りない」と洩らしていた。

墓の形は本島では珍しい塔式墓である。次男の娘（本島生まれ）は「内地のお墓みたい」と評していたが、この墓形は、八重山一般で近年広く普及している形状の墳墓である。この形式の墓は、沖縄本島ではあまり普及していないため、一見すると「大和墓（やまとばか）である」と沖縄本島の人々には分類されるのである。本島では本土日本の業者から持ち込まれた規格化された墓石による家型が多いが、沖縄各地によって普及している形状が微妙に異なる。そのため移動元の土地で普及している形状の墳墓を、新しい墓でもあえて用いることで、「故郷」が表現される場合もある。

納骨が終わった後は、本島で生活する長男の同級生が三線で「ヨナグニニンブチャー（与那国念仏歌）」を唄い、長男が太鼓を叩いた。この念仏歌は「親の恩は山より高く、海より深い」という「孝の精神」を謳ったもので、旧盆などの際に唄われる。長男の慣れない太鼓に皆は微笑みを浮かべながら聞き入った後、弁当が振舞われ、午後五時前には散会した。

2 洗骨を伴わない墓の移動と納骨式の事例

事例⑤ 洗骨を伴わない墓の移動と納骨式

ここでは東迎家を事例に、洗骨を伴わない墓の移動と納骨式の様子について述べる。

二〇〇五年七月、東迎家の納骨式が行われた。主宰となる長男は与那国出身者で、現在は那覇にて理容業を営んでいる。弟二人も、沖縄本島に住んでいる。三〇年以上前に父親が亡くなり、遺骨は幼くして亡くなった子供二人（長男の兄弟）の遺骨とともに与那国の墓に納めてあった。すでに洗骨は終わっている。その後墓が遠くて行き来が不便なので、二〇年ほど前に遺骨だけを那覇の観音堂という寺院にある納骨堂に移動させ、預けてあった。このように現在の居住地近辺の寺に遺骨だけ移動させる事例は、与那国に限らず珍しいことではない。本事例では東風平《こちんだ》に墓を築造したため、新たな墓に納骨することになった。

墓は畑に面した土地にあり、背後には小高い丘がある。周囲には五基ほど墓が並び、その一角に東迎家の墓が新たに建てられた。墓庭が広い造りで、墳墓本体と別に個人用の墳墓が手前に一基ある。これは長男の母方のオバ（母の姉妹）によると「縁のある人」の遺骨を与那国に墓がある時から預かっていたのだが、新しい墓作るにあたって別に分けたという[◎19]。

図⑥　振舞われた料理（左手前から時計回りに、酢の物、赤飯の入った折、カジキの刺身、中身汁）

墓の前には、テントを二つ張って長机を並べている。奥のほうでは、料理の準備している。仕出し料理の入った折以外に、与那国のナンカ（七七忌）や十六日祭同様に、中身汁（豚の内臓を使った汁物）、刺身、酢の物は家で調理したものを持ち込み、汁物はその場で温められて振舞われた［図⑥］。

二つのテントには約五〇人が集まり、座りきれずに立っている人もいる。テントには墓に向かって右手から、父方母方関係なく長老者（主宰長男のオジ・オバ中心）から座っていくのも、与那国におけるナンカや十六日祭と同様の席順である。筆者は、長男の母方のオバたちが座る席に混じって着席した。オバたちがお互いしゃべる言葉は与那国方言で、墓の造りであるとか、「ユタ」の差配について与那国のやり方と比較して批評しあっている。主宰となる長男とその妻、弟夫婦らは墓前で供物の準備を行い、席には着いていない。高齢の母親は墓前の椅子に座り、時々指示を出している。

図⑦　墓前の供物

　墳墓の前には厨子甕が二つと小さな甕二つがすでに準備されている。大きな厨子の一つは長男の父親の甕、二つ目は上述した縁者の遺骨用、小さな甕は幼い頃に亡くなった兄弟用である。その周囲には、供物として料理〔餅、イリチャー〔炒め物〕、豚肉等〕が入った重箱、果物、花、菓子、豚の頭などが供えられ、本墓同様に手前の墓にも小さな設えで同様に供物が配されている〔図⑦〕。

　準備が進む中、女性の「ユタ」が二人現れる。宜野湾に住む「ユタ」であり、与那国から本島に移動してから東迎家は、この「ユタ」に様々な「拝み」を依頼しているとのことである。この「ユタ」に相談して納骨式の日取りを決めたが、理容業が休みとなる月曜で皆が集まれる休日〔この日は祝日〕が基準となっている。

「ユタ」が墓で「拝み」の言葉を唱えたあと、長男夫婦らが甕を墳墓内に納め始めた。しかし、納める位置をめぐってそれぞれ意見が分かれ始めた。与那国では亡くなった順に、墳墓内向かって左から甕を納めていく。しかし「ユタ」は墓内中央に父親の遺骨を置き、左右に子供らの遺骨を置くようにと指示する。これは、沖縄本島で広く見られる甕の配置である。長男と「ユタ」が主張しあう中、足が悪く終始座っていた母親も口を出した。結局ユタの指示に従うことで決着したが、筆者の傍らで見ていたオバたちは「与那国ならあんなことはしない」と苦言を呈しながらも、「まぁ、ユタのプライドもあるからね」と小声でつぶやいた。このように島を越えた移動の場合、元の場所における「やり方」と移動先の「やり方」をめぐって、大小の諍いが起きるのが常であるといえる。

その後「ユタ」は本墓に対して拝み始めるとしばらくして、二人とも泣き始める。「ユタ」は母親、長男の妻を呼び、父親が喜んでいることを涙ながらに伝えるが、長男は呼ばれなかった。しかしこの「ユタ」の行為によって先ほどの諍いは収まり、文句を言っていたオバたちをはじめ周囲は「死者（父親）がこの墓を喜んでいる」と納得した。続けて「ユタ」の一人は別墓に対しても「拝み」を行った。その後「ユタ」は東風平の墓の周りにある御嶽をまわり、当地のカミに納骨を報告すると言い、その場を離れた。

納骨が終了し長男が挨拶に立つと、父親の好きだった唄を披露した。その後、乾杯をして宴会が始まる。「祝」と書かれた料理の折は二段で、中には赤飯のようなもち米で炊いた祝い用飯が入っている［図⑥参照］。喪服をつけた親族は一人もいない。以上のことから、洗骨を伴わない納骨式の場合は、墓の新築を祝う場としての意味合いが強く表れているといえる。

3　墓をめぐる人々

墓の移動に関与する人間の数は、その後の墓祭祀に比べて規模が大きい。「祀る側」として主宰となる人間を含む家族、親族だけではなく、納骨式には同郷者、さらには主宰となる家族の仕事関係者まで集まる。

まず墓の移動は「家」ごとに行われるため、主宰となるのはその「家」の継承者であり、被葬者の直系子孫、多くの場合父系直系の男子であった。その男子の母親が健在であれば、儀礼に関する知識を有していることが多いため、男子とともに主導的な役割を果たす。母親が亡くなっていれば、男子の妻が夫と共に主導し、男子の弟夫婦らがそれに続く。また、元の墓から遺骨の移動を行う場合、婚出して他の地域に住む継承者の娘や姉妹、従姉妹は重要な役割を果たす。洗骨を含む場合は、骨を洗うという重要な役割があり、年回り（干支）によっては、事例④のように墓口を叩いて墓開けを知らせる役を行う場合もある。特に、娘や姉妹は積極的な関与を示す。事例④では主宰となる長男の妻、そして長男の姉妹らはどちらも「その家のやり方があるから、嫁として婚家では口出しをしないが、実家は自分の家だから」と語っていた。このように、婚出した後も実家との紐帯が保たれているという理由もあるが、洗骨が行われる場合はその家のやり方とともに、「シマのやり方」が重視されるため、特に洗骨の経験のない場合その役割が島外出身者は回避される場合もある。

事例④の場合は長男の妻、娘、次男の妻、娘ともに、新しい墓における準備を行うために洗骨や元の墓での墓開けには参加しなかったが、それ以外では継承者夫婦が遺骨を運ぶ重要な役割を果たす事例が多い。

次に、元の墓を開ける際の手伝い人に関しては、親族に限らずこれまでお互い家の祖先祭祀や死者儀礼に関わってきた近隣者が返礼として儀礼における実働に関わるか、儀礼に関わる品（主に供物）を供出する。これは元の墓のある島内、集落内の社会関係を緊密に保つために重視される。また洗骨や墓開けを「見る」ということが重視されるため、たとえ時間は短くともその場に訪れて、挨拶を交わしながら様子をみて立ち去る人は多い。元の墓のある島でこのような緊密な社会関係が構築されている場合には、移動先の納骨式においてもより広範な参加者が認められた。新しい墓は、同じく本島都市部に移動した親族を始め、同じ島の出身者である同郷団体を通じた社会関係が表出する場となっている。そこでは納骨を周囲が「見る」ということに加え、「祀る側」が新しい墓を「見せる」場にもなっている。つまり、継承者及びその家に経済力があるかどうかといったことが表出する場にもなるのである。親族の中には、新しい墓を盛んに撮影する者が幾人かいた。これは写真を持ち帰って、「あの家の墓はこういう風に作った」というように後で評価するためであり、主宰側もそのことを心得ているのである。

以上のように家族だけでなく親族や出身集落からの手伝い人、同級生という濃密な社会関係の中で墓の移動が行われるがゆえに、「シマのやり方」は完全に踏襲することはできなくとも、逸脱することなくある程度押さえておくことが重要になる。それは単に見られているということだけではなく、事例④で長男が「自分たちだけではなくて、皆が納得する形でないと墓を動かせない」と語り、事例⑤において「ユタ」が死者の感謝の言葉を伝えることで諍いがおさまったように、擦り合わせと周囲の人の「納得」が大事なのである。

このように墓の移動を決定する際には、祭祀の継承を重要視するために一旦退けられた個々人の故郷とのつながりは、形を変えて新しい墓とそこでの祭祀を構成する重要な要素として現れている。つまり墓の移動とは、「シマからの逸脱」ではなく、「どうにかシマのやり方を継承しようとする行為」と捉えることができる。

5——おわりに

本論では海を越えて離島から本島都市部に移動してきた人に注目し、過程的なアプローチで検討を加えることで、墓は日常的な信仰実践の場の確保をめぐって現象していること、そして系譜だけではない出身地とのつながりを明らかにした。沖縄における社会的可動性の増大は、人々と土地とのつながり、すなわち「故郷観」というものを醸成し、それが新しい墓を構成する際に欠かせない要素になっている。

「全体」が見渡せる視点からの儀礼重視の立場が明らかにしてきた社会構造や世界観の研究に対

して、個々人の墓を語る言葉と情緒に注目すると、沖縄内の個々の地域文化は完結した静態的なものとしてその世界観が描けるわけではないことが改めて明らかになる。また、父系イデオロギーのみで祖先信仰が実体化されているわけでもない。この点に関して、既存の沖縄研究には視野の限界があったことが指摘できる。本稿で取り上げた「墓をめぐる情緒」のように、あえて場当たり的ともいえる「個々」の人々の生活のリアリティに注目し、そこから改めて沖縄研究が明らかにしてきたものを見直してみることで、これまでの研究を引き継ぎながら乗り越えることができるのではないだろうか。

1――沖縄県の火葬率の推移は一九四二年には八・三％（同年全国平均五七％）、一九六九年には七三・九％（全国七七・五％）、一九七〇年には七八・八％（全国七九・二％）と戦後急激に上昇している。一九七三年には八五・三％となり、初めて全国平均八三・八％を上回った〔加藤 二〇〇四：九〇〕。

2――もちろんその「事実」は客観的事実とは限らず、後から作られた虚構をふくむことがある。それも含めて、個人あるいは一族の時間と歴史を表現している〔小熊 二〇〇二〕。

3――那覇市経済環境部環境保全課が二〇〇三年に行ったアンケート（未出版）の分析による。

4――那覇市に程近い宜野湾市は、那覇市の通勤圏内である。

5――「日取り」とは、生まれ年（干支）によって儀礼の月日や方角の吉凶を判断することで、通常「日取りをとる」と表現される。この事例の場合は、高島暦によって日取りをとっていた。

6――旧暦で閏月のある年。仏壇の買い替えや、墓を移すのによい年とされる。

7——その「証明」として住民票は宜野湾にあるが、本籍は多良間にあるという。
8——同窓生名簿を基にした居住地調査による。
9——日取りをとるなど、移動のための「拝み」の準備等。
10——沖縄全域にみられる村落祭祀の中核となる聖域の総称。地域により呼び名は異なり、その性格も一様ではない。村落の守護神（祖先神など）を祀る〔植松 二〇〇八〕。御嶽における神祭祀と死者儀礼は一般に区別されるが、墓や仏壇の移動に関する儀礼の際には、移動元と移動先の御嶽にてユタを伴った拝みを行う事例が多く見受けられる。
11——名嘉真〔一九八九：二五二〕、宮城〔一九七二：四四六〕、渡邊〔一九九四：一一八〕など。
12——浦野墓地一帯の国有地と町有地内であれば無償で、どこにでも墓を造ることができるが、選定した土地における墳墓の造営過程では、墓口の向き等に関して詳細な方位判断が重要視される〔原 二〇〇〇：七六―八二〕。
13——改葬、すなわち「墓の移動」に伴う遺骨の移動を行う場合には、現在遺骨がある市区町村から発行される改葬許可証が必要とされる。改葬許可証は遺骨一体毎に申請されるため、申請者実数から移動件数を算出した。
14——長男の妻は葬送儀礼、ナンカ（七七忌）及び年忌の際には長男に同行している。
15——厚手のビニール袋を二枚重ねたものを一セットとして、五セットの袋が用意された（夫婦の遺骨は一緒の甕に入っているため、曾祖父母、祖父母の遺骨用で二セット、伯父、父親、妹の遺骨で三セット）。袋には各個人名が書かれた。これらの袋に洗骨してバーナーで焼いた遺骨を入れて、旅行用バッグに入れて運ぶ。
16——沖縄では一般に「野辺送り」を行い、墓に到着して墓口を開ける時間は夕方の引き潮が理想的とされている〔名嘉真 一九九九：五一―五二〕。

17――引き潮の際にしか墓口を開けられないとなると、当日の午前三時に与那国の墓口を開けて遺骨を出し、飛行機で移動し、午後三時に沖縄本島の墓口を開けて納骨せねばならないのである。

18――沖縄本島地域では実際遺骨を洗うのは肉親の女性だけで、男性は側で見守っている〔名嘉真 一九九九：五五〕。本事例の場合、老人以外は見守る余裕もなかった。墓口を開ける、棺を引き出す、バーナーで遺骨を焼くという作業は分担で行われたが、夜明けまで皆休みなく作業を続けた。

19――与那国では次男以下の男子が、未婚もしくは離婚したオバの位牌を同じ位牌立てに入れたり、遺骨を同じ墓に納めたりする事例が見受けられる。

◎参考文献
植松明石 一九九二「多良間の葬墓制について」『沖縄文化研究』一九、法政大学沖縄文化研究所
植松明石 二〇〇八「御嶽」渡邊欣雄・岡野宣勝・佐藤壮広・塩月亮子・宮下克也編『沖縄民俗辞典』吉川弘文館
小熊誠 二〇〇一「記録された系譜と記憶された系譜――沖縄における門中組織のヴァリエーション」『都市と境界の民俗』吉川弘文社
越智郁乃 二〇〇四「沖縄社会の死生観に関する人類学的研究の一試論――与那国と那覇における死者儀礼の事例から」『民俗社会研究』三、広島大学民俗社会研究
越智郁乃 二〇一五「墓に用いられるモノと記憶――現代沖縄の造墓からみた墓制の変容」『国立歴史民俗学博物館研究報告』一九一
笠原政治 二〇〇五「帰郷者たちの伝統創出」『沖縄民俗研究』二三

加藤正春　二〇〇四「火葬と沖縄の葬儀――火葬の導入による葬儀の再編成とその外部化」ノートルダム清心女子大学生活文化研究所『生活文化研究所年報』一七
酒井卯作　一九八七『琉球列島における死霊祭祀の構造』第一書房
鈴木満男　一九九一『柳田・折口以後――東アジアにおける《民俗》のトポス』世界書院
瀬川昌久　一九九六『族譜　華南漢族の宗族・風水・移住』風響社
玉城毅　二〇〇七「兄弟の結合と家計戦術――近代沖縄における屋取の展開と世帯」『文化人類学（旧民族学研究）』七二（三）
多良間村史編集委員会　一九九三『多良間村史　第四巻資料編三（民俗）』多良間村
名嘉真宜勝　一九八九「沖縄の葬送儀礼」渡邊欣雄編『環中国海の民俗と文化　第三巻　祖先祭祀』
名嘉真宜勝　一九九九『沖縄の人生儀礼と墓』沖縄文化社
原知章　二〇〇〇『民俗文化の現在――沖縄・与那国島の「民俗」へのまなざし』同成社
比嘉政夫　一九九六「琉球列島文化研究の新視角」『民族学研究』六一（三）
宮城文　一九七二『八重山生活誌』沖縄タイムス社
森山工　一九九六『墓を生きる人々――マダガスカル、シハナカにおける社会的実践』東京大学出版会
吉成直樹　二〇〇七「関係性の中の琉球・琉球の中の関係性」法政大学沖縄文化研究所編『いくつもの琉球・沖縄像』法政大学国際日本学研究センター
渡邊欣雄　一九九四『風水　気の景観地理学』人文書院
渡邊欣雄・杉島敬志　一九八〇「与那国島民の親族関係と社会組織」渡邊欣雄・植松明石編『与那国の文化――沖縄最西端与那国島における伝統文化と外来文化』与那国研究会

◎7 二つの憑依宗教文化の接合

――沖縄系ブラジル人というハイブリッドな主体の〈叙述〉

森 幸一

1――はじめに

ブラジル・サンパウロ市の沖縄系エスニックコミュニティーでは戦後、祖先崇拝を中心としながら、沖縄系人の呪的救済活動を行うユタ及びユタ的霊能者が複数活動するようになった。[1] ブラジルの沖縄移民社会において、戦前期にユタが活動していたという記録はなく、移民一世の古老に聞いても戦前期にユタが活動していたという証言もなく、ユタ（及びユタ的霊能者）はあくまで戦後期になって〈誕生〉したものであるとみることができる。ユタ及びユタ的霊能者が戦後期になって〈誕生〉したという事実はいくつかの状況の変化と密接に関連している。それらにはブラジルの沖縄移民の生活戦術が戦後になって、それまでの出稼ぎ戦術からブラジルへの永住戦術へと変化を遂げたことで、それまで不在であった祖先崇拝[2]をめぐる問題が大きな懸念として出現してきたことや永住に伴う家屋や土地の購入といった問題、さらにはそれまでの農村部から都市部への移動に伴って出現した適応上の問題などが考えられるだろう。また、一九五三年に再開されたブラジルへの戦後移住[3]において、沖縄系移民たちの大半は当初よりブラジル永住をその生活戦術としており、祀るべき先祖やヒヌカンなどを携行してきたものも多かった点も関連していたといえるだろう。

本稿で取り上げる〈ユタ〉的霊能者の事例は沖縄系社会で「ブラジルで最も古いユタ」と認識されているMN（戦前子供移民）のものである。MNは大橋の言う共同体信仰治療機制[4]がまだ不在であった一九四〇年代後半から〈カミダーリィ〉と整序された心身異常を発現し、それからの回復が沖縄シャーマニズム文化ではなく、ブラジルの国民的大衆憑依宗教であるウンバンダ（Umbanda）を準拠文化として行われ、そこで〈ミチアケ（Abrir o Caminho）〉をし、霊媒（Medium）となり救済活動を行う中で、依頼者（クライエント）が非日系ブラジル人から沖縄移民や沖縄系人に転換するという状況の変化によって、ウンバンダ的カルトセンターのカルトリーダーとしての活動ととともに、〈ユタ〉的救済活動をも行うようになったという希有な事例である。

本稿はこの「ブラジル最初のユタ」と認識されるMNによって創造された、呪的救済世界の全体像を概観し、その意味を考察することを目的としている。特に、本稿では、エスニシティ論の立場から、MNの救済活動が二つの憑霊イディオムによって規制される主体としての〈沖縄系ブラジル人〉を叙述する営為であったことを明らかにしたいと考えている。

ここではまず、MNが〈ミチアケ〉をした準拠文化としてのウンバンダを簡単に紹介しておこう。[5]ウンバンダは一九二〇年代から三〇年代にかけて、リオデジャネイロ市やサンパウロ市で、アフロ系カルト（Macumbá）、カルデシズム[6]（Kardecismo）、民衆カトリシズム（Catolicismo Popular）を習合させて成立した習合的憑依宗教で、多くの研究者は、これを「国民的民俗宗教（National Folk Religion）」と捉えている。その理由は第一に、中核的憑依霊がブラジル性を表象するとされるプレット・ヴェーリョ（Preto Velho）と総称される「（ブラジル化した）元黒人奴隷の死霊」と、カボクロ（Caboclo）と総称される「（ブラジルの先住民である）インディオの死霊」であること、第二にその教義的中心はカルデシズムから吸収した霊的進化主義イデオロギーであり、それが当時産業化のプロセスにあったリオやサンパウロ市に出現していた中間層を主な信者とし、彼らの都市における社会的経済的成功を目指す行動を支える役割を果たしたことなどの点である。また、ウンバンダでは憑依霊範疇はあるものの、憑依霊が名付けられたものとして存在していないという「憑依霊界のオープン性」や教義や儀礼などが標準化されていない点などがウンバンダの研究者[7]からその特徴として指摘されてもいる。

以上のようなウンバンダが有する特徴は後に記述されるように、MNがそれを「黄色化」していく基底的な条件なのであるが、ここではウンバンダの教義的中核である霊的進化主義イデオロギー、人間観、霊魂観、霊的コミュニケーションなどに関して簡単に記述しておくことにしよう[8]。

ウンバンダにおける人間観についてみると、絶対的存在としての神（Deus）によって創造された人間（Pessoa）は霊（Espirito）、肉体、そしてこの両者を結びつけるペリエスピリト（Perispirit）から構成されていると観念されている。そして人間を構成する三要素の中では霊が最も重要な存在とされている。その霊は自由意志（Livre-arbitorio）と感情（Sentimento）を持った「無知な存在」として創造され、〈無知〉という対等なスタートラインから完全な存在＝神に向かって霊的進化を開始するものとしてである。しかしながら、自由意志と感情のために各霊の霊的進化の段階は異なったものとなる。霊が進化を遂げるのは輪廻転生（Encarnação/Reencarnação）の時期、即ち受肉霊＝人間の時期であるとされ、受肉霊として存在している時期に、いかなる言動を行うかが進化の度合いを大きく左右すると観念されている。

また、ウンバンダでは、受肉霊を含むすべての霊は他の霊から不断の影響を受ける存在として設定されている。他の霊からの影響は感情、意思、思考が Fluído Universal という物質を〈乗り物〉として振動波となって別の霊にもたらされる。この霊的な影響は各霊（人間）の心の在り方を反映して、ネガティブな思考を持つ場合には霊的進化段階の低い霊からの影響しか受けないことになり、その結果、霊的進化は遅れると観念されている。受肉化した霊はその霊的進化のために、ポジティブ・シンキング（Pensamento positivo）と良き意思（Boa Vontade）といった心を持つこと、そして善行（Caridade）を行い、霊的進化段階の霊との交流が目指されることになる。

霊的進化を遂げるためのチャリティー実践の中心的な機会が、セッソン（Sessão：降霊会）に他ならない。それは「霊性を高め、カミミチを開ける」「より霊的進化の高い霊からのポジティブな影響を受ける」「近隣愛（Amor aos Proximos）を実践する」などと観念される。勿論、チャリティーの実践はセッソンだけではなく、老人ホームや慈善団体の慰問や「朝起きてから夜寝るまでの挨拶の励行、他人に対する親切」などがすべてチャリティーの実践に他ならないとされる。

MNやその「信者（カミの子）」たちは自らの憑依カルトをメーザ・ブランカ（Mesa Branca）と称し、強固なメーザ・ブランカ・アイデンティティーを持っている。[◎9] この呼称やアイデンティティーはMNのセンター独自のものではなく、多くの憑依カルトが自らをこのように呼んでいる呼称でありアイデンティティーである。このメーザ・ブランカは可視的には、儀礼空間の中央に配置された

「白いテーブルクロスのかかった大きなテーブル」[10]を意味するが、多くの研究者が指摘するように、このテーブルの存在と呼称は自らの憑依カルトをウンバンダとの差異化のシンボルとし、象徴的には非ウンバンダ性の表明として用いるものである。[11]

しかし、MNのカルトセンターでは実際にはウンバンダの中核的憑依霊であるプレット・ヴェーリョ、カボクロ（範疇）が中心的な役割を担っており、広義にみれば、ウンバンダを基本としていると捉えることができるだろう。私はMNのカルトセンターをウンバンダの一種とみなし、さらにMNの憑依カルトをエスニシティ論の立場から、ウンバンダの「黄色化」、つまり、MNが自らのエスニシティを表明したウンバンダの「エスニック化」として捉えている。この「黄色化」の概念は私のオリジナルではなく、ウンバンダの成立契機を、カルデシズムの「黒色化」とアフロ系カルトの「白色化」という異質なプロセスの統合、換言すれば、二つの宗教伝統の「ブラジル」化プロセスの統合として捉え、ウンバンダを「ブラジル固有の宗教」として捉えるOrtizの発想を受けて、[12]「ブラジル固有の宗教」として成立したウンバンダを新たにエスニック化＝「黄色化」するプロセスと見なしたのである。

本稿では、まずMNの人生史を成巫プロセスという視点から記述し、その上で、MNが行ったウンバンダのエスニック化の内容に関して考察し、さらに、状況（現実）の転換〔Crapanzano 1977〕によって、〈ユタ〉的霊能者として行なうようになった呪的救済活動の内容に関して記述、考察し、その上で、二つの憑依宗教的伝統を〈接合〉したMNの呪術的救済世界がどのような意味をもっているのかを、エスニシティ論の立場から解釈したいと考えている。

2――成巫プロセスを中心とする生活史……憑依カルト（ウンバンダ）でのミチアケ

MNは一九二八年沖縄県旧久志村瀬高で農業を営む両親の長女として生まれ、一九三〇年二歳のときに、既にブラジルに移住していた父方叔父の「呼寄せ移民」として出稼ぎ目的で、父母とともにブラジルに渡航した子供移民である。ブラジル渡航後、叔父のコーヒー耕地で一農年を[13]〈コロノ（農村契約賃金労働者）〉として過ごした後、MNの一家は当時、米作とバナナ栽培で活況を呈していたサントス・ジュキア線沿線に沖縄移民[14]によって形成されたアレクソン植民地[15]に移動、炭焼き、米作、バナナ栽培を借地農として行った。その後、同じ鉄道沿線のセードロ植民地に移動し、そこでも二アルケール（四・八四ヘクタール）の土地を借地し、バナナ栽培などに従事した。MNは幼少期には病弱でよく風邪をひき、癇癪を起す子供であり、カミが夢に現れ、ウヤファーフジ（先祖）に会いに行ったり、ヒーダマ（火の玉）を見たりといった神秘的体験に彩られるものであり、また、貧困にあえぎ、母やブラジルで生まれた妹二人（Aurola/Lidia）を失うなどの不幸に見舞われたりした。MNは子供時代に「カミウマレしていた」母親から、MN自身も「カミウマレ」していることを繰り返し聞かされており、母などから沖縄の祖先崇拝のやり方や沖縄ユタ・シャーマニズムを巡る知識を機会あるごとに伝え聞かされてきたという。

ＭＮの母親はＭＮが小学校時代に病死し、ＭＮは母親代わりに家事を行うようになり、小学校にもろくに通学できない毎日を送った。そうした中でＭＮは植民地近くにあったカトリック教会で、地主であったブラジル人を洗礼親としてカトリック信者になり、熱心にミサなどの活動に参加し、戦時中には堅信式も済ませ、教会にやってくる「ニホンジンの子供たち」にカトリックの教えを伝える「助手」のような役割を熱心に果たすようになっている。しかし、その一方で、ＭＮは自宅では一日／十五日にはろうそくをともし、東の方角に向かってカミに祈ったり、母親や夭折した妹らのトートーメ（位牌）祭祀も熱心に行っており、その信仰生活は二重性を特徴とするものであった。

ＭＮは子供のころから神秘的体験を繰り返してきたが、本格的な心身異常に襲われることになったのは第二次世界大戦終戦直後の一九四五年暮れ、ＭＮが一七歳のときであった。当時、ＭＮは貧困のほかに「敵性国人」として生きねばならなかったことで、大きな心理的ストレスを抱え込んでいた。ＭＮを襲った心身異常は、高熱で食事も喉を通らなくなり吐血までし一週間位意識不明に陥ったときに、「白い着物を着て、長いひげをはやした老人が現れ、カミミチを開けるようにいった」というものであった。この「召命」に対して、ＭＮは洗礼を受け堅信式まで行った熱心なカトリック信者であることから拒否している。この神秘的体験のあと、ＭＮの「病気」は二週間位で治ったという。ＭＮが二回目の心身異常（カミダーリィ）に襲われたのは、既にサンパウロ市に移動していた父方叔父（呼寄せた叔父の弟）を頼ってサンパウロ市に移動する直前の一九四七年一九歳のときであった。[◎16] この時は「突然高熱で頭が割れるように痛み出し、意識が朦朧とするなか」で

「長い髪を後ろにたらし、白い着物を着た女のカミサマ」が現れ、「カミミチを開けなさい、お前はカミに仕えるべくウマレている。カミミチを開けてウチナーンチュを助けなさい。ウチナーンチュはどこにいてもウヤファーフジのことを忘れてはいけない。そのことを教えなさい」と要請したという。この時にはMNは「ミチアケをどのようにしたらいいかわからないし、カミグトゥ（神事）をよく知らない」といって拒絶したという。しかし、その際には「カミグトゥは勉強してできるものではない。大切なのはウガン（御願）をすること。心配しないでもカミが教えるから」といい、MNに「光の玉」を与えたという。この体験の後、MNの心身異常は数日間のうちに回復したという。

MN一家はサンパウロ市に移動後、叔父からの経済的支援を受けてブラス地区で青果商を始めた。この地区にはサンパウロ市営市場が近くにあったこと、そこでは沖縄系人（移民）が仲買商や小売商として数多く働いていたことなどもあって、多くの沖縄系人が居住しており、さらにこうした先行者を頼って、多くの沖縄系家族が移動し定着を始めていた。[◎17] 青果商が軌道に乗り出した一九四九年、MNは再びひどい心身異常に襲われた。医者の診察では呼吸器系疾患とされたが、いくら治療をしても治らなかった。その心身異常の際に、再び老婆のようなカミが現れ、MNに対してカミミチを開けるように催促した。この心身異常では、サンパウロ市に住んでいた父方叔父がMNの見舞いに来た際、この叔父はMNの心身異常は〈医者ごと〉ではなく、〈カミグトゥ〉〈カミダーリィ〉ではないかと疑い、一度サンパウロ市ビラ・ノーバ・コンセイソン区にあったカルトセンターへ

「相談」に行くように勧めている。

この当時、サンパウロ市の沖縄系コミュニティーは内陸部から移動してきた沖縄移民によって形成プロセスにあったものの、そこには大橋が共同体信仰治療機制と呼ぶものが不在であり（より具体的に言えばユタの不在）、MNのように近代医療では治癒できない心身異常に悩む沖縄系人の間では、その回復をウンバンダ的なカルトセンターやウンバンダに持ち込むということがかなり一般的に行われていた。◎18 MNが心身異常からの回復を求めて行った「ドナ・ジルセという、沖縄系一世と結婚していたガイジンがカルトリーダーを務める」カルトセンターもその一つであり、その当時、子供の病気（精神的疾患）に悩み、「治療」をもとめて通っていた沖縄系一世女性（後にMNの「信者」となる）は次のように語っている。

「ドナ・ジルセのメーザ・ブランカには、私のように子供の病気を「治療」するために、多くのウチナーンチュが集まり、セッソン（降霊会）に参加したり、コンスルタ（診断・診察）を受けていたよ。ユタはまだいなかったからね。ここで（心身異常が）よくなった人も大勢いたよ。」

メーザ・ブランカはプレット・ベーリョという元黒人奴隷の死霊とカボクロの死霊を中核的憑依霊として、セッソン（降霊会）やそこでの問題原因の措定、「病気治し」や予防のための呪法などを行う、ウンバンダ的カルトセンターであった。当初、MNはカトリック信者であることで、叔父が紹介してくれたカルトセンターに行くのにかなりの抵抗があったものの、[19] MNの心身異常は近代医療が無効で悪化するという状況の中で、「他のすべもなく」最終的にセンターでのコンスルタ（Consulta：診断・診察）を受けることを決意した。その日は叔父やE（後に夫となる沖縄系一世。ブラス地区に住み、MNと交際していた男性）が付き添った。コンスルタでは元黒人奴隷の死霊であるパイ・ジョアン（Pai João）霊を憑依したドナ・ジルセが「診察」を行った。「診察」によるとMNの心身異常は「霊性を開花する時期に来ていること」を知らせるための霊的なシラシ（Manifestação Mediúnica）であり、すぐにセッソンに参加し、ミチアケをしなければならないというものであった。この「診察」を受けると、MNの心身異常は「不思議なことに随分楽になった」という。その後、MNはEとともに、「霊性を開花していないメジウン（霊媒）（Medium em Desenvolvimento）」として、家業のあとにセッソンに参加するようになった。ブラジルのカミや沖縄の先祖のカミを熱心に拝み、カルトに教義的基盤を与えたカルデシズムを勉強し、チャリティーを行い、さらには霊性開花のためのセッソンでは霊的影響をコントロールする技法や浄霊のための呪法のやり方などを学んでいった。

セッソンに通うようになって三ヶ月が過ぎた頃の「霊性開花のためのセッソン（Sessão para Desenvolvimento Mediúnico）」で、それまでMNに心身異常というかたちで「憑依」していたものの〈名乗り〉を挙げなかった憑依霊が次々に、パイ・ジョアン・デ・アンゴラ（Pai João de Angola）、チオ・コーキチ〈Tio Kokichi：ＭＮの一家を呼び寄せた父方叔父〉と〈名乗り〉を挙げた。この憑依霊による〈名乗り〉が心霊主義では霊性が開花したことを意味し（シャーマニズム論では、憑依をコントロール可能になったということ）、これらの霊がメジウンの守護霊となると観念されている。こうして、「霊性を開花したメジウン（Medium desenvolvido）」となったＭＮはその後もセッソンに参加し、パイ・ジョアン霊を憑依してのコンスルタ活動などを行った。霊性を開花したメジウンとしてカルトセンターの活動に参加する中で、ＭＮは数多くの憑依霊を憑依していった。

こうして心身不調から回復したＭＮはＥがニス職人として独立したことで、一九五二年にＥと結婚し、新居をブラス地区の実家近くに構えた。結婚したＭＮは年子で二人の子供の母親となったものの、セッソンには熱心に参加しつづけた。しかし、一九五六年頃から、このセンターがウンバンダ化し、守護霊であるパイ・ジョアン霊が「仕事」をすることを嫌がるようになったために、ＭＮはドナ・ジルセのセンターから離脱、自宅で独自の救済活動を行うようになった。「センターのウンバンダ化」とは、ＭＮによれば「本来無償のはずの救済活動に金銭を要求するようになる」ことだという。ＭＮのパイ・ジョアン霊には多くの非日系人の「顧客」がついていた。初期のＭＮの依頼者はほぼ非日系（非沖縄系）ブラジル人であり、沖縄系人はほとんどいなかった。

ミチアケしたカルトセンターから離脱する前の一九五四年に、次女を出産したＭＮは出産直後から、両目が見えない状態になるという奇病に襲われた。この奇病の治療はまず近代医学へと解決が持ち込まれたが、そこでの治療は功を奏さなかった。そして、再び父方叔父によって〈カミダーリイ〉として整序され、今度はその当時「奇跡を起こす神父」として有名であったドニゼッチ神父（Pd. Donisetti）のベンソン（Benção：霊的治療を目的とする祈り）にその解決が求められることになった。◎20

当時、ドニゼッチ神父は午後六時からカトリック教の布教やベンソンを行うラジオ番組を持っており、奇跡を起こす神秘的な力はラジオを通じても強力な治癒力があるとして多くの聴取者を獲得していた。MNは父方叔父や夫とともに、ミナス州タンバウー市にあった神父の礼拝堂を訪れた。ドニゼッチ神父のベンソンは患部に手をあてて、アパレシーダ聖母（Nossa Senhora de Aparecida）に対して治癒を祈願するという形で実施された。この「治療」が終了した時、ほとんど失明状態であったMNの両目は完全に視力を取り戻すという奇跡が起こった。神父はベンソン後に礼拝堂に安置してあったアパレシーダ像をMNに与え、「これを拝みなさい。そうすればアパレシーダのご加護が与えられるでしょう」と教えた。

この奇跡以降、MNは毎年ドニゼッチ神父の礼拝堂に参詣に出かけており、それはMNが独自のカルトセンターを創設した後もメジウンたちとともに続けられている。参詣は「国家聖人の日（アパレシーダの日）」である六月一二日の祝日に行われ、この日はまずドニゼッチ神父の礼拝堂を参詣したあと、アパレシーダ・ド・ノルテ市のアパレシーダ大聖堂に参詣している。なお、ドニゼッチ神父から与えられたアパレシーダ像はカルトセンターの祭壇の中央に安置されている。このドニゼッチ神父との邂逅は、MNにとって奇跡信仰を中心とする民衆カトリシズムとの出会いであった。

カルトセンターから一九五七年に離脱したMNは自宅応接間で、独自のコンスルタ〈診察〉・パッセ〈浄霊〉という救済活動を行うようになった。この当時、MNの救済活動はパイ・ジョアン霊を憑依して行われ、その顧客たちは離脱したセンターのパイ・ジョアン霊の顧客か、近所に住むガイジン〈非日系ブラジル人〉たちであった。

しかし、MNのもとを訪れる依頼者はまもなく、沖縄系人に転換した。沖縄系人たちはMNがカルトセンターでミチアケし、霊性を開花して救済活動を行うようになったことを「MNがミチアケして、ユタとなり、ハンジ・アカシを行うことになった」と了解したのである。この当時、MNのもとに相談に訪れる沖縄系人の相談事は、MNによれば、第一に沖縄からブラジルに渡航する際に、親族などに預けてきた位牌やヒヌカン〈火の神〉の問題などのガンスグトゥ〈先祖事〉であり、第二に家や屋敷、土地購入をめぐる相談であり、第三に家族員や親族の近代医療が無効である心身不調・異常の原因究明やその「治療」の依頼であったという。

こうした依頼内容は、それまでMNの救済活動の中核的憑依霊であったパイ・ジョアンにとっては不可能なことであった。MNによれば「パイ・ジョアンはブラジル黒人奴隷の死霊であり、ウチナーンチュのしゃべる方言や日本語が理解できなかったし、そもそも沖縄のことは全くわからなかった」ためである。換言すれば、憑依霊と依頼者との間に文化的なディスコミュニケーションが生起したのであった。こうした〈現実〉に対処するために、チオ・コーキチ霊がパイ・ジョアン霊に代わって沖縄系依頼者の依頼、相談を担当するようになった。勿論、MNには非日系人依頼者もあったのであり、ここに依頼者の民族的出自に対応した憑依霊間での救済分業体制が確立されることになったのである。

いわば、「もぐり」のようなかたちで独自の呪的救済活動を行ってきたMNは、沖縄系人を中心に依頼者が急増したことが不安になり、サンパウロ市のセントロ地区にあったサンパウロ州心霊主義連盟(Federação Espirita de Estado de São Paulo)に相談に出かけた。この連盟でMNに対応したのは自らもメジウンで、後にMNのカルトセンター創設時に中心となるダ・シルバ◎21(da Silva)であった。ダ・シルバはMNに対して連盟の正式のカルトセンターとして「チオ・コーキチ霊の家族集会(Reunião familiar de Tio Kokichi)」という名称で独自のセンターを創設することを勧めた。ちょうど、MN一家はそれまでの貸家暮らしからビラ・エマ地区に住宅を購入したこともあり、その別棟をセンターとして家族集会を一九五九年に創設したのである。MNのセンターは連盟の正式のカルトセンターとして、正統性を獲得するとともに、連盟主導の組織化やカルトの実践が行われていった。しかし、この連盟主導による呪的救済活動はすぐにいくつかの問題を発生させることになった。

第一はセッソンにおけるチオ・コーキチ霊によるコンスルタ(ハンジ・アカシ)をめぐる問題であった。具体的には、この当時九割までが沖縄系人になっていた依頼者が持ち込む相談事はかなりプライベートな内容であり、公開制のセッソンでこうした問題を開陳するのに強い抵抗があったこと、次に依頼者とチオ・コーキチ霊を憑依したMNとの間で対話形式によって行われるハンジ・アカシはかなりの時間をとり、セッソン自体が長時間にわたってしまうこと、加えて依頼者の多くは自らの宗教を「祖先崇拝」とする沖縄系人であり、憑依カルトに参加することに大きな抵抗があったことなどであった。こうした問題を解決するためにMNは一九六〇年から、カルトセンターの活動とチオ・コーキチ霊によるハンジ・アカシ活動を違った曜日（時間）と場所において行うように改変したのである

第二の問題はサンパウロ州心霊主義連盟が目指すセッソンや教義の標準化[◎22]に、MNが目指す呪的救済活動にとってどうしても受け入れらない点が出て来たためであった。それは先祖を大切にするMNの活動と、先祖霊は霊的進化段階からすればあまり進化を遂げていない死霊であるとし重視しない連盟の認識との間の相克であった。

この問題を解決するために、MNは連盟による家族集会の認可期限が切れる二年後に、その更新を行うことなく、独立系カルトセンターとしての方向性を選択したのである。一九六一年にMNや中核的信者を中心に、公益団体として「キリストへの愛心霊協会（Associação Espirita Amor à Jesus）」を創設するに至ったのである。[◎23]こうしてMNの活動はカルトセンターでのリーダー、メジウンとしての活動、〈ユタ〉的霊能者としての活動に区分されるようになったのである。

3――カルト領域

本節では、MNが創造したカルトグループ、「キリストへの愛心霊主義センター」の中心的な特

徴を、①カルトセンターの降霊会でMNや霊性開花したメジウンたちに憑依する憑依霊と神霊界の特徴、②カルトセンターの中核的儀礼セッソン（Sessão）、③セッソンでのコンスルタ（霊的診察）に持ち込まれた不幸や問題とそれらに与えられた原因、解決法などの記述から、二重性をもつMNの呪的救済活動の一端として提示する。

1 カルトセンターの憑依霊

カルト領域での中心的活動は霊的進化を目指すセッソンの実施である。その中でも、重要なのは、霊的進化段階が高い死霊からポジティブな霊的影響をうけることによって、メジウンたちの霊的進化を促進する降霊会である。降霊会では、霊性を開花したメジウンに様々な死霊が憑依する。ここでは、降霊会で憑依する死霊はどのような特徴をもち、全体としてどのように解釈できるのかを見ていくことにしよう。

降霊会でメジウンに憑依する死霊はすべて個人名を有する存在である。この個人名は〈カミの子の学校〉と呼ばれる憑依技法やコントロールを習得する機会に〈名乗り〉を挙げたものである。こうした個人名をもった憑依霊は Ortiz〔1978〕によれば、その個性や性格が個人（霊）ではなく霊的範疇に与えられているものと、個性や性格、さらに独自の人生を背負った存在として認識されているものとに大別することができるが、MNのカルトセンターの憑依霊[◎24]でも同様である。

前者は Preto Velho というブラジルの元黒人奴隷の死霊という憑依霊範疇、また Caboclo というブラジル先住民Indioの死霊という憑依霊範疇である。具体的に言えば、Pai Joao do Angola, Mãe Mariaなどという個人名をもつPreto Velho範疇の憑依霊では、その性格や特徴は「元黒人奴隷の死霊」で「奴隷時代に苦労をされたので、謙虚でもの静かで、他人の苦労といったものがよくわかり」「（憑依するときには）低い老人の声でゆっくり話す」などである。[25] 一方、Cabolo範疇には「森の中に住んで狩猟を行って生きてきた」「森の中で生きてきたため、薬草などに関する豊富な知識を有する」「若さ」「力強い性格」などの意味が付与されている。[26]

後者は個性と独自の歴史を背負わされた存在としてある。例えば、MNの憑依霊であるTio Kokichi霊は沖縄からのブラジル契約移民としての独自の人生史をもっているというように。

それではMNのカルトセンターにおける憑依霊構成は全体としてどのような意味をもっているのだろうか。まず第一にはMN、メジウンや一般参加者、そしてカルトを継続的に観察する研究者にとっても、これらの憑依霊は白人、黒人、インディオ、黄色人（沖縄系死霊）という人種・民族的な構成をもっていることが了解できる。これはウンバンダの憑依霊構成を〈三人種から構成されるブラジル〉（三人種の神話と呼ばれる）を叙述するものと解釈したPressel〔1971〕やBirman〔1980〕らの解釈を敷衍していえば、黄色人種を加えた「四人種から構成されるブラジル」という世界観を表象するものであるとみることができる。

そして第二には、本稿では記述することができなかったが、この人種・民族的に構成された憑依霊は、セッソン内部では、その性格や個性、歴史性に基づいたかたちでの役割分担を行っており、人種・民族間の対立、相克などはみられず、またブラジルという国民国家へ同化し、ひとつの「ブラジル人」になっていくという同化主義的観念も不在である。換言すれば、四人種・民族間の調和的関係性（人種的民主主義イデオロギーという政治性）といった多文化主義的なイデオロギーが〈叙述〉されているということもできる。このことはブラジル系憑依霊と沖縄系（黄色系）憑依霊とのセッソン内での役割分担の二重性のほかに、降霊会における沖縄系霊によるブラジル文化とは異質な言語・イディオムの使用、沖縄的習俗や習慣、独自の歴史性等の開陳などからも容易にうかがえるところである。

第三には沖縄系憑依霊の構成を巡るもので、それはMNがこのカルトセンターを創設した当時のブラジルの沖縄系人がもっていた親族的世界を表象するものであるということである。沖縄系憑依霊は①ブラジルに移住した親族、②ブラジルで誕生した沖縄系人、③沖縄に居住する親族、④ブラジルに移住した同郷者、④ブラジル以外の海外に移住した親族、⑤日本本土に出稼ぎした親族、から構成されており、ブラジルに移住した沖縄人がもつ関係が憑依霊として〈叙述（表象）〉されていると了解することができる。そして、この世界は語られるメッセージ（沖縄戦の記憶、沖縄の習俗、料理など）、ウチナーグチ（沖縄方言）、使用するメロディー、などによってより鮮明化されたものとされている。

2 ウンバンダ神霊界のエスニック化

それでは、MNのカルトセンターでは、前述の憑依霊もその一員となっている神霊界はどのような構造をもっているのだろうか。

結論的にいえば、MNのセンターの神霊界は、ウンバンダの神霊界を基にして、一方において、それに沖縄系憑依霊、日本や沖縄を「宗教」的に表象する神格を導入し、他方において、カルデシズムや民衆カトリシズムといったMNが人生で邂逅した「宗教」起源の神格・憑依霊を導入し、MNや信者たちのエスニシティに整合的なかたちに改変されたものであるということができる。

ウンバンダの神霊界は要約的に言えば、オリシャ（Orixá）という神格、カボクロ（Caboclo）、プレット・ヴェーリョ（Preto-Velho）、クリアンサ（Criança）、エシュー（Exú）という憑依霊範疇から構成され、それらが最高神を頂点とするピラミッド型のライン（Linha）―軍団（Região）―連隊（Falange）といった軍隊的な階梯組織に配置された構造をもっている。階梯組織のラインの長がオリシャであり、オリシャは最高神とともに人間に憑依することはなく、その〈名代〉として憑依霊を人間界に遣わすと観念されている。

MNはこの神霊界を改変するのであるが、その方向はウンバンダのもつアフリカ性をさらに排除するものである。即ち、オリシャ範疇を「人間に憑依しない神格界＝光のカミサマ：Espiritos de Luz」に置き換え、ここに、カトリック教、心霊主義（カルデシズム）、仏教、神道、祖先崇拝起源

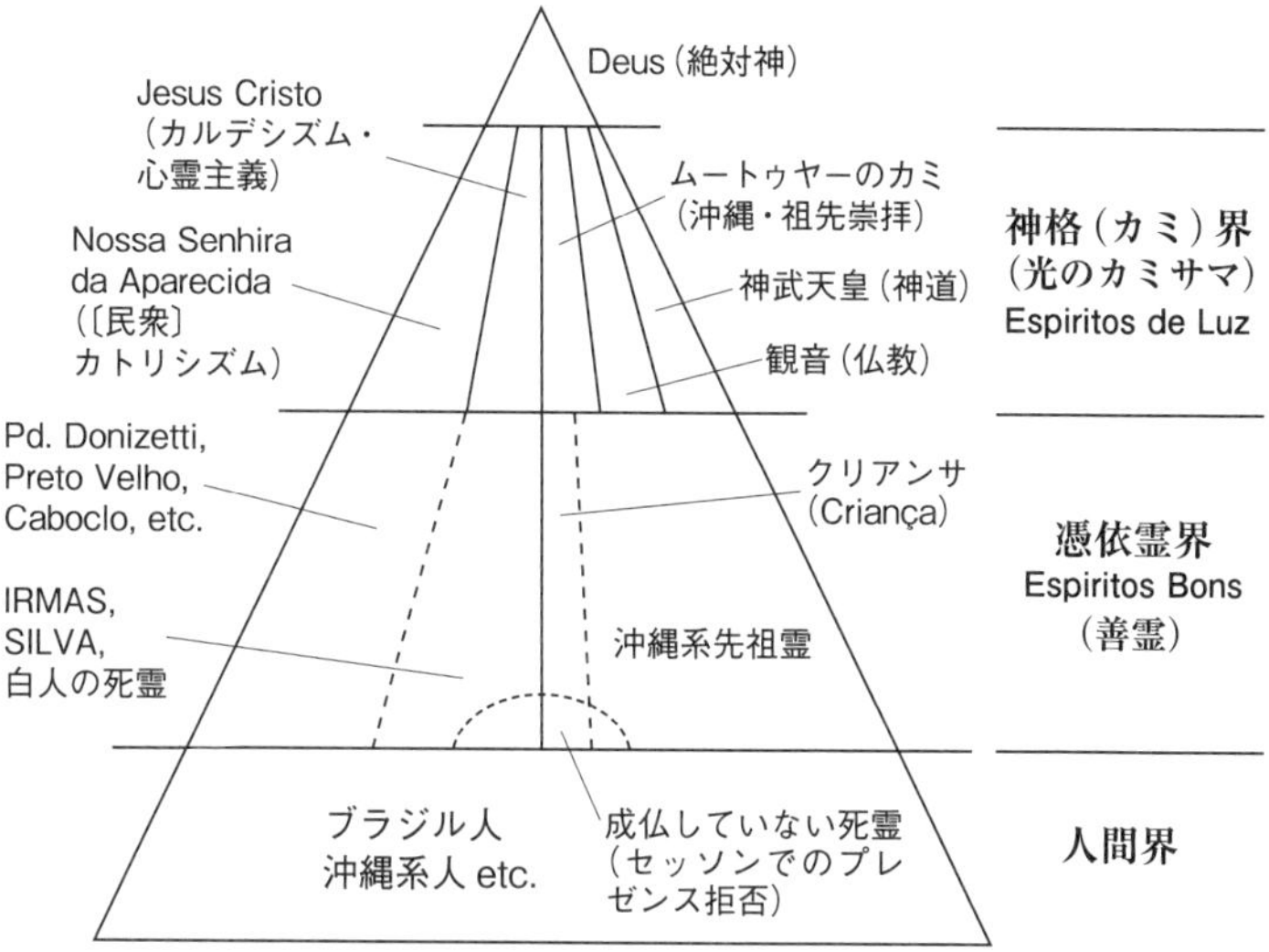

図①　MN の神霊界構造（世界観）

の神格を導入する。具体的にはカトリック教の神格として Nossa Senhira da Aparecida、心霊主義（カルデシズム）の神格として「最初のメジウン」として観念される Jesus Cristo、仏教の神格として観音、神道の神格として神武天皇、沖縄の祖先崇拝の神格として〈ムートゥヤーのカミ〉を導入する。これらの神格はMNのカルト空間に設えられた祭壇にその像、画像などのかたちで安置されている。

神格界の下位に位置する「憑依霊界＝善霊：Espiritos Bons」には、ウンバンダ起源の Preto velho, Caboclo, Criança という範疇は維持し、その一方で、Exú という憑依霊範疇は「進化段階の低い霊＝Espiritos Sofredores」としてセッソンでの降霊を拒否するかたちで排除している。また、この憑依霊界には各神格が〈名代〉として人間界に遣わす、ブラジル（白人）、沖縄（日本）起源の憑依霊を導入する。具体的には、ウンバンダを表象するPreto Velho, Caboclo、民衆カトリシズムを表象するPd.Donizetti、心霊主義（カルデシズム）を表象するDa Silva, Dr. Jose Mendonça, Maria da Gloria など、仏教・神道・祖先崇拝を表象する沖縄の数多い先祖霊である。また、ウンバンダの憑依霊範疇Criançaには MN の夭折した二人の妹（Lidia, Aurola）などが導入されているが、これは「ブラジルで誕生した沖縄系二世」を表象するものとみることができるだろう。[27]

こうした改変（創造）をモデル化して示したものが、図①である。

3 カルトリーダーとしての活動

MNのカルトセンターにおける呪的救済活動には、毎週三回実施されるセッソン・プーブリカと、毎月一度セッソン・プーブリカが始まる前に実施される「霊性開花のためのセッソン（カミの子の学校）」、パイ・ジョアン霊の誕生フェスタ（Festa de Aniversário de Pai João de Angola）がある。[28]本項では、こうした活動のうち、セッソン・プーブリカ及びセッソン・プーブリカの際に実施されるコンスルタに関して若干詳細に記述することにしよう。

① セッソン・プーブリカ（Sessão Pública）

表①はMNがカルトリーダーを務めるカルトセンターでのセッソン・プーブリカの開催曜日と時

間、そしてセッソン儀礼の構成要素を整理したものである。月曜に二度セッソンが行われるのは、〈信者〉の中に多数いるフェイテンテ[◎29]（Feirante：青空市商人）を考慮してのものであるとされる。フェイランテは毎週月曜が休みに当たっているからである。セッソン・プーブリカはパタン化されており、開会―開会の祈り―コンスルタ―降霊―浄霊―最後の祈りから成り立っている。また、毎週木曜日夜、セッソンが開始される前の時間にはカルデシズム教義[◎30]の勉強会が開催されていた。なお、セッソンで使用される言語は、降霊の際に沖縄系憑依霊が話す沖縄方言や日本語以外は、すべてポルトガル語である。ここでは一九九一年一二月七日（土曜）午後五時から実施されたセッソン・プーブリカの事例を通じて、実際の儀礼を概観していこう。なお、このセッソンは土曜日のセッソンのため、コンスルタは行われなかった。この日は一年最後のセッソンであったために、二〇〇名を超える参加者があった。

セッソンの構成要素	月曜午後 午後2時	月曜夜 午後8時	木曜夜 午後8時	土曜午後 午後5時
開会	●	●	●	●
祈り	●	●	●	●
コンスルタ（診察）	●	●	×	×
降霊	●	●	●	●
浄霊	●	●	●	●
最後の祈り	●	●	●	●
教義学習	×	×	●	×

表①　セッソン・プーブリカの構成要素

開会（Abertura）

午後五時、カルト空間にある更衣室で白い上着（メジウンのシンボル）に着替え、メジウンは白いテーブルクロスがかけられた大テーブルの椅子やその背後に置かれた長椅子に着席する。一方、一般参加者も男女別に一般参加者席に着席してセッソン開始を静かに待っている。開始時間よりも一五分ほど遅れて、白い上着を着たMNとその夫Eが自宅を出てカルト空間のある別棟にやってきた。まず二人で祭壇に祈りを捧げた後、Eはいつもの席（大テーブルのMNの席の横）に着席した。MNは祭壇を背にして「それでは座りましょう（Vamos sentar-se）」と呼びかけた。メジウンたちは大テーブル（Mesa Branca）の両側に置かれた長椅子に座り、黙想する。すでに盛んにあくびをしている者も多い。MNはテーブルの四隅に座るメジウン（相対的に霊的進化段階が高いと認識される霊性開花したメジウン）以外から、テーブルの席に座るメジウンを次々に指名していく。指名されて着席したメジウンたちは両手をテーブルの上に上向きに広げたかたちで置き、目を閉じて集中していく。メジウンたちは盛んにあくびを繰り返し、涙を流し始める。男女別に着席している一般参加者も音を立てずセッソン空間は深い静寂へと入っていく。

静寂を破るように、MNが静かにPai, Filho, Espirito Santo, Amémと祈り十字を切り（参加者全員が唱和する）、セッソンの開始が告げられる。

大テーブルの四隅の席に座ったメジウンの一人がPrece dos Mediums（メジウンの祈り）という小冊子の一節——Para Começo á Reunião Prece das Caritas——を読み上げる。次に、このセンターの神格やGuiaと呼ばれるメジウンの守護霊たちに対して、霊的庇護に対する感謝の祈り（Oração）がもう一人の四隅に座ったメジウンの主導で行われる。祈りの言葉はPai Nossoで全員が唱和する。

開会の祈り（Prece para Abertura）

Pai Nosso の祈りが終わると Prece（祈り・祈願）に移る。Prece は Sessão de Vibração（振動のセッソン）とも呼ばれ、霊的進化段階の高い霊との交流を目指し、その霊のポジティブな Fluido を霊的庇護を必要な人間（霊）に対して与えることを目的に実施されるものである。この祈りを行うことは、祈りを行う者にとっては善行（Calidade）の実践であり、自己の霊的進化を促進させる行為に他ならない。

このPrece の対象となるのは、ほとんどが家族、親族、知人、友人などによって、あらかじめ祭壇の所定の場所や役員会に届けられた「霊的庇護が必要な人たち」である。

Prece は沖縄のムトゥヤーのカミサマ、ＭＮ、その夫Ｅ、日本へデカセギに行っている者のために全員で祈りを捧げることから始まり、「霊的庇護が必要な人たち」へと続けられる。この祈りはすべてのセッソンで行われるものでパタン化されている。この祈りを主導するのはＭＮの助手イタリア系ブラジル人 Dona Maria である。Dona Maria は「皆さん、先祖のカミサマに祈ろう。自分の先祖のカミサマを頭に思い浮かべてください。先祖のカミサマがより光の強い段階に行かれるようお願いしましょう。ちいさな光から、Prece や善行を行って、明るい光に育てていきましょう。そして皆様にも幸せがやってくるように、祈りましょう」と語り、Pai Nosso の祈りを全員で行った。

この日 Prece の対象となったのは①健康上の理由でセッソンに参加できないメジウン、②病気のために入院しているメジウン、③病気のために手術を行うメジウンの家族、④失業中のメジウンの家族、⑤日本へデカセギに行っているメジウンの家族、⑥なくなったメジウンの親族であり、メジウンがまずPai Nossoを唱え、そのあと全員で唱和する。これを人数分だけ繰り返していく。最後にDona Mariaが大統領に対して「国民のための政治を行うように」と語り、全員でPai Nossoを唱和した。霊的庇護を依頼する霊的対象は様々であるが、特に健康上の問題を抱えている個人に対する場合、医師四名と看護婦二名から構成される霊的医療チーム◎[31]に依頼される。

降霊（Manifstação Mediúnica）

Preceが終了すると、MNが「さあ仕事をしましょう（Vamos trabalhar）」といい、セッソンは降霊（Manifestação Meiúnica/Comunicação Mediúnica）と呼ばれる段階に入っていく。この段階に入る際にはメジウンによって室内の灯りが消され空間は薄暗くされる。メジウンたちはあくびを盛んに繰り返し、目から涙を流しながら変性意識状態へと徐々に入っていく。

降霊は常にＭＮがチオ・コーキチ霊かPai João霊を憑依させることで始まる（あるいはＭＮにこれらの霊が憑依して始まる）。ＭＮはしきりにあくびを繰り返し、体が左右前後に揺れ、「クシュー」という声を出した直後にチオ・コーキチ霊を憑依した。降霊会では、このセンターの指導霊と観念されるコーキチ霊かPai João霊が「降りて」くると了解されている。チオ・コーキチ霊のセッソンでの役割は「ためになるメッセージ」の開陳である。メッセージはこの霊の歴史性を反映して、トリリンガルでなされる。この日のチオ・コーキチ霊のメッセージは次のようなものであった。

「今日は今年最後の土曜日のセッソン。今年一年、先祖やカミサマのことをしっかり拝んでくれてありがとう。感謝する。先祖はあなた方の健康のことをカミサマにお願いして見守ってくれている。来年は今年以上にしっかり拝んでください。私も皆様の先祖と一緒にカミサマにお願いする」（ポルトガル語）

降霊したのは①チオ・コーキチ霊に続いて、②Dona Higaという沖縄系二世の夫と結婚した本土系女性の父方叔母の死霊（日本語・沖縄人と結婚した本土系二世女性に憑依）、③Indio Karamulú霊（ポルトガル語・沖縄系女性と結婚した本土系二世男性に憑依）、④タイラ・ゲンスイというブラジルへ移住した沖縄一世男性の死霊（日本語・MNの夫Eに憑依）、⑤Pai João de Angola霊（ポルトガル語・MNに憑依）、⑥花城セイエイという沖縄戦で戦死したEの兄の死霊（沖縄方言・Eに憑依）、⑦Lidiaという夭死したMNの妹の死霊（ポルトガル語の幼児言葉・MNに憑依）の七人であった。◎32

浄霊（Passe）

Lidiaの霊が去ると、今度はMNにIndio Purukutú霊が憑依した。この霊が「降りる」と助手であるDona Mariaは七歳以上の参加者にコレンテ（Corrente、後述）を作るように指示する。こうしてPasseが開始される。Passeは「悪霊の影響を排除し、それに代わって善霊の良い影響を受け取る」（MN）ために、霊間コミュニケーションの観念——振動波理論（Teoria de Vivração）に基づいて実施される。[33] **Passe** は基本的には、霊的進化段階の高い霊—メジウン—受け手の人間—霊的進化段階の低い霊（Espirito Inferior）という四要素間の関係を基本にして、より高い霊のプラスの影響を **Fluído** という物質に変化させ、それを人間に伝えることで、悪霊のマイナスの影響を排除し、プラスの影響へと変換し、人間に霊的進化段階の高い霊の影響（Fluído）を満たし、悪霊からの防衛と霊的進化を促進するという意味をもった呪的行為である。

コレンテはMNを中心にメジウン・一般参加者が手を繋いでいくもので、ちょうどMNから左右に人間の連鎖のかたちになる。しかし、この連鎖は閉じられることはなく男女一般参加者の最後の者が手を繋ぐことはない。コレンテができると、Indio Purukutú 霊の憑依を受けたMNが「Indio ajuda, Pense positivo. Retire e Desmanche. Leve pro Fundo do Mar. Leve 7 ondas de fundo do Mar（インディオが助ける。プラス思考をせよ。〔悪霊の影響を〕断て。そして七つの波にそれを乗せ、海底に持ち去れ）」と叫びながら、**Fluído** を伝えるような動作を行う。すると、メジウンたちはその **Fluído** が伝わるかのように体を震わせ、その振動はコレンテの最後まで波のように伝わっていく。この所作を何度か繰り返し、集合的な **Passe** は終了する。

この集合的な **Passe** が終了すると、通常ならば霊性を開花したメジウン（Passista と呼ばれる）がメジウンや一般参加者を対象とする個人的 **Passe** に移行する。しかし、この日は一九九一年最後の土曜日のセッソンであったこともあり、MNの夫Eに〈アージガミ〈按司神〉〉という琉球王国時代の「侍」の死霊が「降りて」きた。アージガミが憑依した夫Eは椅子を蹴って力強く立ち上がり、刀を抜く仕草をし、歌うように日本語で語り、後に同様の内容を沖縄方言で語った。

「カミガミ様、明けても暮れても天地を愛し世間を愛して、一年中の月日をこの小さな教会で務めている。お天から大切な光を頂いて立派になってくれてありがとう。拙者も喜んでいる」

ここでそれまでテーブルの所定の位置に着席していたメジウンは祭壇とテーブルの間にある空間に車座になって座り、手を繋いだ。その輪のなかにEが入り、「健康でなければ務めができない。カミガミの光で、真正面の光で……」と叫び「エイヤー」と気合を掛け、「気合とともに悪魔の霊は去っていく。来年は喜びに満ちたものになるだろう」と叫んだ。この後、メジウンは繋いだ手を離し、それぞれ手を合わせた。アージガミを憑依したEは、メジウン一人ひとりの額と頭の後ろに手を当てて「エイヤー」と気合をいれ悪霊を追い払う所作をした。車座に座っていたメジウンの「お祓い」が終了すると、メジウン、一般参加者へと同様のことを繰り返した。すべてが終了するとEはテーブルと一般席の間に跪き、

「カミガミ様、毎度お光を与えてくれてありがとうございます。カミガミ様、ご先祖様、世間様の信用が第一です。商売であれ、何であれ、世間の信用がなければ何もできません。カミガ

ミ様、ご先祖様が導いてくれます。そのためには第一に真心が必要です。将来のことを考えたら、健康第一です。本年は務めてくれてありがとう。笑う門には福来るという。お身を大切に良い年をお迎えください。拙者もご先祖様と一緒に祈っておる」

最後の祈り（Prece Final）

Passe が終わると参加者はそれぞれの席に戻る。カルト空間の灯りが再び消され、Ave Maria の音楽が静かに流される。カルト空間には青い光で照らされた、祭壇の Aparecida 像だけが浮かびあがる。ＭＮは祭壇とテーブルの間に立ち、Ave Maria の祈りを唱える。それを機に参加者全員が起立し唱和する。祈りが終わると、ＭＮは Maria da Gloria という看護婦の霊を憑依した。ＭＮは手にコップに入った水（Gloria 霊によって聖水に変化している）とそれをふきかけるための植物（Arruda）の小枝を持っている。

憑依状態のままのＭＮは Ave Maria の祈りを唱えながら、まずテーブルに座っているメジウン、その背後にある長椅子に座っているメジウン、そして一般参加者の順にその聖水をふりかけて廻る。メジウンにしろ、一般参加者にしろ、持参した家族員の写真、身分証明書、運転免許書、写真、鍵、魔よけになると観念される植物（Arruda）などを手に持ち、それらにも聖水を振り掛けてもらう。中には自宅から飲料水を持参するものもある。この日のセッソンが今年最後の土曜日のセッソンであるため、来年一日十五日に東方に向かって祈りを行うときに灯されるローソクを持参するものもいる。この聖水はテーブルの上に置かれた水差しに入った水にも振りかけられる。この最後の祈りが修了すると、参加者は祭壇のほうに歩み寄り、メジウンから小さな使い捨てコップに注がれた聖水を飲み干し、祭壇に向かって祈りをささげた後、帰路に着く。この最後の祈りを分担する憑依霊にはMaria de GloriaのほかにMNの妹の死霊であるLidia, Aurolaがいる。

②霊性開花のためのセッソン（カミの子の学校）（Sessão de Desenvolvimento Mediúnico）

霊性開花のためのセッソン（カミの子の学校）は毎月第一月曜日、夜のセッソンが開始される二時間ほど前に行われている。MNやその助手を務めるDona Mariaの説明によると、このセッソンの目的は第一に霊性を開花する時期に来ているメジウンに「憑依」する霊に対して、〈名乗り〉を行わせ、ミチアケをさせること、第二にどのようにして霊的影響＝憑依に入るのか、そしてそれをどのようにコントロールしていくかをトレーニングすること、第三に個人的浄霊（Passe）のテクニックを教えること、第四に霊的な問題や祖先崇拝をめぐる知識を伝えること、などに整理することができる。

4　コンスルタ（霊的診察・診断）……災禍・不幸・問題の原因解明とその解決法

ここではまずコンスルタの具体的事例を提示しよう。この事例は筆者とともに、このカルトグループの参与観察を実施していた大橋によって公表されたものである。この事例は五〇歳代の白人女性が母親の足の腫れという問題が何か霊的な問題なのではないかと懸念して、MNのコンスルタにやってきたものである。（Cは依頼者、AはMNの助手を務めるDona Maria）

【事例】母親の病気に対する原因究明と解決法

A：お母さんを思い浮かべなさい。

MN：**Pai Tupã**（インディオの死霊）のおかげで私は浄めます。悪魔の霊を取り祓う…全部平和で…**Pai Tupã**、全部浄めた…（こんなに足がひどいのに）よく我慢している。

A：お母さんは何も言わないの？ …彼女の足は…

C：母には何かが本当に憑いている。だから気分が悪い。ほんとうに憑いている。

A：お母さんが寝つけないようなら、あなたがそばについてあげなさい。良くなるように護りの風呂に入れてあげなさい。わかった？ よくなるように、お母さんの病気は霊による病気で（医者の扱える）身体の病気ではない。わかった？

MN：（**Pai Tupã** の霊を憑依して）…助ける…もう護られている…

A：足の病気に何か効くものはないの？ …腫れる…腕。

C：医者に見せたら、血の循環の問題だと言いました。

A：まず霊の治療をしてみましょう。それで（良くなるかどうか）様子を見ましょう。

MN：では、お茶を飲みなさい…ジャスミン茶や…

A：Quebra Pedra（石を溶かす茶）もある。カモミラ茶もある。
MN：ロザリオ（Rosário）茶もある。お茶をたくさん飲みなさい。尿がよく出るように。
C：私の家の庭にはアルーダ（Arruda）がきれいに咲いていた。それが一夜のうちに枯れてしまった。全部。枝も全部一夜で枯れてしまった。
A：それは、誰かが仕掛けたのだ。それが庭木に当たったんだ。それで、あなたや家族に当たらなくて、庭木に当たったんだ。それで助かったんだよ。それでよかった。庭木で良かった。

このあとPai Tupã霊を憑依したMNは「取れ、壊せ、切れ、吐き出せ、霊の障りを」と叫び、何かを祓うように、手首を左右に振ってスナップさせた。◎34

【コメント】この事例は母親の病気が何か霊的な問題なのではないかと疑う依頼者がコンスルタ（霊的診察）を受けにきたものである。ここではMNの助手によって霊的な病気であるとされ、霊的な治療が示唆されている。これは茶を飲むことであり、インディオの死霊Pai Tupã霊による「祓い」の呪法であった。また、この依頼者は自宅庭にあった霊的庇護力があると観念されるアルーダが一夜のうちに枯れてしまった事実を述べ、その意味は何かと質問している。それに対して、MNの助手であるAは他者による「仕掛け」であるが、それをアルーダが防いだお蔭で家族には問題がないと診察している。

筆者は一九九二年二月から五月にかけて、コンスルタを九回にわたって参与観察した。この期間、コンスルタの依頼者は一三六名、一回あたりの平均は一五名程度であった。セッソン儀礼は各回二時間程度であり、その中で実施されるコンスルタは二〜三〇分程度であるから、一人当たりのコンスルタの時間は非常に短いものであった。コンスルタ依頼者の内訳は、一一八名が沖縄系（日系）、一八名が非沖縄系ブラジル人であり、沖縄系（日系）の依頼者が卓越していた。

コンスルタでは常に、事例で示したように、MNのカルトセンターで霊性を開花しメジウンとなった**Dona Maria**がMNの助手を務める。コンスルタで日本語（沖縄方言）が使われることはなく、ポルトガル語でのみ実施された。コンスルタでMNに憑依したのはほとんどの場合、**Caboclo**（インディオ）範疇の死霊であり、MNの守護霊の一人**Pai João**霊が憑依したのは一回にすぎなかった。

コンスルタに持ち込まれた問題に関してみると、最も多かったのは事例のような自分や家族員の病気で全体の半数近く四三％を占め、以下、霊・心理的な問題（気分が落ち着かない。いつもイライラしているなど）、仕事上の問題、家庭内の人間関係、引っ越し・デカセギの問題、などであった。

コンスルタでの短い対話から看取された災禍（病気）の原因は、宗教的な義務や役割をきちんと遂行しないことに起因するもの、他者によるマクンバ（Macumbá：黒魔術）に起因するもの、霊的な進化段階の低い霊によって引き起こされるもの、霊性開花の時期を知らせるために引き起こされるもの、他者の嫉妬などに起因する邪視からもたらされるもの、に区分することができる。こうした災禍に対するMNの解決法はかなりパタン化されたものである。主要な解決法としては第一に悪霊の影響を排除するために行われるコレンテ（Corrente）と呼ばれる呪法、第二に霊的な悪影響から自己や家族を防衛・予防するための薬草茶や薬草浴（Arrudaという魔除けの効果がある植物とニンニク、塩を煮詰めた液体をシャワー時に身体中に塗る）の実施、第三には助手であるDona Mariaが主導する祈りの実施、第四にはチオ・コーキチ霊によるハンジ・アカシの示唆、第五は霊性を開花していないメジウンとしてセッソンへの参加指示などであった。第四のチオ・コーキチ霊によるハンジ・アカシの示唆は「医者に行っても治らない」病気や霊的問題を抱える沖縄系依頼者に対して提示される解決法であり、沖縄シャーマニズム文化への水路づけとなるものである。第五の解決法は非沖縄系依頼者の場合であり、その災禍を「霊性開花の時期」として整序することによって、霊性開花していないメジウンとしてセッソンへの参加を示唆するというものであった。

4――ユタ領域

ここではMNの〈ユタ〉としての活動を概観することにしよう。MNはブラジルへ渡航後、専ら沖縄系集団地において社会化・文化化を遂げてきた沖縄系子供移民であった。八〇年代以降、沖縄系コミュニティーに共同体信仰治療機制が整備され（より具体的には先行ユタの存在）、ブラジルと沖縄を還流しながら沖縄社会のユタとの緊密な関係の中で、沖縄シャーマニズム文化を準拠文化として〈ユタ〉となっていた女性たちに比較すると、MNの沖縄シャーマニズム文化に関する知識量は非常に少ない。このことはMNが沖縄民俗社会での文化化以前の年齢で渡航したという事実に加えて、戦前移民は出稼ぎという目的を可及的速やかに達成するという目的から主に青年層を主体とし、沖縄民俗社会の中で、ユタが中核的に関わる祖先祭祀を担う相対的に年齢の高い女性が少なく、戦前移民の中にこうした知識を保有する者が少なかったことが関連していると思われる。MNの沖縄シャーマニズム文化や祖先崇拝を巡る知識は主にMNの母親や家族、近親者らから獲得されたものである。この制約のために、〈ユタ〉としてのMNのもとを訪れる依頼者の中に、ユタグトゥや祖先崇拝の知識量が相対的に多い戦後移民女性たちは少ない。このような女性たちの評価は「Nネーサンのアカシは浅い」「上等ではない」などであり、彼女たちは沖縄系コミュニティーで活動する別のユタのもとを訪ねている。

〈ユタ〉としてのMNの活動には、毎週月曜の午前中に、カルトセンターの中の閉鎖的な〈ユタンヤー〉的空間で、MN（チオ・コーキチ霊）と依頼者（その付き添い者）との対話形式によって行われるハンジ・アカシ活動と、ハンジ・アカシの結果として実施される様々な呪法、さらに依頼によって実施される儀礼や呪法がある。〈ユタ〉としてのMNの救済活動はサンパウロ市内に止まるものではなく、サンパウロ州内陸部のカンピーナス、サントス・ジュキア線沿線、南マットグロッソ州カンポグランデ市などの、戦前期からの沖縄系エスニック・コミュニティーにまで拡がりを見せている。

1　ハンジ・アカシ

ハンジ（判示）・アカシ（明かし）あるいはシンサツ（診察）と呼ばれる救済活動は、毎週月曜午前（一〇時頃から）に自宅の別棟を改築したカルト空間の一部を利用した部屋＝ユタンヤー的空間で、チオ・コーキチ霊を憑依したMNと依頼者（依頼者の付き添い）との間で、対話形式で行われる。

この活動の目的はチオ・コーキチ霊による心身異常や不幸、問題、異常な出来事などの「判断（原因究明）」やそれに基づく「処方（解決策）」を与えることにある。ハンジ・アカシは依頼者の世代的な属性やチオ・コーキチ霊のトリリンガル性に従って、沖縄方言、日本語、さらには稀ではあるものの、ポルトガル語が使い分けられる。ハンジは短いもので五分程度から長い場合には一時間にも及ぶケースもある。

筆者は一九九九年三月、一ヶ月にわたってMNが実施したハンジ活動を「カミの許可」（MN）を得て参与観察した。この期間に〈ユタ〉としてのMNのもとを訪問したのは延べ六九名で、いずれもが沖縄系人、性別では女性が全体の八六％と卓越していた。また、世代別では一世（移民世代）が三五％、二世・三世が六五％であり、二世・三世の依頼者が卓越し、依頼者の居住地ではサンパウロ市内が六三％であったが、サントス市や戦前からの沖縄系集住地であるサントス・ジュキア鉄道線沿線在住の依頼者もみられた。また、依頼者がMNのカルトセンターに参加しているかどうかに関しては、依頼者本人はカルトセンターに参加していないものの、「付き添い」としてハンジにやってきた母親や親族関係者にはカルトセンターへ参加する者が多く認められた。依頼者が三世の場合には、日本語ないし沖縄方言が話せる付き添い（多くは母親ないし親族関係者）を伴うケー

病気や怪我など健康上の問題	医者に行っても治らない病気、怪我からの回復が思わしくない、寒気がするなど	36 件
心理上の問題	気分が優れない、気分がワサワサする、人混みに入ると気分が悪くなる、不幸ごとが続くなど	23 件
仕事上の問題	商売がうまくいかない、働いても金が残らない、従業員との確執、仕事場への強盗侵入など	29 件
家屋・土地などを巡る問題	家の新改築、引越し、土地購入、家の構造、家屋の購入など	12 件
家族員の運勢判断	結婚、デカセギ、学業、転職など	41 件
夢見判断	おかしな夢をみる、いつも祖先が夢に現れるなど	3 件
祖先崇拝を巡る問題	長男がガイジンと結婚し位牌を祀らない、二世で位牌を継承してくれない、預かり位牌の懸念、祀るべき位牌を祀っていないなど	17 件
儀礼・呪法の依頼	各種儀礼、ウガンの実施の依頼	11 件
死者の口寄せ	先祖がどんな思いをしているかなど	2 件
お礼	ハンジ、ウガンを行い状況が改善したことに対するお礼など	2 件
不明	——	8 件

表②　〈ユタ〉としての MN への依頼内容

スが多く見られた。〈ユタ〉としてのMNのもとを訪れる依頼者の中にはMNの他の活動を知らなかった者もいたが、このような場合は、主に沖縄系という社会関係を通じて「紹介」を受けたケースであった[◎35]。

　これらの依頼者がどのような問題をかかえてMNのもとを訪れたのかを整理したものが表②である。依頼者が持ち込んだ問題として最も多かったものは家族員の運勢判断（四一件）で、以下、病気や怪我など健康上の問題（三六件）、仕事上の問題（二九件）、心理上の問題（二三件）、祖先崇拝を巡る問題（一七件）、家屋・土地などを巡る問題（一二件）、儀礼・呪法の依頼（一一件）、夢見判断（三件）、死者の口寄せ、お礼（各二件）などであった。

　さて、以上のような依頼内容をもって〈ユタ〉を訪問した依頼者は、対話形式のハンジの中でどのようなリアリティーを獲得することができたのだろうか。依頼者の語る〈ある出来事〉が、沖縄シャーマニズムの憑霊イディオムによって意味あるかたちに整序され、そして、それらが沖縄社会の社会的規範や組織などの、より大きな文化・社会的コンテキストに関連づけられていく様子を具体的事例を通じて概観することにしよう。

【事例】〈ハンジ〉場面の参与観察◎36

この事例は沖縄系二世とその次男がMNのハンジを求めてやってきたものである。MNはまずこの家族全員の年齢（ウマレドシ）、位牌の有無を質問することからハンジを開始した。沖縄系二世の夫は五六歳で寅年生まれ、商業を営んでいる。妻は五四歳で辰年生まれ、三世の次男は戊年の二三歳であり、妻は専業主婦、次男は高校卒業後、父の商売を手伝っている。夫は四男で、夭死した二人の子供の位牌を自宅に祀っている。この日のハンジでアカシて欲しかったのは①新しい商売のこと、②妻の心身不調、③次男の結婚、④来年の運勢、⑤姪の夢見であり、さらに年忌供養の依頼も重要な訪問目的であった。（MはMN、Cは依頼者、以下同じ）

①新しい商売のこと

M：二つの家は見えますが…

C：はい、二つあります。一つは店と住宅を兼ねたもので、私たちはそこに住んでいます。もう一軒には元従業員が住んでいます。この二世（元従業員）は辞めさせたのに、まだその住宅から出ていってくれないのです。

M：辞めてから半年くらいですか？

C：はい、五ヶ月になります。その二世は今年中はいて、来年正月二日には出ていくと言っています。

M：仕事を辞めさせたときにはきちんとお金を出しましたか？

C：仕事をしてくれた分は払いました。

M：そこにあなたの落ち度が来るのね。仕事から出すんだったら、ちゃんと期限を切って払うものは払って出せば良かったのに…

C：それはしました。裁判にもして皆決まっていたのです。その子が三ヶ月おらしてくれというので、それは承知して書類まで作っているんです。

M：とにかく無理に追い出すわけにはいかないねー。イチイニンされるかも知れないからねー。嫉妬や妬みは持たれないようにしないとね。

C：実はその家を改築して新しく商売を始めようと思っているわけです。

M：（MNは頭を上下に振って暫く黙り、クシューという声をあげた）今、その家をみてきたところですが、家には問題はないようです。ヤシチは自分のものですね？

C：はい。

M：ヤシチに仕事開けようと思ったら、ウヤファーフジにどうぞうまく仕事をさせてくださいとお祈りして、ヤシチも浄めたらいいです。来年はソルテ（sorte：運がついている）と決められているが、改築するんだったら三月後がいいようですよ。

C：住宅改築して車の修理の仕事をしようと思っているわけです。

M：来年は運勢がいいので始めていいですよ。一日・十五日にはローソクを点して、オトウーシして、赤いご飯を三つあげてお祈りしてください。ヌーメロ（番号＝住宅の番地のこと）も書いてお祈りしてください。

【コメント】ここでの依頼内容は自己所有の住宅を改築し、新しい商売（自動車修理業）を始めようと計画している依頼者がその吉凶を判断してもらうことにあった。しかし、そこにはまだ元従業員が住んでいるので困っている。MNはそれに対して「行うべき保障」はすべて行ったかを質問したあとに、無理矢理追い出すべきではない、もしそうすれば、どのような恨みや妬みを買うかもわからない、換言すれば、その元従業員によって〈イチイニン（生霊による障り）〉されるかも知れないと警告している。後半部分ではMNは自己の霊魂を体外離脱させて〈ヤシチミー（屋敷見）〉を行っている。その結果、ヤシチ自体には問題はないとアカシている。

②妻の心身不調

C（妻）：肩が凝ったり、足が痛かったりするのですが…。手も疲れます。このあいだ医者に行ってきて検査したら、血圧が少し高いが問題はないと言われました。
M：更年期障害も終わり、血の道（月経）も終わったんでしょ？
C：一〇年くらいになります。
M：それで診察して…（目をつむり、クシューという声を出す。すぐにクシューという声を出し目を開ける）それは病気ではないと出ていますよ。ちゃんと、一日十五日には御先祖様にウガン（御願）している？
C：できないことが多いんです。商売とか約束とかあって、一日もしませんでした。
M：ちゃんとやってくれるように出ていますよ。御先祖様もウガンしてもらえずに苦しんでいますよ。それがシラシたんです。きちんとウガンしてくださいね。
C：はい。

【コメント】MNは「不幸や災難の原因として最も多いのがウガンブスク、祈りが足らないことね。きちんと先祖や神様に対してウガンをしないといけない」と語っている。この事例では「商売や約束」を優先して、きちんとしたウガンが行われなかったために、〈不足〉が生じ、ウガンを行うべき妻に心身不調というかたちで〈シラシ〉たのであるとアカシてる。ここで興味深いのはMNの「御先祖様も……苦しんでいます」という認識であり、ウガンブスクのために先祖も共に苦しんでいるというモチーフである。池上はこれを「共苦共感の世界」の構築と名付け、ユタ・シャーマニズムの災因論の中核的原理の一つとして強調している。◎37

③姪の夢見のこと

C：ソブリーニャ（soblinha：姪）がおりますが、それがちょっとソフレ（sofrer：障り）しています。おかしな夢をみるというのね。

M：どんな夢をみる？

C：親の夢。夕べは兄の夢をみたと言っています。

M：小さい子供が亡くなっていますね？

C：ええ。サンパウロに移ってきてから病院で亡くなっています。姪の兄たち二人。

M：ちゃんと〈ヌジファー（祓霊）〉しましたね？　病院からのヌジファーです。

C：（それには答えず）今年二五年忌ですが、後の子と一緒にしようと思っているようです。

M：ちゃんと〈ホージ（法事）〉をやらないとね。ウヤファーフジが受け取らせてくれるように言っていますよ。夢はそのシラシなんだね。後の子と一緒にやるんだったら〈ウヌビー（延期）〉して頼みなさい。来年の八月までウヌビーして、八月に一緒にやったらいいですね。ネーサン、知っているでしょうか、兄のほうは〈イワイジューコー（祝い焼香）〉ですよ。お供え間違えないようにね。

C：来年のホージ、ネーサンに頼めますか？

M：いいですよ。

（ハンジが終了して後、自宅の台所に降り、依頼者は兄嫁に確認の電話を入れ、ハンジの内容を告げ、

ホージの日を確定した。一方、MNはカミグトゥ〔神事〕の手帳に依頼者の兄嫁の名前と住所、その内容〔法事〕を書き入れた）

【コメント】この短いやりとりの中に、沖縄ユタ・シャーマニズムの重要ないくつかの観念が出現している。まず第一に夢の持つ機能に対する重視の観念である。夢は何らかの〈シラシ〉、予兆であると観念されている。第二に、〈ヌジファー〉を巡る観念である。ヌジファーは桜井徳太郎によると、◎38「「脱ぐ」「抜く」こと、即ち、離脱とか脱出することを意味する語であるから、あるいは死場所の土砂や石塊に憑着した死者の霊魂を憑着物や場所から離脱させること、あるいは死霊を抜き取ってくることの意であるかもしれない」とされるが、この事例のコンテキストで言えば、病院で死亡した甥の霊魂の一部がそこに憑着している可能性があり、それをヌジファーして、あるべき場所へ納めなければならないが、その措置は取られたかと質問しているのである。また、この呪術的行為から沖縄民俗社会における霊魂観の一つ、霊魂の分化性、漂着性などが看取されるのであるが、それはMNのカルト領域における霊魂観とは整合的ではなく、矛盾しているといえる。この点はMNの呪的救済世界が二つの領域の整合的統合ではないことを物語る証左の一つであろう。第三は沖縄シャーマニズム（沖縄民俗社会）における死後祭祀の意味に関してであり、MNは「二五年忌からは祝い焼香」であるから供物を間違えないように指摘している点である。MNはなぜ二五年忌からは「祝い事」になるのかという筆者の質問に対して、心霊主義教義の霊的進化という観点から説明している。

④次男の運勢（結婚）

M：体は健康と出ています。学校出て、家の仕事の手伝い？

C：はい。

M：ナモーラ（Namorar：恋愛）はしていますか？　ウチナーンチュ？　いくつ？

C：内地の人なんですよ。年は二一歳。

M：女の方が年下だから良いと出ています。あまり長くナモーラさせるのは良くないが、来年はウマレドシになるから良くない。（来年は）東、北、南には少し注意しなさい。（来年は）一月六日がハツトシビだから、その日に今年も良い年であるように祈りなさい。ローソクを立てて、米とピンガと水を供えて、東の方に向かって、今年も良い年であるように祈りなさい。

C：それは普通のご飯？

M：アズキごはんですよ。まだ、聞きたいことありますか？

C：ありがとうございました。

【コメント】ここでのハンジは次男の来年の運勢、結婚である。ここで注目されるのは、ウマレドシによって人間の運勢が決定されるという機械的な原理の存在である。沖縄民俗社会では自己の生年を一二種の動物＝十二支のシステムによって位置づけ、それぞれのウマレドシの十二支のカミによって庇護されていると認識してきた。また一二年周期で回ってくる年はウマレドシと呼ばれ、MNの認識ではこの年は通常の年より超自然からの攻撃に対して弱くなっているとされ、ウマレドシの者は普段より注意深く行動し、いざというときには防御態勢をとる準備をしなければならないとされる。また、この十二支は方角や時間とも関連していると認識されている。MNにあってはオトウーシをする際の道具や供物は、ローソク、ピンガ等ブラジル化されており、ブラジルで活動する他のユタのように線香やビンシーが用いられることはない。さらに言えば、MNの救済世界にはヒヌカン（火の神）は不在である。

2　〈ユタ〉としての活動……様々な呪法・儀礼

表③はMNが一九九二年に実施した、ハンジ・アカシ以外の〈ユタ〉としての主要な活動を示したものである。具体的には年末年始に実施される〈アケマドシのウニゲー〉〈アグラデッシメントのウガン〉、死後四九日の〈マブヤワカシ〉から開始され、百日、一年忌、三年忌、五年忌、一三年忌、二五年忌を経、三三年の〈シメージュウーコウ〉まで実施される〈ホージ〉と呼ばれる死者祭祀、〈オハライ〉や〈ヤシチウガン〉と呼ばれる屋敷や家屋、土地の浄霊、〈マブヤグミ〉や〈ホシヌウガン〉と呼ばれる呪法、〈タマシイウンチケ〉と呼ばれる「救

儀礼・呪法		回数
アケマドシのウニゲー		36
アグラデッシメントのウガン		23
ホージ	49日	29
	100日	1
	1年忌	3
	3年忌	2
	5年忌	2
	13年忌	3
	25年忌	5
	33年忌	2
オハライ（ヤシチウガン）		180
マブヤグミ		40
ホシヌウガン		31
タマシイウンチケ		6
旅ウガン		2
ヤシチミー		1

表③　ハンジ・アカシ以外のMNの〈ユタ〉活動（1992年）

われていない霊」を救済する呪法、旅行の安全を祈願する〈旅ウガン〉、〈ヤシチミー〉と呼ばれる家屋や屋敷における霊的影響を判断する呪法などである。また、問題原因は解明されているものの、その原因を除去する呪法の実施が何らかの理由で遅れているために、その呪法の実施を延期するということを知らせるための〈ウヌビーのウガン〉と呼ばれる呪法もある。

ここでは、MNのハンジの結果、明らかにされた問題原因を排除する呪法のいくつかを提示することにしよう。

【事例】マブヤグミ（魂込め）――交通事故によって発生したマブヤオトシ

MNのもとを訪れた依頼者は沖縄系一世女性（六〇歳）で、バイクに乗っていて交通事故を起こした息子の怪我の回復が遅れているために「マブヤが落ちたのではないか」と疑ったもの。MNのハンジは、交通事故のショックでマブヤの一部が体外に飛び出してしまい、事故現場付近に憑着しているために、回復が遅れているのであり、息子が回復するためには〈マブヤグミ〉の呪法を実施しなければならないというものであった。MNは依頼者とともに交通事故現場に行き、その付近に落ちていた小石を三個拾い「マブヤよ、これに憑きなさい」という呪文を唱え、マブヤを漂着させた後に、この小石をナプキンでくるんで依頼者の自宅に向かった。依頼者の自宅では息子が普段身に着けているTシャツでこの小石をくるみ、マブヤをまずTシャツに漂着させた後に、そのTシャツを息子に着用させ「マブヤをつけて下さい」と呪文を唱えた。そして、このTシャツは三日間続けて着用しないといけない、家では水、ごはん、汁を予め用意しておき、息子に水を三回、ごはんを三口、汁を三回飲ませ、残りはお盆に載せて、自宅内や食器棚などに保管すること、と依頼者に指示した。

【事例】タマシイウンチケー

（サンパウロ州海岸地域）ベルチオーガ市に住む沖縄系三世の子供（八歳）が九一年七月二八日に、家族と一緒に海水浴に出かけて溺死した。遺体は亡くなった翌日、海岸に打ち上げられた。家族は遺体が発見されると丁寧に葬式を行い家族の墓地に埋葬した。

二ヶ月後、溺死した子供の母親（沖縄系二世）は寒気を覚え、しかも原因不明の右腕の激痛に悩まされるようになった。風邪だと思い、薬を飲んだが一向に良くならない。そこで近所に住む沖縄系の知人に相談したら、「何か、先祖事にフソクがあるかもしれない」から、「一度Nネーサン（MNのこと）のハンジを受けたらいい」とアドバイスされた。知人からMNを紹介された母親はハンジを受けにサンパウロ市までやってきた。ハンジでMNは名前、住所、生年、先祖のことなどをいろいろ質問したが、その後で「海が見える」と突然言った。そこで母親は初めて、息子が二ヶ月前に海で溺死した事実を告げた。MNのハンジは息子のマブヤの一部がまだ海に彷徨《さまよ》っていて成仏できておらず「寒いから早く救ってくれ」と言っているというものであった。右腕の痛みは溺れたときに、岩に右腕をぶつけたために、母親に知らせるために

〈マニカタ（真似方）〉されているのだという。そして、息子のマブヤを救い、成仏させるためには、息子の溺れた海岸まで行って、そこで〈タマシイウンチケー〉をする必要があると明かした。

そこで、この母親はMNとベルチオーガの海岸に行く日時を取り決めた。母親はウンチケーするためにどのようなものを用意したらよいかわからなかったのでMNに質問した。MNは節が七つある竹、ローソク三本、ナプキンとコップと水を用意するように指示した。

当日は溺死した子供の父親が車でMNの自宅まで迎えに来て、そこからベルチオーガの海岸に向かった。海岸に到着すると、MNはウヤファーフジに子供のマブヤを救ってくれるようにグィスを唱え、その後持参した竹を海水の中に梯子のようにかけ、子供の名前を三回呼んで、海からこの竹をつたわって上がってきなさいと言った。その後、近くの海岸の砂を三回に分けてナプキンに載せた。これは海から上がってきた子供のマブヤが漂着したからだ。MNによると、海岸では供物をあげることはしない。もし供物をあげると、そこが自分の居場所であると（息子のタマシイが）勘違いして、そこに落ち着いてしまうからだとMNは説明した。

こうして砂にマブヤを漂着させるとすぐに墓地に向かった。墓地ではローソクを三本立て、コップに水を入れて供え、マブヤが憑着した砂を墓地の上にまき、「ここがあなたの家だから、おじいちゃん、おばあちゃんと一緒にいなさい」とマブヤに語りかけた。水は溺死した場合には喉が渇くから飲ませるものであるという。その後、依頼者の自宅に向かい、熱いお茶を飲み、昼食となった。その後、母親は寒気や右腕の痛みから回復したという。

【コメント】この事例も前述の事例と同様にマブイ（マブヤ）の分化性・憑着性を物語る事例である。この事例では（子供の）マブヤは母親に寒気や右腕の痛みというかたちでシラシを行っている。この寒気・右腕の痛みは息子（のマブヤ）が感じているものを母親に感じさせる（カン取れ）ために〈マニカタ（真似方）〉させたものであった。マニカタはMNが災禍の原因としてよく使う概念である。MNによれば、MNがサーダカウマレとなったのは同様にカミウマレであった父方叔父、叔母、母の〈マニカタ〉をさせられたためであるという。

【事例】ウガンブスク（御願不足）とイチジャマ（生魂）

この事例は一九九二年の調査時に収集した、メジウンである沖縄系三世女性（当時五四歳）の家族のものである。この女性の夫は沖縄系二世で、夫婦の間には二人の子供がいる。

一九七〇年頃、この依頼者の次男が四歳になったとき、二日に一度位の割合で癇癪を起こし気絶するようになった。医者に行き診察を受け、レントゲンを撮って検査してもその原因が全くわからず、癇癪も治らなかった。それでも医者から処方された癇癪の治療薬（ガルデナル）という強力な薬を飲み続けた。そうするうち、その薬の副作用まで出るようになった。不安になった母親が義理の母（沖縄系一世女性）に相談したところ、〈カミグトゥ〉かも知れないからNネーサン（MNのこと）のところに相談に行ってみようという。MNのハンジによると、

「Não é nada material, isso é Oshirasi（それは病気ではなく、シラシ）」だとされた。MNは義理の母に、義理の父の家族のこと、先祖のことなどをいろいろ質問した。沖縄の夫方の家族は第二次世界大戦の沖縄戦で全員が戦死、誰もトートーメ（位牌）を守る人がいなくなっていた。義理の父は次男だったが、先祖をウガンする者がいなくなったので、ウガンブスク（御願不足）になり、その苦しみを先祖がきちんとした先祖祭祀をしてくれるように、相談者の次男にシラシたのだ、という。解決法としては沖縄からきちんとウンチケーして位牌を持ってきて、ひとまずこの家で預かり、その後に相談者の夫の弟なり、次男なりに継がせないといけないというものだった。そこで六八年に夫婦で金を工面し、義理の両親を沖縄に一時帰国させ、親戚が預かっていた位牌をブラジルにお連れし、早速一日・十五日のトートーメウガンや先祖祭祀をするようになった。すると不思議にも子供の癇癪は治ったという。これを契機にこの依頼者はMNのカルトセンターに参集するようになった。

一九七五年には依頼者の夫はサント・アンドレー市の自宅近くに売りに出ていたパダリア（Padaria：パンや日常的食料品を商う店）を購入して商売を始めた。このパダリアを購入した際、やはり買いたいというガイジンがいたが、夫がネゴシ（Negociar：交渉）をして先に購入してしまったので、このガイジンは随分腹を立てていたという。夫はパダリアを始めてすぐに神経性の病気にかかってしまった。医者に行っても治らないので、MNのハンジを受けた。そのハンジではそのガイジンが嫉妬で夫の霊魂に悪影響を与えているためだと明かされた。そのガイジンの霊がパダリアにずっと留まっているから、いくらプロテソン（Proteção：防御）してもだめで、パダリアのオハライをしないといけないと解決法が指示された。そこで、夫はMNに〈ヤシチウガン〉の呪法を依頼し実施した。すると夫の病気は良くなった。

【コメント】この事例の前半は沖縄の先祖からシラシがもたらされたものである。義理の父は次男であり、祀るべき位牌は持っていなかったが、第二次世界大戦の沖縄戦でムトゥヤー（本家）の位牌を継承すべき親族が死亡してしまった。その位牌は親戚が預かっていたが、ブラジルに移住した義理の父（あるいは相談者の次男）に祀ってくれるようにシラシをしてきたのである。そのため、義理の両親は沖縄に一時帰国し、ウンチケーして位牌をブラジルに持ち帰り、ブラジルで先祖祭祀をするようになったら、次男の病気は治ったというものである。このケースのようにシラシという形を取らなくても、戦後、ブラジルへの永住を決意した段階で、沖縄の親戚に預けてあった位牌や、沖縄戦などの理由で新たに継承すべき位牌（先祖）が出たことによって、多くの戦前移民が七〇年代半ばから盛んに沖縄に一時帰国するようになった。戦前の沖縄系移民はその三分の一近くがチャクシー（長男）であり、位牌継承者かその予定者であった。

この事例の後半は非日系ブラジル人による嫉妬が原因で夫が病気になってしまった例で、これをMNはイチジャマ（生霊）による〈イチイニン〉と整序して言う。これへの対処は〈ヤシチウガン（屋敷御願）〉という呪法の実施であった。

3　ユタ領域における災因論

前項まで、MNの〈ユタ〉としての活動を、ハンジ・アカシ、そこから解決法として提示されて実施された呪法のいくつかを事例として取り上げ、その特徴を概観した。ここでは、ハンジ・アカシや実施された呪法の参与観察を通じて看取された災因論を、災禍・不幸・問題をもたらす霊的存在、その原因、解決法及び特徴という観点から概観することにしよう。

①カミ

ハンジ・アカシの中で「医者に行っても治らない」心身不調、あるいは心理的問題（墓地に行くと気分が悪くなる、など）の一部がMNによって〈サーダカウマレ〉として整序されている。〈サーダカウマレ〉とはMNによれば、「カミからの〈召命〉であり、逃れることはできない宿命」であるとされ、「カミミチを開けなければ、その苦しみから逃れることはできない」と観念されている。そして、「カミミチを開ける」ことはMNによれば自らがカルトリーダーである心霊主義カルトに「カミの子（Medium em Desenvolvimento）」として参加し、そこで憑依霊の名乗りを受け、自らの守護霊を確定し、霊的に進化を遂げていく（MNによれば、霊的進化は多様な憑依霊をもつこと）ことであると観念されている。つまり、この〈カミダーリィ〉という、沖縄民俗社会における霊的存在からの影響を受けた心身不調（カミダーリィのすべてがカミからの召命ではない）を、心霊主義的（ウンバンダ）観念であるManifestação Mediúnica（霊性を開花する時期に来ていることを知らせる霊的マニフェステーション）に転換させて認識することで、カルト領域へと〈水路づけ〉することに他ならないのである。一方、カルトにおける心身不調であるコンスルタにおいて、Manifestação Mediúnicaが「沖縄のカミや先祖」によってもたらされる可能性がある場合、具体的に言えば、その依頼者が沖縄系人である場合には、Pai João霊によって、文化的異質性から、ユタ領域でのチオ・コーキチ霊のハンジ・アカシを受けるように指示されることになり（解決法）、その結果、沖縄的世界に誘うことになる。つまり、これらが二つの領域の双方向的な水路づけ、あるいは接合点となっているのである。

また、カミダーリィに関しては対処療法としては、カミからの召命を先延ばしにしてもらう「ウヌビーヌウガン（延期のお願い）」の実施などがある。

②自己のマブヤ（霊魂）

MNは、人間は肉体と霊魂（マブヤ）からなり、マブヤが生命の源泉であり生命を維持していると観念している。この人間観は心霊主義的カルト領域でも同様に認識されている（より詳細に言えば、心霊主義では肉体―ペリスピリト（肉体と霊魂を繋ぎあわせる物質）―霊魂）が、その霊魂観に関してはかなりの異質性が存在している。カルト領域では西洋社会の霊魂観を基礎としており、霊魂は一個の独立した人格として認識されており、ユタ領域におけるマブヤの分化性、漂着性◎39などとは整合的ではなく、矛盾さえしている。この点だけでもMNの呪的救済運動の全体構造が一つの統合的な構造をもっていないことを示していることは明らかである。換言すれば、MNの呪的救済運動は二つの憑依宗教文化を、〈サーダカウマレ〉とManifestação Mediúnicaとして相互互換的に読み替えることで、二つの信仰システムを〈接合〉させ並存させたものであるといえる。

さて、MNによると、マブヤは肉体の胸部にあり、急な衝撃や恐怖などによってその一部が肉体から離脱してしまうことがあるとされる。これが〈マブヤオトシ（魂落とし）〉の状態であり、そのまま放置すると病気や怪我から回復しないという状態をもたらすことになる。また、「長く患っている病人からは徐々にマブヤが落ちていく」のであり、長期入院や死亡の場合には、そこにマブヤの一部が留まってしまうことも起こるという。こうした状態のままにしておくことはできないのであり、マブヤを肉体に呼び戻すために実施される呪法が〈マブヤグミ（魂込め）〉である。

ところで、マブヤは超自然のコスモロジーとも関連しているとMNは観念している。その一つが〈ウマレドシ〉という時間周期システムであり、もう一つが天体の運行システムである。〈ウマレドシ〉は一二種の動物名（十二支）からなる周期体系と関連し、一二年周期で循環、一三、三七、四五、六一、七三、八五、九七年目がそれぞれウマレドシ（厄年）となる。MNによれば、この年には「人間の身体はMais Leve（弱り、外的世界に対してより開放された）な状態となり、様々な災難に遭遇しやすくなり、結婚や新しい仕事などは控えたほうがいい」し「マブヤの働きも鈍くなっているから、悪霊の影響を受けやすいし、思わぬ出来事にも遭遇することになる」と観念されている。

それぞれの人間には〈十二支のカミサマ〉という庇護霊がいると観念され、マブヤや肉体の弱っているウマレドシには〈十二支のカミサマ〉にウガンを行うことで肉体やマブヤが強化されることになるという。さらにマブヤを強化するためには〈星のウガン〉を実施するのが良いとされている。

③他者の生霊

MNは他者（生者）の霊が人間に及ぼす影響があると観念している。それは妬みや羨望などの感情に起因するものであり、〈イチジャマ〉〈イチイニン〉などと呼ばれている。こうした他者の生霊からの攻撃に対して実施されるのが〈オハライ〉であり、〈ヤシチウガン〉、さらには予防や防御という意味で実施されるのが〈星のウガン〉である。これらは〈ウマレドシのカミ〉や〈ムトゥヤーの先祖のカミ〉を通じて、屋敷のカミ、土地のカミに対して霊的庇護を依頼することに他ならない。

④先祖霊

MNのハンジ・アカシの中心となるのは心身異常や不幸、問題などの災禍を先祖との関係で整序するというものである。総じて言えば、これらは先祖との関係が何らかの事由により、歪んだり、破壊されたことに起因するものと解釈され、この先祖との関係性の歪みや破壊の原因は大別すればウガンブスク（御願不足）とマチゲェ（間違い）となる。

〈ウガンブスク（御願不足）〉は字義通り、祈り・祈願が不足していることであり、特定の個人や家族が先祖に対して行うべき務め――儀礼・呪法などを怠った場合に発生するものであり、これが心身不調、不幸などという形で〈シラシ〉されることになる。本稿では妻の心身不調が一日十五日の位牌祭祀（トートーメウガン）の実施を怠ったために起こったケースと、沖縄戦で死亡した先祖の祭祀者が不在になったために、継承可能者のいるブラジルの家族に「子供の癇癪」として〈シラシ〉されたケースを取り上げている。なぜ、ウガンブスクがシラシとしてもたらされるのかに関して、MNは「先祖の供養をすることで、先祖も一段一段（カミへの）階段を上がっていくのです。しかし、それをしないでいると先祖はその階段を上がることが出来ず、苦しむことになるのです。苦しいから、そのことを子孫に〈シラシ〉てくるのです」と説明する。この説明は沖縄シャーマニズムの共苦共感の原理に基づき、さらにブラジルの心霊主義教義における霊的進化主義的観念に大きな影響を受けたものと考えられる。こうした観念は、なぜ年忌が二五年忌から〈イワイジューコー〉になるのかの説明などにも認められるものである。

ウガンブスクが発生した場合の対処法としては不足を詫び、きちんとした祭祀を行うことであり、こうした行為を通じて、先祖との関係が是正され修復されていくことになる。

ウガンブスクとともに、先祖にとって不快なのは、不適切な祈りや儀礼の執行、即ち〈マチゲェ（間違い）〉である。マチゲェに対する解決法はお詫びを入れ、正しい呪法・儀礼や供物の実施などであり、これは捩れてしまった関係性の修復、是正といったモチーフをもっている。

マチゲェには沖縄的な価値や規範の侵犯や、それからの逸脱なども含まれている。これには父系血縁原理やヤーの構成原理とも関連する沖縄的位牌継承規範――タケーマジクイ（他系混淆）、チョーデーカサバイ（兄弟重なり）、チャクシーウシクミ（長男押し込め）、イナググアンス（女先祖）など――や養子縁組規範からの逸脱、さらには他の宗教（特に「生長の家」をはじめとする日系新宗教）への改宗やウチナーンチュ以外との結婚までが含まれている。しかしながら、こうした沖縄的価値や規範からの逸脱であっても、本来位牌を継承すべき長男が非沖縄系ブラジル人と結婚したケースや他宗教に改宗したケースでは、先祖霊が特定の個人（例えば次男や三男）を継承者として認知するという手続きをとって柔軟に対応されている場合もあり、個別的状況対応的な柔軟性が存在している。

⑤他者の死霊

他人の死霊で、人間に災禍をもたらす存在をMNは〈マジムン〉〈ヤナムン〉などと呼んでいる。MNによると、これらはいずれも「成仏していない死霊」であると観念されている。そしてMNはこうした死霊の攻撃を受けやすいのは霊的な存在に対して敏感な子供や〈カミウマレ〉をした者であるという。こうした死霊からの影響は「子供が突然怖がって泣きだす」「病気に罹りやすい」「気分が悪い」などである。この影響からの解決はイチジャマ・イチイニン同様に、自己のマブヤの強化や関係性切断の〈オハライ〉の実行である。

⑥住宅の構造や位置・地形など

不幸や災難は、住宅の構造、住宅が建てられた地形・位置・方向、住宅が建設される以前の来歴などからももたらされるとされる。MNによると、日の当たらない暗い家屋や、道路から下がった住宅は「光が届かない」から良くない。移転や購入前に〈ヤシチミー〉を依頼された場合には、こうした家屋であれば買い控える、あるいは移転を見合わせる指示をする。

入り口から奥までずっとまっすぐになっている住宅は、構造的に悪霊が侵入しやすいので良くない。四つ角に位置する家も良くない。「マクンバが四つ角にされるように」悪霊は四つ角に多くおり、もし購入済の場合には〈石敢当〉と書いた紙を埋め込み、悪霊の侵入を予防するように指示する。

住宅や屋敷に関しては〈ヤシチミー〉を行い評価し、悪霊が侵入しやすい住宅の場合、移転、改築を示唆したり、〈ヤシチウガン〉を行ったり、〈石敢当〉の設置を提案したりする。◎40

5――二つの憑依文化の〈接合〉とその意味

既に記述してきたように、MNの呪術宗教的救済世界はまず、一九二〇年代から三〇年代にかけて、リオデジャネイロやサンパウロ市で「国民大衆宗教」として成立したウンバンダを、自らの〈人となり〉に整合的なかたちにエスニック化し、さらにそれを沖縄シャーマニズム文化と近代医学が無効な心身異常にそれぞれの憑霊イディオム——Manifestação Mediunica（霊性開花の時期に来ていることを知らせる霊的マニフェステーション）とサーダカウマレ（カミからの召命としての巫病）——を互換的に適用することで、〈接合〉したものである。

図②はそのＭＮの呪術宗教救済活動の全体像をモデル化して提示したものであり、この図に依拠しながら、ＭＮが創造した呪術宗教的救済世界の意味をここでは概観的に考察することにしよう。

ＭＮの呪術宗教的世界には、依頼者の民族的出自及び世代帰属に対応した関与の違いが存在している。二つの呪術宗教的世界のうち、沖縄移民一世はその宗教アイデンティティーとも関連して、〈ユタ〉的領域だけに関与し、カルト領域に〈メジウン〉として参加することは稀である。他方、非沖縄系（日系）ブラジル人はカルト領域のみに参加し、沖縄系ブラジル人の配偶者（妻）となったケース以外で、〈ユタ〉的領域に関与することはまずない。一方、〈ユタ〉及びカルト領域双方に関与するのは沖縄系二、三世である。メジウン一一二名（筆者が調査を行った期間にインタビューが可能であった人数で全数ではない）の出自及び世代帰属を見ると、沖縄系二、三世が全体の六八％（二世四八％、三世二〇％）を占めて卓越し、沖縄移民一世は一一％、残り（二一％）が非沖縄系（日系）ブラジル人という構成であった。

また、沖縄系メジウンが〈ユタ〉的領域、カルト領域いずれからＭＮの呪術宗教的世界に接近したかをみると、〈ユタ〉的領域から接近し、霊性開花の時期に来ているという整序からカルト領域に関与するようになったものが六八％で多く、現在のように〈ユタ〉的領域とカルト領域が未分化

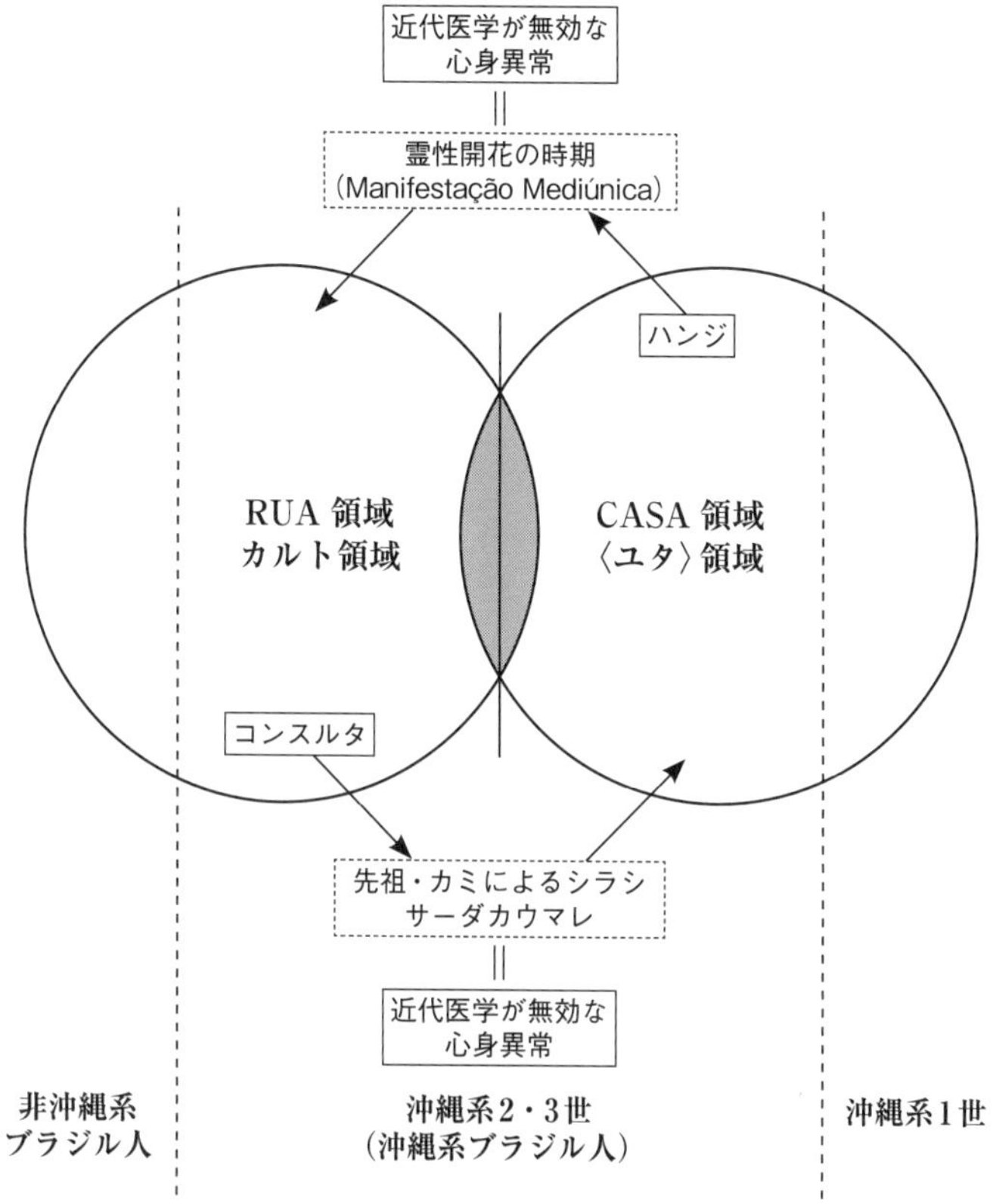

図②　MN の呪的救済世界(モデル図)

であった家族集会時代にチオ・コーキチ霊の〈コンスルタ〉を受けた結果、メジウンとして参加するようになったものは一二％で、これを含めれば〈ユタ〉的領域からカルト領域に関与するようになったケースが卓越している。この事実はうがった見方をすれば、それまで卓越していた沖縄的生活世界から、ブラジル的な生活世界へと移行してきたということもできるだろうし、さらに言えば、それまでの出稼ぎ主義に基づいた農村部での生活から、永住主義に転換し、社会経済的な上昇を達成するためにサンパウロ市という都市に移動を遂げてきた沖縄系二、三世が、MNの呪術宗教的救済運動の中核的な主体であると見ることもできるだろう。

表④は二つの呪術宗教領域の特徴をいくつかの指標から対比的に整理したものである。この表に沿って、MNの呪術宗教的世界の特徴と二つの呪術宗教的世界の〈接合〉の意味を考察していくことにしよう。

まず第一に指摘される特徴は二つの領域における言語使用とメジウンや一般参加者のもつ個人名の選択性である。カルト領域、そこでの主要な活動であるセッソン（プーブリカ）で用いられる言語は、降霊会において憑依霊が使う言語を別にすれば、日本語ないし沖縄方言が話されることはなく、専らポルトガル語が使用される。一方、ユタ領域での主要活動であるハンジ・アカシや呪法・儀礼などで使われる言語は、沖縄方言ないし日本語であり、ポルトガル語の使用はあくまで例外的なものである。

日系人（二世・三世）の場合、本土系にしろ沖縄系にしろ、パウロ・イチロウというふうに、二つの個人名をもつのが一般的である。この個人名の二重性自体が日系二世・三世のハイブリッドな主体性を表象するものであるが、MNの呪術宗教的世界では、ポルトガル語の個人名は専らカルト領域において、日本語の個人名はユタ領域において選択的に利用されている。MNに関してみると、

	カルト領域	ユタ領域
世界観	〈ソダチ〉としての 沖縄系ブラジル人	〈ウマレ〉としての 〈ウチナーンチュ〉
中核的参加者	沖縄系2、3世 非沖縄系ブラジル人	沖縄系1世 沖縄系2、3世
憑依文化	ウンバンダ	沖縄ユタ・シャーマニズム
守護霊	Pai João Caboclo	Tio Kokichi
神格	Jesus Cristo Nossa Senhora da Aparecida	神武天皇 観音 ムートゥヤーのカミ
主な活動	セッソン・コンスルタ	ハンジ・アカシ、様々な呪法
供物	花・菓子・ ピンガ・ロウソク	豚の皮付き三枚肉・煮物・ 揚げ豆腐・餅など奇数品目
災因論	ウンバンダ	沖縄ユタ・シャーマニズム
災因の所在	内在性	外在性
災因の排除のモチーフ	関係性の排除 関係性の創造	関係性の是正 関係性の回復
使用言語	ポルトガル語	日本語・沖縄方言
個人名	ブラジル個人名	日本個人名
領域	街路（Rua）	家庭（Casa）

表④　二つの憑依文化の特徴

カルト領域ではMNはM＝マリアであり、ユタ領域ではN＝ノブ子である。

換言すれば、個人名の選択的使用という点からみると、カルト領域はブラジル人的領域であり、ユタ領域は〈ウチナーンチュ〉的領域であると考えることができる。このことは、ブラジルの日系人の生活において、ポルトガル語の使用が家庭を離れた社会的空間において行われ、家庭などでは専ら日本語の個人名が利用されるという個人名の使い分けとも構造的に一致している。

つまり、カルト領域は家庭を離れた社会的空間、街路（Rua）と関わり、ユ

タ領域は家庭・家族（Casa）という空間に関わるものであると見ることができるだろう。

次に、それぞれの領域における災因論に認められる特徴をみよう。不幸や問題を起こす原因としての霊的存在への対応の仕方に関してみると、カルト領域では人間に悪影響をもたらす霊的進化段階の低い霊に対する関係性の切断と、霊的進化段階の高い霊との新たな関係性の創設というモチーフを基礎にしているといえるだろう。この領域における新たな関係性の創設というモチーフは、より多くの進化段階の高い憑依霊の影響を受けることであり、これはできるだけ多くの憑依霊の憑依を受けることが指向されるということであり、こうした人間が高く評価される。MNのカルトセンターで最も多くの憑依霊の憑依を受ける存在はMN自身であり、それゆえに彼女は「より霊的進化段階の高い人間」、理想的な人間像と見なされているのである。このことは、DaMattaが指摘した〈理想のブラジル人〉像とも一致するものである。[41] DaMattaによれば、〈理想のブラジル人〉とは多様な人間との多様なネットワークをもつ人物であるとされ、このことは多様な憑依霊との関係性をもつことが評価されるカルト領域と相関的であり、カルト領域は呪術宗教的領域において〈理想のブラジル人〉を作り上げていく営為であると解釈することができる。

一方、ユタ領域においては、関係性の切断・創設というモチーフもないことはないが、そこで卓越するのは既存の関係性の修復・回復というモチーフであるといえるだろう。

このことはユタ領域において、災禍をもたらす中心的な存在がカミ・先祖であるということを考えれば、こうした存在との関係を切断することではなく、何らかの事由で歪んだり、ねじれてしまった関係性を修復し、理想的なものへと回復するということが重要なのであり、沖縄のカミや先祖との関係性の修復を通じて〈理想のウチナーンチュ〉という自己を構築していくのが、ユタ領域での目標ということになろう。

また、二つの領域における災因の所在に関して対比的にみると、その特徴は、カルト領域における内在性とユタ領域における外在性ということになろう。

カルト領域における災因及び是正のための中心的な営為は、ポジティブ・シンキング（Pensamento Positivo）と善行（Caridade）の実行という内在的なものであった。こうした心の持ち方と行動は、別の面で〈より良きブラジル人〉を目指すということであろう。また、カルト領域の中核的な教義である霊的進化主義イデオロギーは、都市産業社会において社会的経済的な上昇（成功）を遂げていく目的をもった沖縄系ブラジル人にとり、そうした実際の行動において心理的精神的な支えとなって機能したといえるだろう。

ユタ領域では、災因の原因がそれぞれの個人内部に存在するというよりは、その外側に求められる傾向が強いのが特徴である。そして、ハンジ・アカシにおける問題原因の追究は優れて、それぞれの依頼者＝主体のもつ個別性に基づいた具体性を特徴としており、セッソンのコンスルタにおける非個性的な対処とは対照的である。このことはそれぞれの依頼者にとって、よりリアリティーをもって認識され、沖縄的な災因論に左右される自己という認識をより鮮明なものとすることになる。この原因の外在性という救済モチーフが、沖縄系二、三世を沖縄的なコスモスへと引き込むことになる。ハンジ・アカシにしろ、呪法にしろ、沖縄ユタ・シャーマニズムの憑霊イディオムによって整序され意味付けられるのであり、これらは沖縄的な社会組織、規範、価値観などへと誘ったり、強化したりすることになる。

以上のような特質をもつ二つの憑依文化を往還することは、沖縄系二、三世たちにとって、〈ブラジル人〉と〈ウチナーンチュ〉という二つの種類の〈人間〉を生きることに他ならず、この二つの領域の不断の往還を通じて、〈沖縄系ブラジル人（ブラジルのウチナーンチュ）〉というハイブリッドな主体が構成されていくのである。

1――ブラジル、特にサンパウロ市において活動するユタの成巫過程とその呪術宗教世界の概要に関しては、大橋〔一九九八〕及び森〔二〇〇〇a〕を参照されたい。なお、大橋英寿は筆者の指導教官であり、ブラジルのユタ調査は共同で行った部分が多い。

2――ブラジルの沖縄系人の祖先崇拝の歴史的変遷とそこへのユタの関与に関しては、森〔二〇〇五〕、Mori〔2009〕を参照されたい。

3――戦後期における沖縄からブラジルへの移住の歴史に関しては、工藤・森編著〔二〇一五〕を参照されたい。

4――大橋〔一九九八〕

5――ウンバンダをはじめとするブラジルの宗教伝統に関する概観は、森〔二〇一三〕を参照されたい。

6――カルデシズムは、一九世紀に、フランスのアラン・カルデッキ（Allan Kardec〔俗名〕、本名：Leon

Hippolyte Rivail）によって創造された神秘主義的心霊哲学思想で、同世紀末にブラジルに移入された。ブラジルでは民衆カトリシズムとの接触の中で、奇跡信仰と道徳的側面が強調されたかたちでの変容を遂げている。

7――ウンバンダの研究者は数多くいるが、その代表的な研究者は次のとおり。Ortiz〔1978〕, Brown〔1986〕, Renshaw〔1969〕, Bastide〔1985〕, Camargo〔1961〕, Birman〔1980〕

8――ここではCavalcanti〔1983〕を参照した。

9――このメーザ・ブランカという宗教的アイデンティティーは他の憑依宗教――ウンバンダとカルデシズム――との対照において確立されたものである。このメーザ・ブランカ・アイデンティティーに関する詳細な考察は、Mori〔1998〕を参照されたい。

10――MNのカルト空間におかれたテーブルは一〇名がその周囲に座れるサイズである。

11――ブラジルの日系社会においてウンバンダは「黒魔術」（邪術）と否定的に見られている。こうした否定的な認識もMNの宗教的なアイデンティティーに影響を与えているといえるだろう。

12――Ortiz〔1978: 28-45〕

13――一農年とは九月末から一一月初め頃に開始される一年間をいう。この時期はコーヒー農園の労働者（コロノ）たちの移動の時期でもある。

14――サントス・ジュキア鉄道線沿線への沖縄移民の入植は一九一二年、同鉄道線敷設工事に、サントス港で荷揚げ人夫をしていた沖縄県移民が就労したのを契機に、同沿線の土地や気候、景観（沖縄本島北部地方――ヤンバル――の景観に類似している）などに注目、一九一三年にアンナジアス駅付近に入植したのを嚆矢とし、その後、陸続と同郷関係を通じて入植し、各鉄道駅付近に集団地を形成した。

15――MN一家は父方叔父を頼って、アレクソン植民地に移動、定着を遂げた。この植民地には一九一八年当時、三三〇世帯ほどの沖縄系世帯が居住し、米作、バナナ栽培、炭焼きなどに従事していた。また、MN一家が後に移動したセードロ植民地は一九一四年末に沖縄県人が移動、開拓が始まった沖縄系植民地で、当初は炭焼き、米作に従事したが、一九二七年頃から主作物をバナナに移行させている。同植民地には一九一八年に日本語教育を中心とする学校が開校され、MN一家が移動した一九三三年当時には四三世帯の沖縄系世帯が居住していた。MNはブラジル渡航後、専ら、こうした沖縄系集団地で生活、サンパウロ市移動後もこうした状況は続いている〔森 二〇〇〇b〕。

16――この当時、ブラジルの沖縄系社会では第二次世界大戦の日本の敗戦を巡って、敗戦を信じない「勝ち組」と敗戦を認識した「負け組」との間で、対立が発生しており、MNにとっても、この対立抗争は自らの家族の経済的貧窮とともに、大きな心理的葛藤となっていた。

17――サンパウロ市における戦後の沖縄系都市エスニックコミュニティーの形成過程に関しては、森〔二〇一一〕を参照されたい。

18――MN以降、ミチアケをしたサンパウロ市のユタたちの間でも、ウンバンダや心霊主義カルトに心身異常という問題を相談に行くことは広く行われており、彼女たちの〈ユタグトゥ〉の中には何らかのかたちで、ウンバンダや心霊主義などの影響が認められる。

19――カルトセンターへの関与の、カトリック教徒であるからという拒絶は、後に民衆カトリシズムのドニゼッチ神父と邂逅する中で、「カトリシズム」と憑依カルトの実践が矛盾しないものであるという認識を、MNにもたらすことになった。

20――ドニゼッチ神父とMNの邂逅はMNと民衆カトリシズムとの邂逅を意味し、自らのカトリック・アイデンティティーの再解釈の契機であった。Azevedo〔1976〕などが指摘するように、ブラジルに対するローマン・カトリック教の影響は制限されたものであり、多くのブラジル人大衆が実践してきたのは民衆カトリシズムと呼ばれるものであった。民衆カトリシズムでは教義や倫理的な側面はあまり強調されず、逆に奇跡を起こす聖人信仰や propitation（贖罪）と関連する儀礼や信念が強調されている。また、そこでは病気、不幸、不安などは超自然的存在の不満、あるいは人間の手の及ばない曖昧な原因からもたらされるものと観念されており、民衆カトリシズムでは神秘的治療や神秘主義的宗教性が卓越している。

21――ダ・シルバは Elvino Luiz da Silva といい、当時は連盟の副会長を務めていた人物だった。ダ・シルバはその死後、MNの憑依霊の一人となっている。

22――サンパウロ州心霊主義連盟による儀礼、教義の標準化に関しては Renshaw〔1969: 156-182〕。サンパウロ州心霊主義連盟とMNのカルトセンターとの確執に関して、夫のEは次のように語っている。

「MNの活動は連盟の方針とはあわなかった。連盟主導だとどうしてもエスピリズモ・プーロ（espiritismo Puro：カルデシズムのこと）になってしまう。ガイジンだったら良いがニホンジンにはついていけない。ガイジンは先祖に対して特別な関心はないが、ニホンジンは先祖を大切にするからね。それにずっとこの活動が続いていけばいいが、後を継ぐものが出てくるかどうかわからない。閉鎖するとセントロ（カルトセンターのこと）は連盟に返さないといけない。折角作った財産が取られてしまうようなものだ」

Brown〔1986〕によれば、カルデシズムで指向される憑依霊は歴史上の有名人物や医者などの知識人であり、先祖の死霊は Preto Velho や Caboclo 霊等とともに「霊的進化度合いが低い死霊」と位置づけられている。

23――この協会はMNの「キリストへの愛心霊主義センター」での救済活動を支援するものとして会員制で組織されたもので、会員は毎月会費を支払い、様々な費用の補填等を行うほか、Pai João de Angola 霊の「誕生日」には誕生フェスタを組織し、その際にはビンゴ等を行うことで運営資金を集めてもいる。この協会には会長、副会長、書記といった役職からなる役員会がある。当初は会長、副会長にそれぞれMN、Eが就任していたが、この夫婦の負担が増えるため、現在は会員の中から選出されるようになっている。この役員会は謂わば世俗的リーダーであり、MN夫妻は霊的リーダーとして役割を分担してきたが、調査当時、この二つのリーダーの間には一種の確執が存在していた。こうした問題に関して記述することはできないが、ウンバンダでは良くある問題であり、それは Velho〔1975〕などに詳しい記述がある。

24——カルトセンター及びMNの憑依霊に関する詳細な記述は Mori〔2008〕を参照されたい。この論考では、センター及びMNの憑依霊をオベセーカラのパーソナルシンボルという概念を用いて解釈した。MNの憑依霊は彼女にとって、①人生で居住した場所、②人生で邂逅した宗教的伝統、③彼女の親族的世界などを整序するシンボルとしてあることなどを考察した。

25——Preto Velho 範疇に付与された性格。特徴は、特に Castro Alves, Machado de Assis, Artur Azevado 等の小説に表現された黒人奴隷に対するステレオタイプ化されたものと非常に類似している。また、Brown〔1986: 70〕は、こうしたイメージはアンクル・トムから影響されたものであると指摘している。

26——Teixeira Monteiro〔1954: 472〕, Carneiro〔1964: 143-145〕, Brown〔1986: 70〕などは Caboclo 範疇に付与された性格・特徴は、実際の接触に由来するものではなく、大衆インディアイズム（Indianismo popular）によるインディオ表象に由来するものであると指摘している。

27——Dr. José Mendonça はMNがブラス地区に住んでいた当時、近くに住んでいた白人の医師であった。Mendonça はMN一家が営んでいた青果商に良く買い物にきたという。また、この医師はいつも白い服をきて霊感も強かったという。Maria da Glória もブラス地区に居住していた当時に実際に会った白人女性で、職業は看護婦である。物静かな女性で知的だったという。

28——Pai João de Angola の誕生日はブラジルの奴隷解放記念日（五月一三日）である。この日には Pai João は奴隷時代の帽子をかぶり、パイプをくゆらせ、バンキンニャと呼ばれる小さな椅子に座り、ワインを飲むというかたちで可視化される。昼食は協会役員らが準備したフェイジョアーダ（Feijoada）である。この料理は黒人奴隷たちが創造した料理と観念されている。また、この日はセンター運営資金を集めるためにビンゴを実施したり、役員会が準備したお菓子等を販売する機会でもある。この日には Pai João 霊による浄霊も実施される。

29——フェイランテ（Feirante）は沖縄系移民の、サンパウロ市移動後の最初のエスニック職業のひとつであり、小資本、言語的障壁の低さ、戦前沖縄移民の市営市場への仲買商、小売商としての参入による商品入手の容易性、などを条件に沖縄系人が参入した。フェイラは大型スーパーが進出するまではサンパウロ市民の食料品、日用品購入の重要なシステムであり、今日においてもフェイラでの買い物は市民の楽しみになっている。また、フェイラで売られるパステル（ひき肉、チーズ、ヤシの芽など様々な具を小麦粉の皮で包み、揚げた軽食）は、九〇％以上が沖縄系人によって製造、販売されている。フェイラが開催されないのは月曜である。

30——この勉強会にMNが参加することはない。これはカミグトゥは勉強ではなく、祈ることであるとする考えに基づいたものである。この勉強会に参加するのはメジウンの中でも、相対的に学歴が高い、筆者が「神学者メジウン」と呼ぶ沖縄系二、三世である。彼らは教義研究が霊的進化を達成するために重要な機会であると認識している。筆者が「一般メジウン」と呼ぶメジウンたちはMNと同様の考え方を持ち、この勉強会には参加しない。「神学者メジウン」たちは先祖霊に重要性をおくMNには批判的で、〈それ故に霊的進化が遅れている〉と感じている。この二つのメジウン間には相克、対立があり、「神学者メジウン」の中には、このカルトセンターを離脱し、別のカルトセンターに移る者や自らのカルトセンターを創設した者も存在している。この「神学者メジウン」と「一般メジウン」の対立と相克の諸相は別稿において考察する予定である。

31——この霊的医療チーム（Grupo médico espiritual）は医師の死霊四名、看護婦の死霊二名の六名から構成される。このチームには先述の Maria da Glória, Dr. José Mendonça のほかに、Irmã Freire da Silva（看護婦）、Dr. Bezerra de Menezes, Dr. Americo Veroso, Dr. Olívio Nascimento が含まれている。これらの医師は心霊主義の中では有名な存在で、特に Dr. Bezerra は「ブラジル心霊主義の父」とされ、生前には国会議員も務めた。このチームはメジウンやその家族員、親族などが病気などで治療を必要とする場合、実際の医師とともに霊的治療支援を行う存在である。このチームの中では Maria da Gloria がセッソン内で浄霊という役割を Lidia と分担している。これらの憑依霊はカルデシズム起源であり、カルデシズムの科学性・合理性を表象するものである。Dr. Bezerra de Mendonça に関しては、Hess〔1987〕にまとまった記述がある。

32——これらの憑依霊のメッセージは非常に短いものである。このことはMNやEに比較すると「霊的進化段階が低い」ためであると観念されている。

33——この理論に関する詳細な記述は Cavalcanti〔1983: 52〕を参照のこと。

34——大橋〔一九九八：六三七—六三八〕

35——依頼者の属性をさらに示せば、ハンジに来た回数に関しては、初めて（一〇％）、二度目（二五％）、三度目（一七％）、四度目（二八％）、五度目以上（二〇％）などとなっており、リピーターの割合が高くなっている。

36——ここで提示するハンジの事例は筆者の指導教官である大橋英寿とともに参与観察を行った際に収集されたものを中心にしている。

37――池上〔一九九一〕
38――桜井〔一九七〇〕
39――桜井〔一九七〇〕
40――筆者がフィールドとしているサンパウロ市ビラ・カロン地区の沖縄系コミュニティーを歩いていると、そこかしこで石敢当を見つけることができる。これらの多くは当該地区において活動する複数のユタの指示によるものである。
41――DaMatta〔1986〕

◎参考文献

池上良正　一九九一『悪霊と聖霊の舞台――沖縄の民衆キリスト教に見る精神世界』どうぶつ社
大橋英寿　一九九八『沖縄シャーマニズムの社会心理学的研究』弘文堂
工藤眞由美・森幸一編著　二〇一五『日系移民社会における言語接触のダイナミズム――ブラジル・ボリビアの子供移民と沖縄系移民』大阪大学出版会
桜井徳太郎　一九七〇『沖縄シャーマニズム』弘文堂
森幸一　二〇〇〇a「第五章　ブラジルにおける「ユタ」（沖縄系シャーマン）の成巫過程とその呪術宗教世界――エスニシティとの関連において」柳田利夫編著『ラテンアメリカの日系人――国家とエスニシティ』慶応義塾大学出版会
森幸一　二〇〇〇b「第5章　笠戸丸移民と戦前移民」在伯沖縄県人会編『ブラジル沖縄県人移民史――笠戸丸から90年』サンパウロ州印刷局、一〇一～一三三頁
森幸一　二〇〇五「ブラジル沖縄系人の祖先崇拝の実践――彼らとブラジル・沖縄・日本との関係の変化に注目

して」『アジア遊学76（特集＝アジア〈日本・日系〉ラテンアメリカ――日系社会の経験から学ぶ）』勉誠出版

森幸一　二〇一一「サンパウロ市における沖縄系エスニック・コミュニティーの成立と展開の経済的側面」神奈川大学比較民俗研究会編『比較民俗研究』二六、九二〜一二四頁

森幸一　二〇一三「第五章　日系宗教運動史　第1部　ブラジルの宗教的風土――国家・国民観との関連から」『ブラジル日本移民百年史　第4・第5巻合本』サンパウロ：トッパンプレス印刷出版有限会社、二九二〜四七二頁

Azevedo, Thales 1976 "Catequese e Acultração", E. Shaden ed, *Leituras de Etnologia Brasileira,* São Paulo, Nacional.

Bastide, R. 1985 *As Religiões Africanas no Brasil,* São Pauo, Brasiliense.

Birman, P. 1980 *O Que é Umbanda?,* Coleção Primeiro Passo, SP. Abril/Brasiliense.

Brown, Diana 1986 *Umbanda: Religion and politics in Urban Brazil,* Ann Arbor: UMI Reseach Press.

Camargo, C.P. 1961 *Kardecismo e Umbanda,* São Paulo, Pioneira.

Carneiro, Edson 1964 *Ladinos e Criolos,* Rio de Janeiro, Civilização Brasileira.

Cavalcanti, Maria laura de Castro 1983 *O Mundo Invisivel: Cosmologia, Sistema Ritual e Noção de Pessoa no Espiritismo,* Rio de Janeiro, Ed. Zahar.

Crapanzano, V. & Garrisan, V. (Eds) 1977 *Care studies Spirit Possessian,* NY: John Wiley.

DaMatta, Roberto 1986 *Carnavais, Marandros e Herois: Uma Interpretação de Dilema Brasileira,* Rio de Janeiro, Ed. Zahar.

Hess, David 1987 "O Espiritismo e As Ciências", *Religião e Sociedade,* 14, No.3, pp. 41-54.

Mori, Koichi 1998 "Processo de Amarelamento das Tradicionais Religiões Brasileira-Um mundo Religioso de uma

Okinawana, Estudos Japoneses", da USP. Vol.18, São Paulo. pp. 57-67.

Mori, Koichi 2008 "The Structure and Significance of the Spiritual Universe of the Okinawan Cult Center", *Revista de Estudos Orientais,* v.6, DLO/FFLCH/USP, pp. 124-167.

Mori, Koichi 2009 "Culto aos Antepassados, *Yuta* e Comunidade: A Pratica dos Cultos aos Antepassados de Okinawanos no Brasil", *Estodos Japoneses,* USP.v.29, São Paulo, pp. 81-94.

Ortiz, Renato 1978 *A Morte Branca de Feiticeiro Negro*, Petropoliz, Vozez.

Pressel, J. Ester 1971 *Umbanda in São Paulo: Religious Innovation in a Developing Society,* PhD. Dissertation.

Renshaw, J. Parke 1969 *A Sociological Anaysis of Spiritism in Brazil,* The University of Florida, PhD. Dissertation.

Teixeira Monteiro 1954 "A Macumbá de Vitória", *Congresso Internacional de Americanistas*, 31, pp. 463-472.

Velho, Y. Maggie 1975 *Guerra de Orixas: Um Estudo de Ritual e Conflito,* Rio de janeiro, Ed. Zaha.

あとがき

本書に収載した論文は、沖縄のシマ（集落）あるいは沖縄という狭い領域にとどまらず、シマを越えそして沖縄を越えて生きている沖縄人を対象としている。そして、このような沖縄の人びとを考えるとき、民俗学や文化人類学、社会学、人文地理学などそれぞれの学問の「境界」を越えて議論ができる。それを学際的という言葉で言い表すこともできるが、本書の執筆者たちの間には、初めから学問の「境界」を越えて、お互いの沖縄研究を語り合うことのできる環境にあった。それは、私たちが意識的に学際的研究を志しているというわけではなく、沖縄の人びとがまさにさまざまな「境界」を越えて生きており、その生きざまを見ていくと、自然と学問の「境界」を越えて話し合うことができるからである。むしろ、そのような沖縄の人びとを知ろうとするとき、学問の「境界」などはさしたる意味がなく、お互いの語りに興味をもち、お互いに語り合うことに意味を見出すことができるからだと思われる。

二〇一三年度のＡＪＪ（Anthropology of Japan in Japan）が「人・場所・実践の再考：文化人類学と日本研究の「境界」を超える・疑う」というタイトルで研究大会を開催した。そこで、小熊が日本民俗学会からの協力参加という立場で「沖縄研究の「境界」を超える」というタイトルでパネルを組織して発表した。その際に、本書執筆者のほとんどの方に参加を依頼したが、さまざまな都合で参加できたのは、上水流、平井、越智の各氏と小熊の四名だけであった。しかし、ＡＪＪでの発表を終えた後、このタイトルの研究は、現在における沖縄研究の新たな一つの方向性を示すことになると強く思った。

そして、このタイトルでの論集を世に出すことが必要だと考え、森話社の「文化学の越境」シリーズで出版していただくこととなった。ＡＪＪのパネル参加を依頼した方々だけでなく、この視点を補強するために森幸一氏と武井基晃氏にも寄稿をお願いした。歴史的・地理的に海外を移動してきた沖縄の人びとの現実をとらえようとした本書が、沖縄研究の新たな視点を示すことができれば幸いである。

最後に、本書を出版に導いてくださった森話社の西村篤氏に深く感謝申し上げる。

小熊　誠

越智郁乃（おち いくの）

立教大学観光学部助教。文化人類学、民俗学。

「『この世の家』と『あの世の家』——現代沖縄における家屋・墓・仏壇の移動と「家」の継承をめぐって」（小池誠・信田敏宏編『生をつなぐ家』風響社、2013年）、「ゲート前という接触領域——沖縄県那覇市新都心における軍用地の記憶と返還地の開発」（『コンタクト・ゾーン』7、京都大学人文科学研究所、2015年3月）

森 幸一（もり こういち）

サンパウロ大学哲学・文学・人間科学部教授。文化人類学、沖縄（移民）研究。

『日系移民社会における言語接触のダイナミズム——ブラジル・ボリビアの子供移民と沖縄系移民』（共編著、大阪大学出版会、2015年）、*Diálogos Interculturais: Reflexões Interdisciplinares e Intervenções Psicossociais*（共著、E-book、2013年、IEA/USP サンパウロ大学高等研究院）

◎編者

小熊 誠（おぐま まこと）

神奈川大学歴史民俗資料学研究科教授。民俗学。

『日本の民俗12　南島の暮らし』（共著、吉川弘文館、2009年）、「“間”の民俗——養子制度から沖縄の門中を再検討する」（『歴史と民俗』30、神奈川大学日本常民文化研究所論集、2014年）。

◎執筆者（掲載順）

武井基晃（たけい もとあき）

筑波大学人文社会系准教授。民俗学。

「系図と子孫——琉球王府士族の家譜の今日における意義」（『日本民俗学』275、2013年8月）、「自動車社会化と沖縄の祖先祭祀」（関沢まゆみ・国立歴史民俗博物館編『盆行事と葬送墓制』吉川弘文館、2015年）

上水流久彦（かみづる ひさひこ）

県立広島大学地域連携センター准教授。社会人類学、地域社会論。

『交渉する東アジア——近代から現代まで』（共編著、風響社、2010年）、『境域の人類学——八重山・対馬にみる「越境」』（共編著、風響社、2016年刊行予定）

八尾祥平（やお しょうへい）

神奈川大学経営学部非常勤講師。社会学、華僑華人研究。

「戦後における台湾から「琉球」への技術導入事業について」（蘭信三編『帝国以後の人の移動』勉誠出版、2013年）、「琉球華僑——顔の見えないエスニック・マイノリティ」（谷富夫編『持続と変容の沖縄社会』ミネルヴァ書房、2014年）

平井芽阿里（ひらい めあり）

中部大学全学共通教育部専任講師。民俗学、文化人類学。

『宮古の神々と聖なる森』（新典社、2012年）、「村落祭祀の継承に関する一考察——宮古島西原の「ミャークヅツ」を事例に」（田窪行則編『琉球列島の言語と文化——その記録と継承』くろしお出版、2013年）

〈境界〉を越える沖縄———人・文化・民俗
［叢書・文化学の越境 24］

発行日……………………………2016 年 5 月 31 日・初版第 1 刷発行

編者………………………………小熊 誠
発行者……………………………大石良則
発行所……………………………株式会社森話社
〒 101-0064 東京都千代田区猿楽町 1-2-3
Tel 03-3292-2636
Fax 03-3292-2638
振替 00130-2-149068
印刷………………………………株式会社厚徳社
製本………………………………榎本製本株式会社

ISBN 978-4-86405-097-5 C1039

琉球史を問い直す——古琉球時代論

吉成直樹／高梨修・池田榮史著　王国成立に至る琉球の歴史は、「内的発展」で説明しうるのか。沖縄の独自性・独立性を強調するあまり打ち捨てられてきた周辺地域の動態に焦点をあて、琉球史に新たな展望をひらく。四六判 288 頁／ 2900 円＋税

沖縄文化はどこから来たか——グスク時代という画期

高梨修・阿部美菜子・中本謙・吉成直樹著　沖縄には本当に日本の「古代」が残っているのだろうか。考古遺物・オモロ・琉球方言・神話・DNA など、多角的なアプローチで沖縄文化の出自を探り、グスク時代開始期（12 世紀頃）の日本文化南漸を提起する。
四六判 312 頁／ 3200 円＋税

「宗教」と「無宗教」の近代南島史——国民国家・学知・民衆

及川高著　「宗教」をめぐるイメージは日本の近代化に伴って形成され、政治や啓蒙を介し民衆を翻弄していった。ときに熱狂を生み、ときに弾圧をもたらした「宗教」イメージの変遷を、奄美・沖縄を舞台にダイナミックに描き出す。A5 判 328 頁／ 4800 円＋税

南島旅行見聞記

柳田国男著／酒井卯作編　大正 9 年～ 10 年にかけての沖縄旅行の手帳に、脚注・旅程表・解説等を付し初公刊。九州からはじまり、沖縄・八重山・宮古・奄美と、柳田がじかに見た琉球の姿を記録した貴重な資料。四六判 272 頁／ 2900 円＋税

琉球列島の「密貿易」と境界線　1949-51

小池康仁著　米軍占領下の琉球において、台湾・日本との間に引かれた境界線を越え、物資を運んだ人々がいた。軍政資料、裁判記録、当事者へのインタビューなどから、戦後の復興に寄与した「密貿易」人たちの経済活動を明らかにする。A5 判 360 頁／ 5600 円＋税